倾情日喀则
高原共华章

上海市第八、九、十批医疗人才“组团式”
援藏工作队纪念册（2022—2025）

主　编　王庆华　韩　力
副主编　瞿晓琦　孙希才　张文华

文匯出版社

图书在版编目（CIP）数据

倾情日喀则　高原共华章 ： 上海市第八、九、十批医疗人才“组团式”援藏工作队纪念册 ： 2022-2025 / 王庆华， 韩力主编． -- 上海 ： 文汇出版社， 2025. 5.
ISBN 978-7-5496-4507-7

Ⅰ． D619.75

中国国家版本馆 CIP 数据核字第 20250V61D2 号

倾情日喀则　高原共华章

——上海市第八、九、十批医疗人才“组团式”援藏工作队纪念册（2022—2025）

主　编 / 王庆华　韩　力

副主编 / 瞿晓琦　孙希才　张文华

责任编辑 / 竺振榕

装帧设计 / 张　一

出版发行 / **文匯**出版社
上海市威海路 755 号
（邮政编码 200041）
经　　销 / 全国新华书店
印刷装订 / 上海颛辉印刷厂有限公司
版　　次 / 2025 年 5 月第一版
印　　次 / 2025 年 5 月第一次印刷
开　　本 / 720×1000　1/16
字　　数 / 295 千
印　　张 / 18.75

ISBN 978-7-5496-4507-7
定　　价 / 88.00 元

本书编委会

援藏三年期间奖励情况

（第十批援藏干部人才进藏以来获得厅局级及以上表彰表扬）

一、援藏集体

（一）上海市医疗人才“组团式”援藏工作队获2024年度上海市工人先锋号（2024年）

（二）第八批医疗人才“组团式”援藏工作队获全国卫生健康系统先进集体（2025年）

（三）上海市支援日喀则市人民医院“组团式”医疗工作队获中共西藏自治区委员会第十批援藏先进集体（2025年）

二、援藏干部人才

（一）王义辉获日喀则市抗疫先锋荣誉称号（2022年）、上海市五四青年奖章（2023年）

（二）方原获上海市卫生健康行业青年五四奖章个人奖（2022年）

（三）庄剑辉获2020—2022年申康系统优秀青年（2022年）

（四）王庆华、单怡俊、倪佳晟在疫情防控中表现优秀被中共日喀则市委员会通报表扬（2022年）

（五）王庆华被中共日喀则市委员会、日喀则市人民政府授予记二等功公务员（2024年）

（六）孙希才获日喀则市政府特殊津贴（2024年）

（七）王庆华、孙希才、张晓彬、冯键、单宇、陈元元、于德刚、单孟俊在抗震救灾工作中表现突出被中共上海市委组织部予以通报表扬（2025年）

（八）瞿晓琦获中共西藏自治区委员会第十批援藏先进个人（2025年）

目录

Content

序一 / 西藏自治区日喀则市卫健委主任 巴桑片多
序二 / 上海市第八、九、十批医疗人才“组团式”援藏工作队队长 王庆华

上篇：沪藏医脉相连，共筑高原健康防线

002/ 一、规划先行：开创受援医院的崭新局面
003/ 二、党建引领：推动党建业务的融合发展
005/ 三、五大中心：筑牢危急重症的救治堡垒
006/ 四、以院包科：发展卓有特色的重点学科
009/ 五、专病建设：开展精准医疗的探索实践
010/ 六、医学教育：打造医学人才的培养摇篮
011/ 七、教学平台：提升实践能力的重要载体
013/ 八、高原研究：见证临床研究的发展突破

目 录

014/ 九、搭台赋能：推进沪藏联动的研究模式

015/ 十、珠峰论坛：搭建学术交流的高端平台

017/ 十一、引培并举：激活人才队伍的发展动能

019/ 十二、服务社会：展现公益慈善的温暖之光

021/ 十三、两情相援：彰显医者担当的关键时刻

021/ 十四、数智赋能：引领智慧医院的能力提升

023/ 十五、自我管理：营造严管厚爱的和谐氛围

025/ 十六、展望未来：持续书写沪藏医疗新篇章

下篇：我的援藏小故事

028/ 王庆华：接续奋斗，传承发展
034/ 孙希才：援藏情，医路行
039/ 瞿晓琦：三年援藏路，高原铸医魂
044/ 韩　力：医疗援藏是我人生宝贵的经历
048/ 李　锋：要像热爱生命一样去爱医生这份职业
052/ 吕仁华：奉献医者微力，镌刻医心担当
056/ 秦晓健：家国情怀，建功高原
060/ 韩志刚：美丽的西藏大地，善良的西藏人民，是我一生的记忆
063/ 倪佳晟：守好医院“强三甲”的“粮仓”
066/ 孔　彬：朴实奉献，彰显担当
069/ 江传和：沪藏心连心，血浓于水
072/ 欧阳火牛：尽百分之百努力守护藏族同胞的脑健康
076/ 包润发：为日喀则同胞的健康贡献微薄之力
079/ 宣寒青：让科室每个人都能拿起“柳叶刀”
083/ 王义辉：一次牙痛引起的休克，让我对援藏有了新的思考

目录

087/ 王胜军：齐心协力共谋病案发展
091/ 林　森：疫情之下力救重患，技艺精湛犹显担当
094/ 刘松彬：无影灯下的高原守护者
098/ 庄剑辉：沪藏心连心，共同守护日喀则百姓心健康
101/ 华　荣：雪域高原高新技术显威力
104/ 方　原：在高原产科病房接受党组织考验
108/ 单怡俊：为西藏儿童重铸生命防线
112/ 孙　萌：格桑花下的守护者
115/ 陈　熠：雪域“肾”情——从《黄帝内经》到雪山经幡
118/ 胡健卫：在日喀则的内镜岁月
122/ 陈　坤：为日喀则超声医学贡献力量
125/ 曾福安：“强三甲”建设的执行者
129/ 张　鹤：沪藏一家，医影相连
132/ 李晨昇：当好援藏医疗队“生活委员”
135/ 吴　彬：数字赋能，终结医用耗材以领代耗
138/ 卿　恺：雪域仁心，传承“瑞金血液”援藏接力棒
142/ 楚胜华：援藏路上的生命守护

目 录

Content

145/ 翁　昊：用内镜照亮雪域患儿的希望

149/ 刘　炜：仁济泌尿科，情系日喀则

153/ 倪童天：生命之光，照亮雪域高原

157/ 王　卓：主攻儿童血液病，辅助病案管理

160/ 罗鹏波：情系桑珠孜

164/ 殷　欣：生命的幕后守护者

168/ 赵逸凡：跨越千里的两次救治

172/ 钱立强：援藏医疗救助记

176/ 隋孟松：让妇科微创在雪域高原生根发芽

179/ 陈　凯：在离太阳最近的地方守护生命

183/ 尹成伟：呼吸与共，援藏长情

187/ 张　朋：中西医结合提升高原肿瘤诊治水平

191/ 刘腾飞：一年援藏行，一生援藏情

194/ 狄　扬：梦想照进现实，汗水书写华章

198/ 张睿卿：援藏，于艰苦中蜕变，于奉献中成长

202/ 孟　申：援藏，为高原建设献出自己的力量

205/ 孙成君：我可以做些什么

目录

209/ 陈佳华：高原上的付出与收获

212/ 汉　辉：一名上海医生的高原行

216/ 于德刚：在离天空最近的地方播撒希望

220/ 颜士岩：雪域高原上的生命答卷

224/ 徐新量：超越自我，声声不息

227/ 张晓彬：一名上海急诊医生的高原生命礼赞

230/ 郭　辰：记扎什伦布寺藏医院之行

233/ 夏新新：血液科医生的援藏情

236/ 单　宇：要在“土质最好的庄园”里育种出“品质最好的果实”

240/ 陈元元：用医术与仁心点亮高原生命之光

244/ 冯　键：把初心镌刻在雪域高原

247/ 罗　明：跨越山川，“医”心援藏

251/ 周晨晨：援藏产科医生的使命与担当

255/ 卫　平：白玉兰和格桑花的生命合奏

259/ 单孟俊：雪域高原的中医故事

263/ 张　臻：让上海白玉兰绽放在珠峰脚下

西藏自治区党委常委、时任中共日喀则市委书记斯朗尼玛（*前排右九*）一行欢送第八批“组团式”援藏医疗队员

西藏自治区党委常委、中共日喀则市委书记达娃次仁欢送第九批“组团式”援藏医疗队员

上海市副市长陈宇剑（*二排居中*）一行慰问抗震救灾的援藏医疗队员

上海市教育卫生工作党委书记沈炜（*前排右七*）一行与第八批“组团式”援藏医疗队员合影

上海市卫健委党组书记、主任闻大翔（前排左八），中共日喀则市委副书记、常务副市长、上海市援藏干部人才联络组组长彭一浩（前排左九）一行与第九批“组团式”援藏医疗队员合影

上海申康医院发展中心党委书记赵丹丹（前排左八）一行与第九批“组团式”援藏医疗队员合影

时任上海市总工会党组书记、副主席沈军（前排右六）代表上海市总工会授予上海市医疗人才“组团式”援藏工作队“工人先锋号”荣誉称号

上海交通大学医学院党委书记江帆（前排左七）一行与第十批“组团式”援藏医疗队员合影

复旦大学党委书记裘新（*前排左起第六*）一行与第十批“组团式”援藏医疗队员合影

上海中医药大学副校长舒静（*后排右七*）一行慰问上海中医药大学在藏工作毕业生，与第八批“组团式”援藏医疗队员合影

上海市第八批医疗人才“组团式”援藏工作队合影

上海市第九批医疗人才“组团式”援藏工作队合影

上海市第十批医疗人才“组团式”援藏工作队合影（含柔性人才）

援藏医疗队赴亚东县中心医院学习交流

援藏医疗队赴江孜县中心医院学习交流

援藏医疗队赴拉孜县中心医院学习交流

援藏医疗队赴萨迦县中心医院学习交流

援藏医疗队赴定日县中心医院学习交流

援藏医疗队赴自治区人民医院座谈

援藏医疗队赴拉萨市人民医院座谈

援藏医疗队赴林芝市人民医院座谈

援藏医疗队赴山南市人民医院调研学习

援藏医疗队赴昌都市人民医院调研学习

援藏医疗队赴阿里地区人民医院调研学习

日喀则市人民医院电子病历五级和互联互通四级甲等工作推进会

五大中心建设高级创伤中心现场评估

2023 年第八届西藏自治区医学珠峰论坛

2024 年第九届西藏自治区医学珠峰论坛

2025 年第十届西藏自治区医学珠峰论坛

西藏大学医教研协同暨第四批临床教学基地教师同质化培训

医师节义诊

日喀则定日县地震援藏医疗队第一时间集结返岗

序一

Preface

在国家致力于推动区域协调发展、促进民族团结进步的宏伟蓝图中，援藏政策犹如一座坚实的桥梁，将西藏这片广袤而神圣的土地与祖国各地紧密相连。医疗援藏作为其中至关重要的一环，承载着党和国家对西藏人民的深切关怀，也凝聚着全国医疗工作者的拳拳爱心。上海市积极响应国家号召，连续派遣了十批医疗人才“组团式”奔赴日喀则。这本《倾情日喀则 高原共华章——上海市第八、九、十批医疗人才“组团式”援藏工作队纪念册（2022—2025）》是近三年来上海市“组团式”医疗援藏对口支援日喀则市人民医院的一个侧记，反映了上海医疗团队在雪域高原的无私奉献，彰显了沪藏两地深厚情谊，更凸显出国家援藏政策的伟大意义与医者仁心的动人力量。

日喀则市平均海拔超过3800米，自然环境极为恶劣。稀薄的空气、寒冷的气候、强烈的紫外线，给来自平原地区的援藏医生的身体带来了极大的挑战。初到高原，多数人都会出现严重的高原反应，头痛欲裂、呼吸困难、心跳加速、失眠乏力等症状如影随形，但他们没有被困难吓倒，凭借顽强的意志和对医疗事业的执着追求，迅速调整状态，积极投入工作。有的医生在高原反应最严重的时候，依然坚守在手术台，为患者实施手术；有的医生不顾身体不适，奔波于各个病房，仔细查看每一位患者的病情；还有的医生利用休息时间学习藏语，只为更好地与当地患者沟通交流，了解他们的需求。

在援藏过程中，医生肩负着提升当地医疗水平的重任，他们克服重重困难，圆满完成了各项援藏任务。在医疗技术援助方面，他们充分发挥自身专业优势，引入大量先进技术。在外科领域，成功开展了多项高难度手术，填补了当地的技术空白，让许多原本需要转院到外地就医的患者在当地就能得到及时有效的治疗；在诊断技术上，引入先进的检查设备和诊断方法，提高了疾病的诊断准确率，为患者的精准治疗提供了有力保障。

医学教育与人才培养是医疗援藏的关键环节。援藏医生深知，留下一支“带不走”的医疗队才是对当地医疗事业最长久的支持。他们毫无保留地将自己的知识和经验传授给当地医护人员，通过开展教学查房、病例讨论、专题讲座等多种形式的教学活动，提升当地医护人员的理论水平和临床实践能力。在日常工作中，他们言传身教，从最基础的操作规范到复杂的病情诊断，耐心指导每一位当地医生，帮助他们成长为能够独当一面的医疗骨干。

面对突发状况，援藏医生更是展现出无畏的勇气和坚定的担当。疫情来袭时，他们迅速响应，不顾自身安危，冲锋在抗疫一线。在高原缺氧的艰苦条件下，他们穿着厚重的防护服长时间工作，汗水湿透了衣衫，雾气模糊了护目镜，但他们从未有过一丝懈怠。他们精心救治每一位患者，悉心照顾患者的生活，满足他们的心理需求，同时积极参与疫情防控指导工作，为当地制订科学有效的防控方案，帮助当地建立起一道道坚固的抗疫防线，守护着藏族同胞的生命健康。定日县地震发生后，正在休假的医生毫不犹豫地结束休假，迅速赶回日喀则。他们不顾余震危险和交通不便，争分夺秒地投入抗震救灾医疗救治工作中，他们夜以继日地忙碌，对受伤的群众进行紧急救治、转运和术后护理。面对复杂的伤情，他们凭借精湛的医术和团队协作精神，成功挽救了一个又一个生命。他们用行动诠释着医者的使命，成为震区群众心中的希望之光。

这些努力给当地藏族同胞带来了实实在在的健康福祉。许多长期受疾病困扰的患者得到了有效的治疗，恢复了健康，重新回归正常生活。曾经，一些偏远地区的患者因为交通不便，医疗条件有限，无法得到及时救治，只能默默忍受病痛的折磨。如今，随着医疗援藏工作的深入开展，当地的医疗服务能力大幅提升，患者在家门口就能享受到优质的医疗服务。一些原本因为经济原因放弃治疗的患者，在援藏医生的帮助下，也得到了及时救助，重燃生活的希望。

这一切成绩的背后，彰显着党的伟大领导。党始终心系西藏的发展和人民的健康，将医疗援藏作为一项重要的民生工程来抓。在党的政策引领下，大量的人力、物力、财力投入日喀则的医疗卫生事业中，为援藏工作提供了坚实的保障。同时，党的领导也激励着广大医疗工作者积极投身援藏事业，让他们在这片土地上无私奉献，践行着为人民服务的宗旨。

医者仁心，在援藏医生身上体现得淋漓尽致。他们远离家乡和亲人，放弃了舒适的生活环境，来到条件艰苦的高原地区，只为守护藏族同胞的健康。他们用精湛的医术解除患者的病痛，用温暖的关怀给予患者战胜病魔的勇气和力量。在每一次成功的救治中，在每一个与患者交流的瞬间，都能看到他们对生命的尊重和对职业的敬畏。

回顾过去三年，上海“组团式”医疗援藏工作取得了令人瞩目的成绩，但我们也清楚地认识到，还有许多工作需要不断完善和推进。在未来的日子里，我们将继续坚定不移地贯彻落实国家对口支援政策，进一步优化医疗资源配置，结合发展实际，持续提升医疗服务质量，培养更多优秀的医疗人才，推动科研创新与实践应用相结合。我们坚信，在党中央的坚强领导下，在沪藏两地的共同努力下，日喀则的医疗卫生事业必将迎来更加辉煌的明天，为保障当地居民的健康、促进地区经济社会发展和民族团结进步做出更大的贡献。

在此，向所有参与上海医疗援藏工作的同志致以最崇高的敬意和最诚挚的感谢！是你们的无私奉献，铸就了上海医疗援藏工作的辉煌。希望这本纪念册能成为激励更多人投身援藏事业的动力源泉，让援藏精神在雪域高原不断传承和发扬，绽放出更加绚烂的光彩！

日喀则市卫健委主任

2025 年 5 月

序二

Preface

援藏工作，是党中央站在国家发展全局的战略高度做出的重大决策部署，意义深远而重大。回溯 1979 年全国边防会议，“全国支援西藏”的总体要求首次提出，自此拉开了对口援藏的伟大序幕。30余年来，在党中央的坚强领导下，对口援藏在经济、基础设施建设、教育、医疗、文化、就业等领域都取得了丰硕成果。特别是党的十八大以来，在以习近平同志为核心的党中央坚强领导下，援藏工作的投入力度达到前所未有的高度，对西藏的长治久安与高质量发展发挥了重要作用。

上海市委、市政府始终积极响应党中央号召，坚决贯彻落实援藏工作要求，秉持“中央要求、西藏所需、上海所能”的原则，精心谋划、周密布局、精准施策、攻坚克难，持续推进援藏工作。30 年来，上海在雪域高原深耕细作，不断创新援藏机制，精准对接实际需求，选派精锐力量支援，在各个援藏领域均取得了令人瞩目的成绩。尤其是 2015 年国家启动医疗人才“组团式”援藏工作以来，上海迅速响应，整合优质医疗资源，组建专业团队奔赴日喀则，有力地推动了当地医疗卫生事业的发展。

上海市第八、九、十批医疗人才“组团式”援藏工作队，作为上海医疗援藏的中坚力量，在这片高原上展现出了非凡的担当与奉献精神。他们克服了高原地区恶劣的自然环境和艰苦的工作条件，凭借精湛的医术和高尚的医德，给日喀则的医疗卫生事业带来了全方位的提升。

在医疗服务体系建设方面，工作队大力推动“五大中心”建设，胸痛中心、卒中中心、高级创伤中心、危重孕产妇救治中心和危重新生儿救治中心的相继建成与高效运转，显著提升了日喀则市人民医院的危急重症救治能力。日喀则市人民医院已经从一个高原地区性医疗机构，逐步成长为在西藏自治区乃至全国具有一定影响力的区域医疗中心。目前，日喀则市人民医院医疗服务水平大幅提升，年接诊量近 30 万人次，已实现 276 种“大病”不出藏、626 种“中病”不出市、常见易发“小病”不出县即可得到有效治疗。

在学科建设方面，通过“以院包科”的创新援建模式，上海各大医院与日喀则市人民医院的对应科室深度合作，实现精准帮扶。麻醉疼痛诊疗中心在复旦大学附属华东医院、上海市第六人民医院的支持下，开展无痛分娩、术后镇痛等新技术，提升了患者就医体验；神经系统疾病诊疗中心依托上海交通大学医学院附属第九人民医院、复旦大学附属中山医院等的技术力量，在脑血管病、脑肿瘤等疾病诊疗方面取得重大突破；心血管疾病诊疗中心在上海市第十人民医院、上海交通大学医学院附属瑞金医院的帮扶下，医疗水平显著提升，门诊量和住院患者数量持续增长。这些重点学科的发展，不仅增强了医院的综合实力，还吸引了周边地区患者前来就医，逐步形成区域医疗中心的辐射效应。

在医学教育和科研领域，医疗援藏工作同样成果斐然。在医学教育方面，工作队助力医院实现实习生生源专业多元化，与多所院校合作完善实习教学管理体系，为培养优秀医学人才创造良好条件。住院医师规范化培训基地的拓展和升级，从单一全科基地发展为综合性培训基地，为人才本地化培养和引进奠定坚实基础。通过“师带徒”模式，毫无保留地传授知识和经验，致力于打造一支“带不走”的医疗队。师资队伍建设不断加强，众多骨干取得住培师资认证，有力提升了医学教育质量。在科研工作方面，工作队专家带领本地骨干积极申报高原病研究项目，三年来共获批立项国家自然科学基金项目 2 项、自治区级自然基金项目 52 项、日喀则市级项目 34 项，实现了国家级课题“零”的突破。同时，在科研成果转化上也迈出重要步伐，与上海高校、科研院所联合实现专利转化，将科研成果应用于实际医疗，为高原医学发展注入新活力。

这些成绩的背后，是每一位援藏医生的辛勤付出。他们远离家乡和亲人，放弃舒适的生活环境，奔赴高原，用实际行动诠释着医者仁心和无私奉献精神。他们带来了先进的医疗技术，为当地的医疗水平提高注入强大动力；他们引入了先进的诊断设备，让疾病的诊断更加精准高效；他们带来了前沿的治疗手段，给众多患者带来康复的希望。他们更着眼于长远，重视培养当地的医疗人才，通过“师带徒”等方式，为日喀则培养一支“带不走”的医疗队。他们还心系基层农牧民，不辞辛劳地深入日喀则的各个县区。在偏远的乡村、牧区，都有他们忙碌的身影。他们开展义诊活动，为那些交通不便、医疗资源匮乏地区的百姓提供免费的医疗服务；为农牧民检查身体、诊断疾病、开具药方，还免费发放药品，切实解决了当地百姓的就医难题。同时，他们积极进行健康宣教，用通俗易懂的语言，结合当地实际情况，向农牧民普及健康知识，提高他们的健康意识和预防疾病的能力。

2021 年 7 月，习近平总书记考察西藏时指出："援藏精神是中国共产党的一个崇高精神，是中国特色社会主义的一个显著优势。缺氧不缺精神，这个精神就是革命理想高于天。你们在高原上，精神是高于高原的。这个事情必须一茬接一茬、一代接一代干下去。"这一重要指示，为援藏事业指明了方向，也为所有投身援藏工作的人员注入了强大的精神动力。

在这一伟大精神的指引下，上海医疗援藏团队将始终不忘初心，牢记使命，继续发扬"缺氧不缺精神、艰苦不怕吃苦、海拔高境界更高"的精神，积极投身于伟大的医疗援藏事业中，为当地居民的生命健康保驾护航，为促进区域经济社会的发展做出更大贡献。

在此，谨向长年扎根雪域、躬身奉献的医疗援藏团队致以最深切的敬意与由衷的礼赞！期待这份承载使命与温情的纪念册，能化作接续奋斗的精神火种，感召更多心怀大爱的白衣战士奔赴高原，续写守护生命、传递希望的动人篇章。

上海市第八、九、十批医疗人才"组团式"援藏工作队队长

日喀则市人民医院党委书记

日喀则市卫健委党组成员、副主任

2025 年 5 月

上篇

沪藏医脉相连，共筑高原健康防线

沪藏医脉相连，共筑高原健康防线

2022 年 7 月以来，上海市第八、九、十批医疗人才“组团式”援藏工作队（以下简称“上海援藏医疗队”）坚持以习近平新时代中国特色社会主义思想为指引，贯彻党的二十届历次全会和中央第七次西藏工作座谈会精神，深入贯彻落实习近平总书记关于西藏工作和对口支援工作的重要讲话精神，按照中组部、国家卫健委、沪藏两地党委政府和各级卫生行政部门的决策部署，在上海市人民政府合作交流办和上海市援藏干部联络组的领导下，全体队员始终把提高医疗水平和服务质量作为中心任务，在总结过去几年工作的基础上，科学规划、精准帮扶，为日喀则市人民医院（以下简称“医院”）高质量发展贡献“上海智慧”。

一、规划先行：开创受援医院的崭新局面

2022 年下半年，上海援藏医疗队聚焦面临的新形势、新机遇、新挑战，按照《上海市“十四五”对口支援西藏自治区日喀则市经济社会发展规划》的要求，结合医院实际，通过在医院本部专题调研，以及赴江孜、亚东、定日、拉孜、萨迦等县中心医院实地考察，并利用 2023 年 1—2 月返沪休假积极走访上海十几家支援医院，研究制订了《日喀则市人民医院医疗人才“组团式”援藏工作规划（2023—2025 年）》（以下简称《规划》）。《规划》的主要思路是以帮扶日喀则市人民医院建成“自治区级区域医疗中心”为核心目标，聚焦“强优势、创特色、广覆盖”三个重点，实现医院在医疗服务、临床研究、人才队伍、区域合作、医院管理等五个方面创建高质量发展的崭新局面，在西藏七地市“组团式”医疗帮扶中争当排头兵。《规划》经上海援藏医疗队与日喀则市卫健委、医院的管理层多次沟通交流，反复修改论证，在返沪休假期间仍然几上几下报日喀则市委组织部、西藏自治区委组织部审议，得到自治区委组织部、上海市委组织部、上海市卫健委的审批同意。《规划》对标中央要求、地方所需、上海所能，既体现了中组部、自治区委组织部对上海“组团式”援藏医疗工作的

要求，又符合医院发展的实际，进一步明确了医疗队未来三年的工作目标。《规划》同时联动上海对口支援的江孜、亚东、定日、拉孜、萨迦等县中心医院发展定位，突出特色、学科融合、优势互补。《规划》得到了中组部的充分肯定，并要求其他各地市参照上海模板起草规划。

三年来，上海援藏医疗队每批次队员轮换到岗后，在领队的带领下，按照《规划》的目标和实施情况，深入医院40多个行政、临床科室，开展学科专题调研，重点了解每年度各学科发展的需求，客观分析各学科已经取得的成绩及存在的短板，共同讨论学科发展面临的内外部环境挑战。各科室本地主任、骨干和上海援藏主任共同参与，分别从不同的角度汇报了科室和学科发展现状，给出了未来发展的目标和具体措施等。同时，每批次上海援藏队队员都深入江孜、亚东、定日、拉孜、萨迦等五县中心医院进行调研交流，现场考察各中心医院的整体布局、硬件建设情况，各自介绍援藏工作以及医院发展规划情况，并就医疗技术发展、人才队伍建设、教学工作开展、科研项目推动、健康科普增效、医院管理升级等多方面内容进行了深入探讨，进一步强化医院龙头带动作用，发挥援藏专家技术优势，以五县中心医院为重点，以其他县中心医院为对象，强化联合，深化帮扶，全面提高日喀则的医疗卫生水平。

三年来，上海援藏医疗队通过调研、结合实际，统筹分析，科学谋划，勇于开拓，积极进取，在完善体制机制、提升专业水平、落实精准服务上狠下功夫，已超额完成“组团式”医疗援藏三年规划各项指标。2025年3月，医院在国家公布的2023年三级公立医院绩效监测中等级确定为B，是近几年来的最好成绩之一，一改前三年连续C+的落后态势。2025年5月，医院接受了自治区卫健委组织的三甲医院等级复评审，再次以高分通过评审。这都有效推动了医院向学习型、智慧型、研究型、创新型“四型医院”稳步迈进，开创了医院在医疗服务、临床研究、人才队伍、区域合作、医院管理等方面高质量发展的崭新局面，更好地保障了日喀则人民的身体健康。

二、党建引领：推动党建业务的融合发展

结合上海援藏联络组提出的“雅布工作法”，上海援藏医疗队积极打造医

扎实开展习近平新时代中国特色社会主义思想主题教育

扎实推进医院职代会民主管理

院“珠峰领航·医者仁心”党建品牌。通过四聚焦四强化，推动党建与业务的同频共振深度融合，全面推进改革，持续加强班子建设，落实医院党委会“第一议题”制度。扎实开展习近平新时代中国特色社会主义思想主题教育、党纪学习教育、中央八项规定精神学习教育等，建强干部队伍，平稳完成中层管理干部、党支部及群团组织换届，队伍结构明显优化。

医院党委及时修订医院章程、党委会和院长办公会议事规则等，规范和完善“三重一大”决策制度办法。充分依托援藏平台，大力推进党支部书记“双带头人”培育工程，加强党员和业务骨干“双培养”。2024 年首次组织 20 余名党支部书记赴上海开展“双带头人”培训班。截至目前，临床医技科室党支部书记由业务骨干担任的比例达到 86%，在职党员中高知党员占比达 56%。

2024 年，医院作为西藏自治区唯一获评国家“党建引领全国公立医院文化建设典型案例”的单位。同年医院被全国总工会授予“全国厂务公开民主管理先进单位”。2024 年 5 月，上海援藏医疗队荣获“上海市工人先锋号”称号。依托沪藏团队精诚合作取得的“组团式”医疗援藏成果，巴桑次仁院长获得 2022 年度“全国优秀院长”称号。

三、五大中心：筑牢危急重症的救治堡垒

“五大中心”建设是医院提升危急重症救治能力的关键之举。医院以国家标准为参照，心内科、神经科、骨科、妇产科、新生儿科分别牵头，搭建起胸痛中心、卒中中心、急救创伤中心、危重孕产妇救治中心、危重新生儿救治中心的框架。

在胸痛中心的建设过程中，上海援藏专家团队与本地医护人员紧密协作，不仅带来先进的诊断设备，还引入规范化的救治流程。以前，日喀则市的胸痛患者因诊断不及时、转运流程不畅等问题，死亡率较高。如今，胸痛中心建立起快速诊断和转运机制，通过与基层医疗机构的紧密联动，患者在发病后能迅速得到评估和转运。数据显示，胸痛中心成立后，急性心肌梗死患者的平均救治时间缩短了近 40%，死亡率显著下降。近三年来 ，胸痛中心救治患者总数

467 例，并成功开展永久起搏器植入术 6 例，临时起搏器植入术 20 例。

卒中中心同样成果显著。上海专家带来的先进脑血管介入技术，填补了当地的医疗空白。过去，许多脑卒中患者因无法及时进行血管再通治疗，落下严重残疾。现在，卒中中心组建了 24 小时待命的多学科救治团队，能够在最短时间内为患者提供精准治疗，患者的致残率明显降低。近三年共救治 1143 例患者。2025 年 5 月，医院综合防治卒中中心通过国家卫健委组织的验收，即将授牌三级医院卒中中心。

急救创伤中心的建设则更具挑战性。日喀则地形复杂，交通事故、意外坠落等创伤事件频发。援藏专家因地制宜，优化创伤救治流程，加强与消防、公安等部门的联动。中心配备了先进的急救设备，确保患者在转运途中就能得到及时有效的救治。2024 年，急救创伤中心共收治严重创伤患者 500 余例，救治成功率达到 85% 以上。2024 年 8 月 31 日，中国创伤救治联盟专家组对医院高级创伤中心建设情况进行现场评审，经过专家组现场评估，医院高分通过国家级认证，被授予中国创伤救治联盟“高级创伤中心”称号，成为西藏地市医院首家“高级创伤中心”医院，这也标志着医院创伤救治能力和自治区级区域医疗中心“五大中心”建设提质增效跃上新台阶。

危重孕产妇救治中心和危重新生儿救治中心的建成，为当地母婴健康提供了坚实保障。上海市妇产科和新生儿科专家带来了先进的围产期管理理念和新生儿救治技术。在救治过程中，多学科团队紧密配合，从孕期保健、分娩过程到产后护理，为孕产妇和新生儿提供全方位的医疗服务。2023 年 4 月，医院获批建成自治区级危重孕产妇救治中心及危重新生儿救治中心。近三年来，日喀则市孕产妇和新生儿死亡率大幅下降，这两个中心功不可没。近三年危重孕产妇中心共救治 11189 位患者，其中红色、橙色、紫色预警患者 6607 例，成功救治极危重患者 344 例。危重新生儿救治中心共救治出院患者 2448 人次，其中危重病例 1175 人次，早产儿病例 1250 人次，机械通气数达 579 人次，深静脉置管 37 人次。

四、以院包科：发展卓有特色的重点学科

“以院包科”模式是上海市医疗援藏工作的又一创新举措。上海援藏医疗

队充分发挥“上海—日喀则临床医学诊疗中心”的作用，前后方联动，持续推进“以院包科”建设（包括普外科、胸外科、神经外科、妇产科、心内科、呼吸科、麻醉科、超声科、血液科、消化科、儿科、骨科、中西医结合科等）13个临床重点学科诊疗中心。通过这种模式，上海各大医院与日喀则市人民医院的对应科室结成对子，实现精准帮扶。

麻醉疼痛诊疗中心依托复旦大学附属华东医院、上海市第六人民医院的支持，开展了一系列新技术、新项目。以前，当地一些复杂手术因麻醉技术不过关而无法开展。如今，在上海专家的指导下，麻醉疼痛诊疗中心不仅能够熟练完成各类复杂手术的麻醉，还开展了无痛分娩、术后镇痛等服务，极大地改善了患者的就医体验。

神经系统疾病诊疗中心依托上海交通大学医学院附属第九人民医院、复旦大学附属中山医院、复旦大学附属华山医院的技术力量，在脑血管病、脑肿瘤等疾病的诊疗方面取得了重大突破。中心引进了先进的神经介入技术和显微外科手术技术，成功救治了许多疑难重症患者。

心血管疾病诊疗中心在上海市第十人民医院、上海交通大学医学院附属瑞金医院的帮扶下，不断提高心血管疾病的诊疗水平。中心开展了心脏介入手术、心脏康复等业务，给当地心血管疾病患者带来了新的希望。自成立以来，心血管疾病诊疗中心的门诊量和住院患者数量逐年递增，增长率均超过20%。

其他“以院包科”科室，如创伤诊疗中心、妇产科疾病诊治中心、危重儿童和新生儿救治中心等，也在各自依托医院的支持下，不断发展壮大。近三年来，医院成功创建了急诊科、重症医学（ICU）两个国家级临床重点专科，成为自治区七地市医院中唯一拥有两个国家级临床重点专科的医院；中西医结合科成功入选国家中西医协同“旗舰”科室，成为西藏地市医院首家获批国家中西医结合协同“旗舰”科室建设项目的医院。这些特色学科的建设，不仅提高了医院的整体医疗水平，还吸引了周边地区的患者前来就医，逐步形成了区域医疗中心的辐射效应。

上海援藏医疗队在2022年7月至2025年4月期间，累计开展77项创新医疗技术项目，覆盖超声科、骨科、耳鼻喉科等18个科室，展现了跨学科协作与技术创新能力。其中，骨科以19项新技术位居榜首，涵盖“单侧

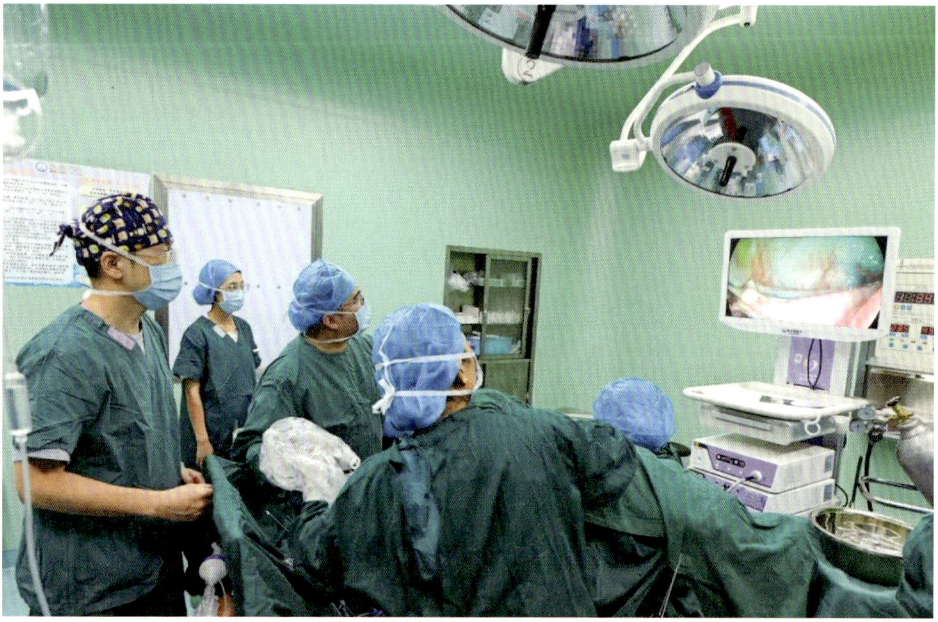

日喀则市人民医院成功开展全市首例腹腔镜下全子宫切除术

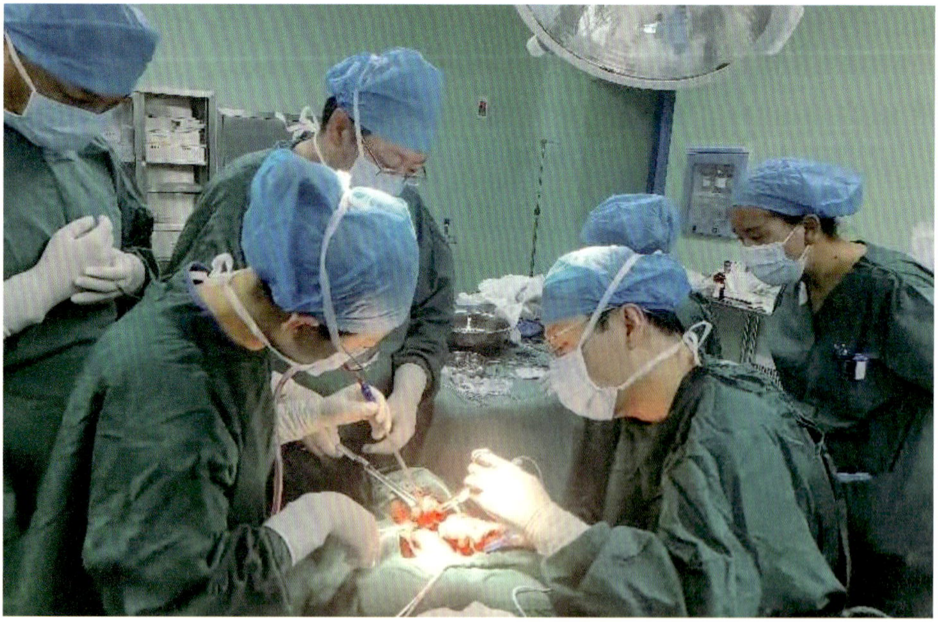

日喀则市人民医院成功开展日喀则市首例下咽癌手术

双通道内镜下椎管减压术”和“发育性髋关节脱位全髋关节置换术”，在脊柱与关节治疗领域实现精准化、微创化升级。耳鼻喉科紧随其后，推出11项技术突破，如“内镜下眶减压术”“高选择性翼管神经切断术”等微创术式，显著提升复杂病症的治疗效率。麻醉科聚焦高危患者安全，开发“高流量鼻供氧支持麻醉技术”系列方案，为小儿、老年及困难气道患者提供更优麻醉保障。

妇产科、新生儿科及神经外科在危急重症救治中表现突出，例如“无痛分娩技术”改善产妇体验，“超选择性大脑中动脉溶栓术”提升脑卒中救治成功率。此外，援藏团队注重技术本土化应用，如高原环境下的“纤支镜引导气管插管术”和“超声引导神经阻滞麻醉”，有效应对特殊地理条件对医疗的挑战。这些成果进一步推动日喀则市人民医院诊疗模式向精细化、微创化转型。上述成果不仅填补了西藏自治区多项技术空白，更为当地培养了一支“带不走”的医疗队伍，为高原群众健康保障注入持久动力。

五、专病建设：开展精准医疗的探索实践

为了进一步提升医院的专科诊疗水平，上海援藏医疗队积极推动专病中心建设。医院与内地多家知名医院、高校建立战略合作关系，共建高原专病研究中心，依托上海的科研力量，针对高原地区特有的心血管病、鼻病、眼病、皮肤病等疾病开展深入研究。通过建立高原病生物样本库和临床病例数据库，为科研工作提供了丰富的数据支持。近年来，中心在高原病的发病机制、诊断方法和治疗手段等方面取得了一系列重要成果。

针对高原关节疾病高发的问题，为深入贯彻落实“健康中国2030”规划纲要，响应日喀则市委提出的“四敢” 实践要求，医院联合上海专家团队于2024年10月至12月期间，开展了覆盖全市18个县区的髋膝关节疾病专项筛查救治行动。截至目前，共为134名患者实施免费关节置换手术，有效缓解了当地骨关节疾病患者的就医难题。此次医疗援助行动呈现两大亮点：一是精准筛查，由上海援藏医疗队骨科专家团队牵头，通过远程医疗系统与县域医疗机构联动，建立“筛查—诊断—治疗”三级服务网络；二是技术下沉，采用国际先进的微

创置换技术，缩短术后住院日，降低并发症发生率。

在其他专病中心建设方面医院也取得了显著进展。如消化系统疾病诊治中心开展了内镜下微创手术，提高了消化系统疾病的诊断和治疗水平；血液疾病诊治中心引进了先进的红细胞单采技术，为血液疾病患者提供了更好的治疗方案。这些专病中心的建设，使医院在专科领域实现了从无到有、从弱到强的转变，为当地患者提供了更加精准、高效的医疗服务。

六、医学教育：打造医学人才的培养摇篮

近年来，医院在医学教育方面多元化发展，实习生的生源专业从既往的疾病预防控制、护理拓展至临床医学、医学影像技术、医学检验技术、助产专业，2020 年起全面承担西藏大学医学院临床、护理专业的实习教学。随着实习生源专业的增加，医院需要不断优化教学资源配置，提高教学质量。在与西藏大学医学院的合作中，医院建立了完善的实习教学管理体系，为实习生配备了经验丰富的带教老师，制订了科学合理的实习教学计划。通过临床实习，学生能够将理论知识与实践相结合，提高临床操作技能和解决实际问题的能力。同时，医院也从实习教学中获取了反馈信息，有助于进一步改进教学方法和课程设置，提高医学教育质量。近三年医院累计接收培养来自西藏大学医学院、西藏民族大学、仙桃职业学院、淮北职业技术学院等院校的临床医学专业、护理专业、医学影像、医学检验等专业的 360 余名本科实习生。

在住院医师规范化培养方面，医院在原来仅有的一个全科医师住培基地的基础上，成功申报了外科、妇产科、急诊科三个新培训基地，大幅拓展了临床教学平台。住院医师规范化培训基地由国家卫健委授权从全科医学一个专业调整为综合性基地，成为西藏“组团式”“1+7”医院内首家地市级医院，为人才的本地化培养和引进提供了坚强的基础。培训基地的拓展和升级，满足了不同专业医学生和住院医师的培训需求。外科培训基地为外科专业的医学生和住院医师提供了系统的手术操作培训和临床实践机会，有助于培养出高素质的外科专业人才。综合性基地的建立，整合了医院的教学资源，实现了多学科的交叉融合，为培养复合型医学人才提供了条件。同时，作为西藏“组团式”“1+7”

医院内首家地市级医院的综合性培训基地，也为其他地市级医院的培训基地建设提供了示范和借鉴。近三年医院累计接收培养全科、外科、急诊、妇产科专业规培生 40 名。

师资队伍的建设是医学教育质量的关键。近三年来，30 多名骨干取得了住培师资培训认证证书，提高了师资队伍的教学水平和专业素养。住培医师首次结业理论考试通过率达 82.3%，高通过率的住培医师结业理论考试，证明了医院师资培训的成效。2024 年 11 月医院接受并通过了中国医师协会组织的住院医师规范化培训基地评估指导。在医教融合方面，医院与上海中医药大学合作，建设“岐黄育人实践基地”，2024 年度医院有两名骨干分别荣获中国医学模拟教学联盟“十佳管理者”和“十佳带教老师”。医院加强与西藏大学医学院的紧密沟通，两位专家经遴选成为硕士研究生导师，为医院医师学历系统性升级夯实了牢固基础。2024 年 7 月，医院承办了西藏大学医教研协同暨第四批临床教学基地教师同质化培训会议，促进了医疗与教学的深度融合，提高了医院在医学教育领域的影响力。

七、教学平台：提升实践能力的重要载体

2021 年，医院模拟实训中心成为西藏自治区首家通过联盟规范国际认证的单位，意味着实训中心的教学标准、设备设施、师资力量等方面都达到了国际先进水平，彰显了医院在医学教育实践教学方面的领先地位。模拟实训中心配备了先进的教学设备和模拟实训设备，能够模拟多种临床场景。这不仅为本地医学生提供了高质量的实践教学环境，也吸引了周边地区的医学生前来学习交流。在模拟急救场景中，学生可以通过操作模拟人，学习心肺复苏、气管插管等急救技能，提高应对紧急情况的能力。国际认证也为医院与国际医学教育机构开展合作交流奠定了基础，促进了医学教育理念和方法的国际化。

日喀则市地处高原，自然灾害频发，如地震、泥石流等，建立灾难生命支持培训基地能够有效提升当地医务人员应对灾难的能力。2024 年 4 月，以急诊与危重症教研室为骨干导师力量，医院完成了国家灾难生命支持（NDLS）课程培训认证，成为西藏首家国家灾难生命支持培训基地，这标志着世界上海

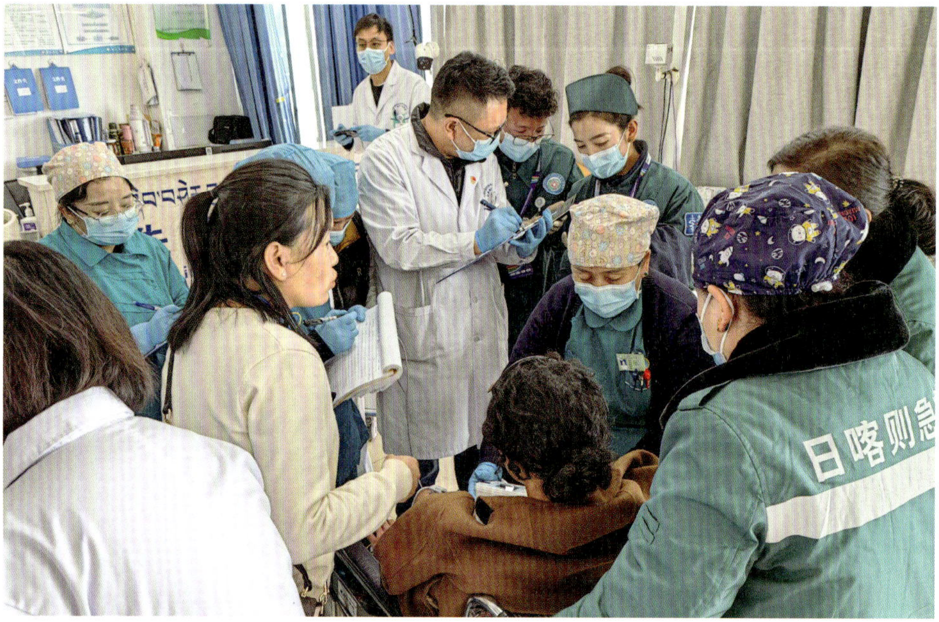

医院完成了国家灾难生命支持（NDLS）课程培训认证

医院建成投用了云图书馆

拔最高的国际级培训中心落地。灾难生命支持培训对于提高医务人员在灾难情况下的应急救援能力具有重要意义。培训基地的导师团队由经验丰富的急诊与危重症专家组成，他们不仅具备扎实的专业知识，还拥有丰富的实战经验。在培训过程中，学员掌握了灾难现场急救、伤员转运等知识和技能，为保障当地居民在灾难发生时的生命安全提供了有力的支持。

在信息时代，知识的获取和更新对于医务人员的专业发展至关重要，医院建成投用了云图书馆，为医院职工提供了全面的中、英文文献检索和全文阅读平台，PubMed 平台的全文获取率达 95%，年均登录量 5000 余人次，检索量 48 万余次，浏览文献 1 万余篇，下载量约 1 万篇。云图书馆的建立，打破了地域限制，让医务人员能够及时获取国内外最新的医学研究成果。PubMed 作为国际知名的医学文献数据库，其高全文获取率为医务人员提供了丰富的学术资源。通过云图书馆，医务人员可以了解到国际上高原医学领域的最新研究动态，学习先进的治疗技术和理念，为临床实践和科研工作提供了有力的支持。同时，云图书馆的大数据统计功能，也为医院了解医务人员的学习需求和学术动态提供了依据，有助于医院进一步优化资源配置，提高医学教育和科研水平。

八、高原研究：见证临床研究的发展突破

近三年来，上海援藏医疗队专家带领本地医疗骨干申报高原病研究能力提升专项，在科研项目立项方面取得了重大突破。获批立项国家自然科学基金项目 2 项、自治区级自然基金项目 52 项、日喀则市级项目 34 项，总计获得资助经费 1050.54 万元。这一成绩的取得意义非凡，尤其是国家级课题零的突破，不仅为高原病研究提供了充足的资金支持，更标志着日喀则市在高原医学科研领域已经迈入良性循环。国家自然科学基金项目的获批，代表着项目的研究价值和创新性得到了国内顶尖科研评审机构的认可，也为后续吸引更多高层次科研人才和资源奠定了基础。这些项目涵盖了高原病的多个研究方向，从基础病理研究到临床治疗技术创新，全方位推动了高原医学科研的发展。

在科研成果论文方面，近三年上海援藏医疗队专家指导医院本地医生发表论文 55 篇，共同发表了 6 篇高水平 SCI 论文，其中 JCR 分区 2 区 3 篇、3 区 3

篇，总影响因子达到 17.5。论文的发表是科研成果的重要体现形式，这些高水平的 SCI 论文不仅展示了日喀则市在高原医学研究方面的学术水平，也提升了医院在国际医学领域的知名度。援藏专家的指导起到了关键作用，他们带来了先进的科研理念和方法，帮助本地医生提升科研能力和论文撰写水平。通过与援藏专家的合作，本地医生学会了如何从临床实践中发现科研问题、如何设计科学合理的研究方案，以及如何运用科学的统计方法分析数据。这些经验和技能的提升，使得本地医生能够在国际知名学术期刊上发表高质量的论文，与国际同行进行学术交流。

医院与上海交通大学医学院附属瑞金医院联合实现首个专利转化“可接入双通吸氧管的防护口罩”，这标志着科研成果开始从理论研究走向实际应用。2025 年 2 月，医院党委书记王庆华、国家知识产权运营（上海）国际服务平台总经理汤金林与上海瑞金医院知识产权和成果转化办公室主任曹青分别代表各方签署“可接入双通吸氧管的防护口罩”专利实施许可协议。通过知识产权联合申请与实施，瑞金医院将先进的医疗创新成果引入西藏，为当地医疗技术水平的提升和资源配置的优化提供了强有力的支持。

九、搭台赋能：推进沪藏联动的研究模式

2023 年 9 月，日喀则市高原病研究中心正式挂牌并挂靠在医院，这一举措标志着高原病研究在日喀则市迈出了关键的第一步。该中心的成立并非偶然，它是基于日喀则市独特的地理环境和高发的高原病现状而设立的。日喀则地处高原，平均海拔超过 3800 米，特殊的地理条件使得高原病成为威胁当地居民健康的主要疾病之一。高原病研究中心的建立，为深入研究高原病的发病机制、预防措施和治疗方法提供了专业的平台。

为了提升高原病研究中心的科研水平和创新能力，医院积极与多家知名医院、高校建立战略合作关系。这些合作对象包括国内在高原医学领域具有深厚研究底蕴的高校和临床经验丰富的知名医院。通过合作，实现了资源共享、优势互补。在“高原心血管病研究中心”“高原鼻病研究中心”“高原皮肤病研究中心”“高原眼病研究中心”“高原公共卫生研究中心”等项目中，各方充

分发挥自身的科研优势，共同攻克高原医学难题。例如复旦大学附属眼耳鼻喉科医院是国家质控中心，耳鼻喉科一直全国排名第一，为高原慢性炎性疾病的流行病学特点及发病机制的研究提供了重要平台；上海市疾控中心在公共卫生基础医学研究方面实力雄厚，为高原病结核病的研究提供了前沿的理论支持；复旦大学附属华山医院则凭借丰富的皮肤病顶尖学科引领，为研究提供了大量的临床数据和实践经验，结合产学研相结合的模式，为高原病研究注入了强大的动力。

十、珠峰论坛：搭建学术交流的高端平台

西藏自治区医学珠峰论坛是上海市医疗援藏工作打造的重要学术交流平台，已连续成功举办 10 届，每届都聚焦医疗卫生领域的热点问题，吸引了众多国内外专家学者参与。近三年来，医院分别以“提质增效，推进公立医院高质量发展”“守正创新，助力自治区级区域医疗中心建设”“展望‘十五五’，奋力谱写医院高质量发展新篇章”为主题，主办了第八、九、十届西藏自治区医学珠峰论坛。论坛以线上线下相结合的形式，为西藏自治区的医护人员提供了与国内外顶尖专家交流学习的机会。在论坛上，专家分享最新的医学研究成果、临床经验和诊疗技术，内容涵盖了高原医学、公共卫生、临床诊疗技术等多个医学领域。尤其在高原病领域，来自全国各地的专家分享了关于高原病防治的最新研究进展，介绍了针对高原地区常见疾病的诊断和治疗方法，为当地医护人员提供了新的思路和方法。

通过珠峰论坛，医院的医护人员能够及时了解国内外医学前沿动态，学习先进的医疗技术和管理经验，这不仅拓宽了他们的视野，还提升了他们的专业水平。同时，论坛也加强了西藏地区与国内外医疗卫生机构的合作与交流，促进了优质医疗资源的共享。截至目前，珠峰论坛已邀请来自全国的 1799 名专家举办学术论坛 160 场次，线下培训各类医疗人员 32993 人次，线上全国各地医务同行 26.2 万人次收听收看，在提升西藏自治区医疗卫生水平方面发挥了重要作用。

西藏自治区医学珠峰论坛为西藏“组团式”“1+7”援藏医院同行的学术

医院为第九批医疗人才“组团式”援藏专家颁发“双聘专家”证书

签订“师带徒”协议仪式

交流提供了一个高水平平台，锤炼了高水平人才队伍，品牌效益不断强化。经过多年的发展，珠峰论坛已经成为西藏自治区乃至全国具有较高知名度的医学学术交流品牌。品牌效应的形成，不仅吸引了更多的专家学者参与论坛，也提升了西藏自治区医疗卫生行业在全国的影响力。同时，论坛也为"组团式"援藏医院之间的交流与合作提供了平台，促进了医疗资源的共享和协同发展。通过论坛的交流与合作，各援藏医院能够相互学习借鉴，共同提升医疗服务水平和科研教学能力，为西藏自治区医疗卫生事业的发展做出更大的贡献。

十一、引培并举：激活人才队伍的发展动能

医院坚持把加强医疗人才队伍建设作为"书记项目"来抓，持续做好人才"造血"工程，大力营造育才、引才、用才的良好生态，为推动医疗事业高质量发展提供坚强的人才支撑。医院进一步深化人才发展体制机制改革，近年来先后制定了优秀人才专项支持实施办法、骨干人员培养制度、"珠峰英才"培养计划、"双聘专家"管理办法等规范性文件 4 个，全力打造更加积极有效的人才培养体系。近三年来，在日喀则市委组织部和市人社局的大力支持下，医院精心制订人才需求计划，通过高层次和急需紧缺人才引进、公开招录、自主招聘等形式，引进高层次人才 5 名、紧缺专业医学人才 142 名，有效缓解了医院医疗人才短缺的困境。同时聚焦医院发展规划，柔性引进区外医疗专家 7 名，签约区内外"双聘专家"110 名，目前医院"双聘专家"已达 255 人。医院入选自治区"珠峰英才"计划 3 人；围绕日喀则市"雅江英才"计划，建立优秀医疗人才培养储备库，遴选"医院珠峰英才培育计划"创新团队 1 个及 42 名业务骨干作为重点培养对象。

医院将打造"永不走"的医疗人才队伍作为"组团式"医疗援藏工作的核心要义。按照"师父带徒弟""专家带骨干""团队带团队"的结对帮扶方式，不断深化"师带徒"模式，提升师资队伍内涵，注重传帮带计划的制订和考核，人才培养取得显著实效。近三年来，144 名医院骨干和 51 名日喀则市县中心医院的技术骨干跟师上海援藏医疗队 64 名导师，创新拓展了"师带徒"工作覆盖范围。师徒之间除了签约、制订切实可行的"师带徒"培养计划外，2023 年、2024 年持续在教师节开展了拜师仪式，徒弟向带教老师敬茶，集体诵读《拜

师帖》等，营造了医院尊师重教的浓郁氛围。这种结对帮扶模式充分发挥了援藏专家的专业优势和传帮带作用。“师父带徒弟”模式注重一对一指导，让本地医务人员能够在日常工作中向援藏专家学习临床技能和经验；“专家带骨干”模式则侧重于培养本地医疗骨干，提升他们的科研能力和管理水平；“团队带团队”模式促进了不同科室之间的交流与合作，提高了医院整体的医疗服务水平。通过这种全方位、多层次的结对帮扶模式，实现了医疗技术和经验的快速传承。

在援藏专家的带领和指导下，所有科室均形成每月两次教学查房、每周一次科内业务学习的长效机制，本地医务人员已常态化主动走上科内讲台、院内论坛、院内实训现场、区内外学术平台，通过交流，切实提升了能力。扩大覆盖范围使得更多的本地医务人员受益于援藏专家的指导，提高了整个地区的医疗服务水平。长效机制的建立，保证了教学活动的常态化和持续性。教学查房和科内业务学习让医务人员能够及时总结临床经验，学习最新的医学知识和技术。本地医务人员走上各类学术平台，不仅展示了自身的能力和成果，也通过交流学习，拓宽了视野，提升了专业水平。

“师带徒”过程中，上海援藏医疗队的队员更加注重帮扶本地医生具备独立的临床诊疗能力。近三年来，开展临床新技术 99 项，制订学科发展规划 21 项，健全规章制度 67 项。本地医生的诊疗能力不断提升，实现疑难病症跨省（市）就诊比例从 12.85% 下降到 8.72%。医院开展与指导各类业务学习 544 次，教学查房 449 次，科教培训讲座 20 余场次，选派麻醉、骨科等 90 名本地业务骨干赴上海支援医院进修学习。组织 200 余人次开展“三交”活动 15 次，既有上海专家来院手术示教、技术指导，也有本地医生赴上海学习考察等。尤其是通过开展“一对一”“一对多”精准的专题辅导、集中自学等，历史性地实现了医院无执业资格医护人员“清零”目标。这一成果是人才培养成效的重要体现。通过“师带徒”模式，医院为尚未通过执业资格考试的医护人员提供了系统的培训和学习机会，帮助他们提高专业知识和技能，顺利通过执业资格考试。这不仅提高了医院医务人员的整体素质，也为医院的规范化管理和可持续发展奠定了基础。同时，人才培养成果体现在医院医疗技术水平的提升、科研能力的增强以及学科建设的完善等方面。随着本地医务人员能力的不断提升，医院能够开展更多高难度的手术和治疗项目，为当地居民提供更加优质的医疗服务。

十二、服务社会：展现公益慈善的温暖之光

在援藏工作期间，援藏医疗队积极协调各方资源，推动社会公益项目落地实施，取得显著成效。援藏医疗队联合上海市儿童医院及上海证券交易基金会，组织对先天性髋关节脱位患儿和先天性心脏病患儿进行筛查与回访，共筛查先天性髋关节脱位患儿 36 名、先天性心脏病患儿 13 名，并协调安排 77 名先天性髋关节脱位患儿赴上海接受手术治疗。同时，由上海永达公益基金会与复旦大学附属眼耳鼻喉科医院共同发起的“耳聪目明健康‘童’行”慈善项目，在日喀则市人民医院首次成功实施了两例小耳畸形耳廓再造术，并完成 100 余例小耳畸形患者筛查。此外，在上海市慈善基金会的支持下，援藏医疗队与上海交通大学医学院附属第九人民医院合作，完成 1 例小耳畸形 II 期耳廓再造术，为患者提供了高质量的医疗支持。在日喀则定日县地震期间，协调施乐辉公司通过中国人口福利基金会驰援日喀则地震灾区，捐赠物资 1069368.45 元，捐赠物资包括鼻出血球囊、伤口敷料等。

在沪藏医疗交流方面，援藏医疗队组织日喀则市人民医院及吉纳常松德林藏医院相关科室医护人员（包括院部、急诊科、科教科、护理部、信息科、耳鼻喉科、神经外科、骨科等）共 150 余人次赴沪，前往上海三甲医院参观学习，提升医疗技术水平和管理能力。同时，援藏医疗队邀请上海医疗专家赴藏开展技术指导与示教活动，包括上海五官科医院专家完成首例下咽癌切除术及耳内镜下鼓膜成形术，上海市儿童医院专家赴日喀则市人民医院进行先天性髋关节脱位手术示教，上海同仁医院专家完成白内障手术示教 46 例及玻璃体切除术 1 例，上海岳阳中西医结合医院专家赴藏开展中医义诊，服务群众 400 余人次。

通过援藏期间的努力，援藏医疗队充分发挥桥梁纽带作用，积极整合上海优质医疗资源，推动社会公益项目在西藏落地实施，切实解决了当地群众的医疗难题。通过医疗救助、技术帮扶及人员交流等多方面工作，不仅提升了西藏医疗技术水平，也为沪藏两地医疗协作积累了宝贵经验，为西藏医疗卫生事业的长远发展奠定了坚实基础。

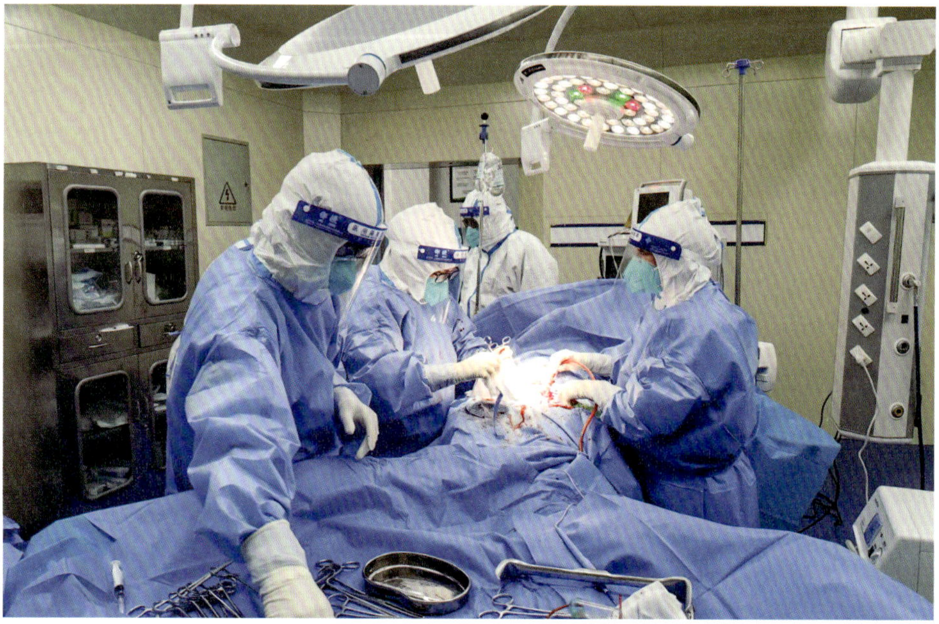

上海市医疗人才“组团式”援藏专家深入日喀则市救治基地为患者做紧急救治手术

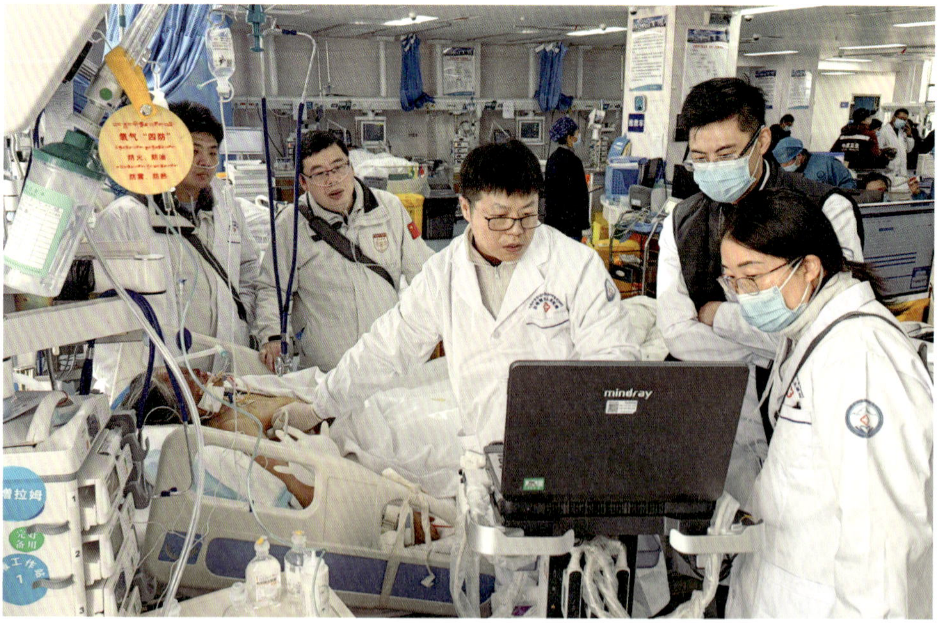

医疗队队员争分夺秒地抢救日喀则市定日县地震伤员

十三、两情相援：彰显医者担当的关键时刻

在日喀则，自然灾害和突发公共卫生事件时有发生，每一次危机都是对医疗救援能力的严峻考验。上海援藏医疗队始终冲锋在前，用实际行动诠释医者担当。

2022 年 8 月，日喀则市突发新冠疫情。上海市医疗援藏工作队紧急响应，迅速投入疫情防控一线。面对高原地区缺氧、医疗资源紧张等困难，队员毫不退缩，他们积极组织疾控、救治、核酸检测等专家，为当地政府提供科学防控建议，借鉴“大上海保卫战”的宝贵经验，制定了一系列有针对性的防控措施。

在疫情防控期间，援藏医疗队统筹协调各方力量，组织 600 余名医疗队员参与疫情防控工作。他们深入市救治基地、方舱医院和市人民医院，开展临床救治、核酸采样和检测等工作。截至 2022 年 10 月 11 日，由上海托管的救治基地分管病区累计收治患者 755 人，累计出院和转出 675 人；第二方舱医院累计收治 8080 人，累计出舱 8080 人。核酸采样队累计出动队员 2908 人次，累计采样 336568 人次；核酸检测队累计 4403 人次进行检测工作，累计检测 2190343 管。同时，医疗队还积极协调各方，为日喀则市筹集各类防疫物资近 500 万元、药品约 840 万元，接受爱心企业、慈善组织等捐物价值约 1283.9 万元，为疫情防控提供了坚实的物资保障。

2025 年 1 月 7 日，日喀则市定日县发生 6.8 级地震。灾情就是命令，上海医疗援藏工作队 24 名队员在休假期间迅速从全国各地赶赴日喀则，参与医疗救治工作。他们协同国家、上海、自治区援派的专家，迅速成立医疗救援小组，深入灾区开展救援。在地震灾区，医疗队队员克服余震不断、交通不便等困难和危险，争分夺秒抢救伤员。截至 1 月 24 日，医院共收治地震相关患者 93 人，累计开展手术 75 台，成功挽救了患者生命，为抗震救灾做出了重要贡献。

十四、数智赋能：引领智慧医院的能力提升

智慧服务，方便患者便捷就诊。基于“健康云”App 和“银医协作”，成

功建设日喀则—上海珠峰互联网医院（日喀则市人民医院互联网医院），升级智慧化便捷就医体系。患者通过“健康云”App、“西藏日喀则市人民医院”公众微信号和现场自助挂号机，均可便捷地实现网上预约挂号、诊间支付、移动支付、手机查阅检查和影像报告、影像胶片自助打印、手机查阅诊疗费用，患者只须拿着一部手机就可以在日喀则市省时省力地享受到与上海市民同质化的诊前预约挂号、诊时付费取药、诊后查询结果的全流程智慧服务。

智慧诊治，打造移动医疗助手。建成了“云影像”系统，通过公共网络，彻底解决了基层医疗机构读片难的问题。医院拍摄的 DR、CT、MR、US、介入动态影像等，都可以在经过认证授权的专家移动端连续动态调节亮度和灰度，以所需的最佳窗宽阅片，达到最佳诊断效果。不仅将医务人员从内网电脑桌面端解放了出来，更提供了一条加密且便捷的影像学会诊高速公路。建成了“云心电”系统，更好地将全市唯一的胸痛中心服务能力向县级下沉辐射，与上海交通大学医学院开展“医学人工智能网格化信息协作”（MAGIC），以医院为枢纽，发挥远程“云心电”诊断平台的云端优势。上海对口援建五县的患者在县人民医院所做的心电图，如有高危表现，全天 24 小时都可在 10 分钟内获得上海三甲医院的远程确诊，并联动医院胸痛中心开放“双绕行”绿色通道，极大缩短了在遥远距离上的诊治延时，大幅提升了胸痛患者的生存率。在地广人稀的日喀则，医务人员拿着一部手机，就可以随时实现诊间质量级别的高效率会诊。

智慧减负，护理员工和患者家属满意度升级，显著减少差错。在建设智慧物流系统方面，建成了 5G+ 人工智能标本转运机器人系统，有效缓解“跑腿”问题，并加装汉藏双语播报语音系统，365 天 × 24 小时从住院部和急诊部带着标本出发，自动智慧找路、避让行人、物联网叫电梯、开关门禁，全程封闭地把标本安全运抵检验科，日均运行 40 余次。减轻了既往由护理人员或者患者家属承担的工作负荷，特别是在严控疫情的关键时期，机器人系统大幅降低了院内传播的潜在风险。在建设智慧输液系统方面，住院病房内的静脉输液治疗是一项持续久、强度大，且容易产生护患摩擦的环节。建成“智慧输液系统”后，当班护士在护士站总控大屏上即可将每位患者补液的剩余时间一览无余，预判补液结束的实际顺序，无须为了避免“补液纠纷”而低效率密集巡视，夜班一位护士就能轻松胜任，大幅降低了一线护士的工作负荷，显著提升了员工满意度。此外，医院智慧手麻系统、智慧审方系统、急诊留观系统的投入运行，通过自动化和无人化的工作方式，人机协同，降低了工作人员疲劳和知识不够全面可能存在的风险，显著提升了医疗安全。

软硬兼修，三级等保超级融合。为精简数据中心架构，提高服务器性能，解决传统架构中计算、存储性能的瓶颈，提供业务冗余和支持数据丢失找回，医院建成了西藏首家超融合平台。医院的 HIS、LIS、PACS 等核心业务系统迁至超融合平台后，运行稳定，大大降低了运行故障，并能给信息服务提供预见性。在国家卫生健康委开展的电子病历系统应用水平分级和互联互通标准化成熟度测评中，医院在西藏自治区率先开展电子病历系统五级和互联互通四级甲等医院创建工作。2024 年 6 月医院顺利通过 2023 年度全国医疗机构电子病历系统应用水平分级评价五级评审，成为电子病历分级评价高级别医院，并于 2025 年 1 月顺利通过了 2023 年度国家医疗健康信息互联互通标准化成熟度测评四级甲等，是西藏自治区第一家获得电子病历五级和互联互通四级甲等的医院，填补了这两项工作在全国版图上的空白。2025 年 4 月医院上线 DeepSeek 大模型，助力检验检查报告专业解读，成为自治区首家提供 AI 智能化服务的医院。

十五、自我管理：营造严管厚爱的和谐氛围

“组团式”医疗援藏开展以来，上海市委主要领导多次到医院视察指导工作，上海市委组织部、市教卫工作党委和市卫生健康委按照中央要求积极组织优秀医疗人才力量。日喀则市委、市政府和上海市援藏工作队的主要领导多次前往援藏公寓和医院调研，全力保障专家的工作生活起居，在日喀则市教育医疗“组团式”援藏工作领导小组的统筹协调下，上海和日喀则两地密切合作，全力支持援藏医疗专家工作。

在上海市委、市政府统筹领导下，精心打造“组团式”医疗援藏“上海模式”。在管理方面，将援藏医疗人才纳入援藏干部人才整体管理体系，4 位三年期援藏干部分别担任医院党委书记和副院长，每年 20 名医疗专家担任医院科室主任，任实职、担实责，确保援藏专家工作有条件、干事有平台。上海市卫健委作为牵头单位，有效组织全市卫生系统的力量“以市助院”，每年投入

3000 多万元，重点聚焦医院内涵建设和综合实力提升。自 2015 年 8 月以来，上海市委组织部、合作交流办、教卫党委、卫健委领导班子成员 24 次入藏，其中主要领导 14 次带团来院，现场指导“组团式”医疗援藏，组织专班创三甲、强三甲，并根据医疗援藏实际需求在人员选派、技术支持、项目合作、资金安排等方面协调后方资源鼎力支持。从上海市 23 家三级甲等医院选派 10 批 210 名医疗骨干赴藏开展“组团式”医疗援藏工作。援助专业涵盖临床、医技、管理等医院建设各方面，选派的专家人才以副高级职称以上为主，着力培养本地医、教、研、管人才。支援医院将研究落实包干科室建设作为党委会议题，协调推进重点任务、解决重大问题，每年至少组织医院领导和专家赴医院现场交流指导一次，精准施策帮扶医院发展。

上海援藏医疗队在上海市第十批援藏干部人才联络组的领导下，坚持严管厚爱结合、激励约束并重。上海援藏医疗队聚焦贯彻党中央决策部署和习近平总书记对西藏一系列重要讲话精神、对卫生健康工作的重要指示批示精神，结合党的二十大及全国两会的召开、2023 年下半年开展的学习贯彻习近平新时代中国特色社会主义思想主题教育、2024 年上半年开展的党纪学习教育、2025 年上半年开展的中央八项规定精神学习教育、2023 年 7 月起开展的医药领域腐败问题集中整治等学习安排，认真完成上海市合作交流办党组、上海市第十批援藏干部联络组临时党委、日喀则市卫健委党组、医院党委等组织的各类教育学习任务，扎实推进医疗队队员思想政治教育。

四位领队还和医院其他班子成员一起，结合分管工作，围绕三级公立医院绩效考核、智慧医院建设、年度重点工作等，有针对性地开展专题调研，形成了《关于智慧医疗助力医院不断提高医疗服务水平研究的调研报告》《关于三级公立医院绩效考核存在问题的研究报告》等多个调研报告，形成了进一步推进医院高质量发展和提升医疗服务质量的思路办法和举措。上海援藏医疗队每年赴江孜、亚东、拉孜、萨迦、定日五县中心医院调研，通过开展医联体建设、“师带徒”拓展、惠民义诊等，进一步加强市级医院与县级医院更加牢固的联盟关系，增强对县医院医疗服务的辐射能力。带动了萨迦县、定日县中心医院成功创二甲，积极帮带江孜县中心医院创三乙、亚东县中心医院创二甲。在下基层调研过程中，三位副领队还分别做了党课宣讲。

上海援藏医疗队成立了“组团式”医疗工作队临时党支部，除四名领队外，每年吸收一名党员加入党支部支委，充分发挥党组织的战斗堡垒作用和党员的先锋模范作用，确保上海“组团式”援藏医疗工作高质量完成。队内设立健康干事、生活干事、文体干事、宣传干事、纪律干事等，加强队伍自我管理与服务，健全激励关怀机制，增强队伍生机活力。每天上午9点前报告所有队员健康情况，每天晚上22点前报告是否回驻地和健康情况。工作队骨干与队员经常性开展谈心谈话，及时掌握队员工作、生活和家庭情况，积极做好生活保障，及时开展心理疏导。近三年来，党支部发展党员一名，还积极组织队员赴日喀则市廉政警示教育基地、“国旗阿妈”党性教育基地、墨脱县爱国强边教育基地、狮泉河烈士陵园、孔繁森纪念馆等，提高队员的政治素质和理论素养，使学习教育常态化。组织队员到各县开展义诊活动，加强民族团结，服务当地百姓。2024年4月，上海援藏医疗队赴聂拉木樟木口岸调研学习，与聂拉木出入境边检站签订“珠峰领航·医者仁心”共建协议。医疗队还赴自治区人民医院、拉萨市人民医院、林芝市人民医院、山南市人民医院、昌都市人民医院、阿里地区人民医院以及波密县人民医院、普兰县人民医院等，与各地市“组团式”援藏医疗队队员进行交流研讨。

十六、展望未来：持续书写沪藏医疗新篇章

上海援藏医疗队在过去的三年中取得了令人瞩目的成绩，但这只是一个开始，展望未来，还有更多的挑战和任务等待着医疗援藏工作者去完成。

在“十五五”期间，上海援藏医疗队将继续对标考核，全面提升三级公立医院绩效水平。持续选派优秀的医务、财务、设备等管理人员，借鉴上海支援医院的先进管理经验，健全医院规章制度，改进医院诊疗流程。针对三甲等级复评审、三级公立医院绩效监测中存在的问题，精准分析，切实整改，完善医院薪酬激励机制，促进相关科室对标医院高质量发展核心要素提升绩效水平。

在学科建设方面，将锚定目标，促进“五大中心”的提质再发展。积极推进国家高级创伤救治中心、国家三级医院卒中中心、自治区级危重孕产妇救治中心及危重新生儿救治中心建设，提高患者的救治效能与医疗质量。接受国家

胸痛中心（基层版）的复审，并积极争取向标准版冲刺。全力推动以“自治区急诊创伤临床医学研究中心”为代表的临床研究平台建设，深化发展内涵。

人才培养依然是未来工作的重点。引育并举，打造区内有重要影响力的一流人才。促进沪藏两地院所、高校、企业、医疗机构合作交流，推动专家工作站、名师工作室落地医院，凝聚强劲智力支持。持续引进“双聘专家”，加大柔性引才力度，带动骨干人才的培养。加强与藏大医学院的合作，极力推荐本地专家成为藏大硕士研究生导师，激励本地干部职工积极提升学历层次。建立医疗人才“组团式”援藏传帮带工作考核机制，确保人才培养工作取得实效。

科研创新也将进一步加强。筑牢平台，推动建设日喀则市高原医学研究中心。以“五大多学科（MDT）诊疗中心”为平台，整合医院相关临床医技科室，瞄准高原多发病、常见病、疑难病以及严重危害人民群众生命健康的疾病，建立融预防、诊疗和康复为一体，中西医结合多学科合作的高原病临床医学研究中心。继续加强与上海各医科大学及三甲医院的合作，与医院共建研究中心，推进高原病的诊治与研究。着力开展医务人员科研能力培训，设立科研培育专项，鼓励并推动医务人员科学、及时总结研究成果，形成学术论文、专利等。

将充分发挥日喀则市人民医院的龙头作用、龙头辐射，帮扶日喀则市县域中心医院能力提升。利用远程医疗平台，优化远程会诊机制。通过各学科自治区级、市级质控中心建设、住院医师规范化培训学员培养、“师带徒”拓展等，进一步带动县中心医院医护人员的能力提升。

展望未来，日喀则市医疗卫生事业将面临更多的机遇和挑战。在机遇方面，随着国家对边疆地区医疗卫生事业的持续投入和“组团式”医疗援藏政策的深入实施，将有更多的资源和支持投入日喀则市。同时，医疗技术的不断进步和信息化的快速发展，也为日喀则市医疗卫生事业的发展提供了新的动力。在挑战方面，如何进一步提升科研成果的转化效率、如何加强医学教育与临床实践的深度融合、如何在人才竞争激烈的环境中留住和吸引更多优秀人才等，都是需要解决的问题。相信在各方的共同努力下，日喀则市医疗卫生事业将迎来更加辉煌的明天，为保障当地居民的健康和促进地区经济社会发展做出更大的贡献。

下篇

我的援藏小故事

接续奋斗，传承发展

王庆华

王庆华，副教授，博士研究生，上海市卫生健康委员会（上海市中医药管理局）中医药传承发展处（综合协调处）处长，一级调研员，现任日喀则市卫健委党组成员、副主任，一级调研员，日喀则市人民医院党委书记、副院长，上海市第八、九、十批医疗人才“组团式”援藏工作队队长。长期从事医学教育与科研、医学创新人才培养、中医脾胃病诊治与研究等工作，熟悉医院管理、思想政治教育等领域。主持或参与多项国家自然科学基金、国家社会科学基金、上海市教育科学研究、上海学校德育实践研究等项目，擅长医学人力资源开发研究、大学生思想政治教育研究、卫生健康政策研究等，曾获上海市教学成果二等奖等。

2022年对我来说是极其不平凡的一年。在刚刚经历了抗疫“大上海保卫战”之后，人生的机缘让我与西藏这片圣洁的土地有了亲密接触的机会。从此我开启了为期三年的援藏生活，我竭尽全力去适应高原、奉献高原，助力高原医疗新突破，促进沪藏人民一家亲，我用热血谱写了人生中最重要的一段篇章。

一、制订推进三年规划，开创高质量发展新局面

我带领团队经充分调查研究，制订了《日喀则市人民医院医疗人才“组团式”援藏工作规划（2023—2025年）》（以下简称《规划》）。《规划》对标中央要求、地方所需、上海所能，既体现了中组部、自治区委组织部对上海“组团式”援藏医疗工作的要求，又符合医院发展的实际，进一步明确了医疗队未来三年的工作目标。《规划》同时联动上海对口支援的江孜、亚东、定日、拉孜、萨迦等县中心医院发展定位，突出特色，学科融合，优势互补。让我感到特别兴奋的是，《规划》得到了中组部的充分肯定，要求其他各地市参照上海模板起草规划。更让我感到欣慰的是，三年来，我带领团队围绕帮扶医院建成“自治区级区域医疗中心”的核心目标，以“强优势、创特色、广覆盖”为抓手，坚持“支援”与“合作”结合、“输血”与“造血”并重、“硬件”与“软件”共建，在完善体制机制、提升专业水平、落实精准服务上下功夫，已超额完成“组团式”医疗援藏三年规划各项指标，开创了医院在医疗服务、临床研究、人才队伍、区域合作、医院管理等方面高质量发展的崭新局面。

二、全力打造重点学科，促进医院内涵发展

我带领上海援藏医疗队充分发挥“上海—日喀则临床医学诊疗中心”的作用，前后方联动，持续推进“以院包科”，建设13个临床重点学科诊疗中心。成功创建了急诊科、重症医学（ICU）两个国家级临床重点专科，成为自治区七地市医院中唯一拥有两个国家级临床重点专科的医院。中西医结合科成功入选国家中西医协同“旗舰”科室，成为西藏地市医院首家获批国家中西医结合协同“旗舰”科室建设项目的医院。持续推进“五大中心”建设，创伤中心高分通过国家级认证，被授予中国创伤救治联盟“高级创伤中心”称号，成为西藏首批通过“高级创伤中心”的三甲医院。危重孕产妇救治中心和新生儿救治

在给徒弟授课

中心获得自治区授牌，国家综合防治卒中中心、胸痛中心基层版持续推动中。我带领医院班子成员以“国考”和“三甲复评审”为抓手，全面提升医疗服务质量和水平。尤其是组织专班深入剖析近五年医院绩效考核数据，深刻检视与研究，制定了切实可行的整改措施，2023、2024 年“国考”的主要医疗指标都有了量和质的持续提升。三年里，我们还挂牌并持续推进日喀则市高原病研究中心的工作，积极推进自治区急诊创伤临床医学研究中心工作，并与国内多家知名医院、高校建立战略合作关系，推动了“高原心血管病研究中心”“高原鼻病研究中心”“高原眼病研究中心”“高原皮肤病研究中心”“高原公共卫生研究中心”等项目成功落地。我和医疗队队员一起成功举办了第八、九、十届西藏自治区医学珠峰论坛，活跃了西藏的学术交流氛围，培养了本地的医学人才，并依托西藏自治区卫健委平台，向“组团式”“1+7+13”医疗援藏医院发出邀请，进一步扩大了珠峰论坛在西藏自治区及全国的影响力，得到了自治区卫健委的充分肯定。

三、持续推进造血工程，激活人才发展引擎

三年来，我和援藏医疗队队员结合医院、科室发展需求及实际情况，遴选出了 144 名本地业务骨干学员跟师 64 名老师，我自己也带了 5 名徒弟，制订了切实可行的“师带徒”培养计划。除了签约外，2023、2024 年持续在教师节举行了拜师仪式，学员向带教老师敬茶、集体诵读《拜师帖》等，营造了医院里尊师重教的浓郁氛围。我和队员更加注重帮扶本地医生具备独立的临床诊疗能力，开展了临床新技术 99 项，制订学科发展规划 21 项，健全规章制度 67 项，本地医生的诊疗能力不断提升，实现疑难病症跨省（市）就诊比例从 12.85% 下降到 8.72%。开展与指导各类业务学习 544 次，教学查房 449 次，科教培训讲座 20 余场次，选派麻醉、骨科等 90 名本地医生业务骨干赴上海市支援医院进修学习。组织 200 余人次开展“三交”活动 15 次，既有上海专家来院手术示教、技术指导，也有本地医生赴上海学习考察等。尤其是通过开展“一对一”“一对多”精准专题辅导、集中自学等，历史性地实现了医院无执业资格医护人员“清零”目标。我和医疗队队员带领本地医疗骨干申报高原病研究能力提升专项，共计立项 77 项，其中获批国自然区域创新发展联合基金一项、国自然地区科学基金项目一项，连续两年获批国家级课题各一项，实现了国家级课题“零”的突破。援藏专家指导医院本地医生发表论文 60 余篇，共同发表了 6 篇高水平 SCI 论文，其中 JCR 分区 2 区 3 篇、3 区 3 篇，总影响因子达到 17.5 分。

四、精准对接帮扶需求，联动基层医院发展

我带领医疗队充分发挥市人民医院的龙头作用，推动医院与“五县”中心医院签订对口帮扶协议。在“五县”遴选了 51 名技术骨干跟师市人民医院 64 名导师，拓展了上海援藏专家“师带徒”覆盖范围。卒中中心团队成员赴仁布县、南木林县、谢通门县中心医院进行区域协同救治网络体系合作签约，强化对急性缺血性卒中、自发性脑出血、动脉瘤性蛛网膜下腔出血等急性脑卒中的规范化救治。此外，医疗队还帮助日喀则市各县中心医院共同开展“五大中心”各分中心建设，整合各学科专家资源开展市县两级多种形式的技术帮扶、人员带教、科普传播、高原病研究等。目前，已成功带动了萨迦县、定日县中心医院创二甲医院，仍在积极帮

带江孜县中心医院创三乙、亚东县中心医院创二甲。

五、传递上海先进理念，推进现代化管理

援藏已有30周年历史，“组团式”医疗援藏也已经走过10个年头，援藏理念已发生了显著变化，我更注重软实力和内涵提升，带领团队传递上海的先进理念、前沿思维和精细化管理，留下一支“带不走”的人才队伍。结合上海援藏联络组提出的“雅布工作法”，我着力打造医院“珠峰领航·医者仁心”党建品牌，2024年成为西藏自治区唯一一家获评国家“党建引领全国公立医院文化建设典型案例”的医院。同年医院被全国总工会授予“全国厂务公开民主管理先进单位”，这是近年来日喀则市首次获得该项荣誉的单位，也是近10年来自治区唯一获此殊荣的医疗机构。我着眼打造高水平智慧医疗服务体系建设，建成了自治区第一家获批全国医疗机构电子病历系统应用水平分级评价五级和国家医疗健康互联互通标准化成熟度四级甲等的医院，填补了自治区智慧医院建设的空白。

六、历经疫情灾情，体现医疗援藏的责任与担当

2022年8月8日，日喀则市突发新冠疫情，我带领医疗队克服刚上高原的各种客观困难，积极组织疾控、救治、核酸检测等专家为日喀则市委、市政府相关部门建言献策，提供“大上海保卫战”的宝贵经验。医疗队统筹协调上海救治、疾控、核酸采样、核酸检测、方舱医院、“组团式”医疗队等各支援助日喀则疫情防控医疗队伍600余人的工作安排及生活保障；组织队员进入市救治基地、方舱医院、市人民医院开展临床救治工作，并做好国家和各省市支援日喀则市的各级各类专家人员的医疗服务与保障等。我还积极协调各方，通过多种渠道为日喀则市协调各类防疫物资近500万元，药品约840万元，并接受爱心企业、慈善组织等捐物价值约1283.9万元。2025年1月7日9时5分，西藏自治区日喀则市定日县发生6.8级地震，造成重大人员伤亡，大量房屋倒塌。医疗队24名队员本已开始休假，当天我即组织大家从全国各地赶赴日喀则参与医疗救治工作，协同国家、上海、自治区援派的专家，梳理震区转运病患，分级分类制订个性化治疗方案，精准落实“一人一策”。医院累计开展手术62台，其中四级手术22台，三级手术37台，送到医院的病例无一例死亡，实现了降低死亡率、减少致残率的目标。

在西藏自治区卫生健康委 2023 年党建知识及党务工作培训班上授课

三年援藏收获良多，成为我人生中一段宝贵的经历和财富，总感觉时间过得太快了，还有很多目标等着我去不断突破与实践。高原上突发的“疫情”“舆情”“灾情”，让我经受了不一般的考验和洗礼，铸就了我与高原一生的“藏情”。我坚信，通过我们的共同努力，医疗援藏事业已经在传承创新中不断发展，西藏的卫生健康工作必将在接续奋斗中不断前行，真正为西藏老百姓的生命健康、幸福生活提供强大的保障。

援藏情，医路行

孙希才

孙希才，主任医师，博士研究生导师，上海市东方英才，复旦大学附属眼耳鼻喉科医院院长助理，援藏期间任西藏自治区日喀则市人民医院副院长。现为中华医学会耳鼻喉科分会鼻科组秘书、中国医师协会耳鼻咽喉科医师分会颅底组副组长。*World Journal of Otorhinolaryngology-Head and Neck Surgery* 通讯编委。近年来承担和参与国家级、省市级课题 14 项，获得实用新型专利 9 项。主编颅底专著 3 部，主译颅底专著 1 部，其中以第一作者 / 通讯作者先后在 *Lancet Digit Health*，*Nature Cancer*，*Cancer Lett* 等国际权威期刊发表 SCI 论文 60 余篇。被评为上海市优秀青年志愿者（2014）、复旦大学优秀青年医师（2019）、第八批医疗人才“组团式”援藏“师带徒”考核优秀（2023）、复旦大学第一三制药奖教金、日喀则市政府特殊津贴（2024）、复旦大学优秀医疗援建工作者（2024）。

时光荏苒，转眼间我在雪域高原的援藏工作已接近尾声。这段与日喀则同呼吸、共命运的日子，于我而言，是挑战，是成长，更是一份沉甸甸的责任。回顾三年历程，我始终以“缺氧不缺精神、海拔高追求更高”的信念，践行着医者的初心使命。

一、抗疫一线显担当

2022年8月，日喀则突发新冠疫情。我临危受命，带领17名队员进驻新冠救治基地。面对全新挑战，我们迅速完善管理制度，优化救治流程，累计收治患者818人，实现“零危重症、零死亡”目标。在完成常规救治任务的同时，我们还克服重重困难，开展急诊手术、剖宫产等急危重症救治，为孕产妇和新生儿撑起生命保护伞。

疫情期间，我牵头成立援藏疫情防控第一党支部，将党旗插在抗疫最前沿。党员同志冲锋在前的身影感染了身边的医护人员，顾朦朦、李梅芳两位同志在火线递交入党申请书，让我深切感受到信仰的力量。

二、组团援藏结硕果

作为分管“组团式”援藏工作的负责人，我始终将学科建设作为核心任务。通过“五大中心”建设，日喀则市人民医院的诊疗能力实现跨越式提升：胸痛中心成功救治急性心梗患者，突破国家单病种救治标准；2024年8月31日，中国创伤救治联盟专家组对日喀则市人民医院高级创伤中心建设情况进行现场评审，经过专家组现场评估，医院高分通过国家级认证，被授予中国创伤救治联盟“高级创伤中心”称号，成为西藏地市医院首家通过“高级创伤中心”的医院，这也标志着医院创伤救治能力和自治区级区域医疗中心“五大中心”建设提质增效跃上新台阶；卒中中心与六家县域医院签约协同救治，推动脑卒中筛查与培训；危重孕产妇及新生儿救治中心获评自治区级中心；高原鼻病研究中心和头颈颅底解剖实验室的建立，填补了西部地区空白。

两届珠峰论坛的举办，更是为高原医学发展注入了新动能。2024年论坛以“区域医疗中心建设”为主题，聚焦高原多发病研究，推动沪藏医疗协作向纵深发展。

三、公益义诊暖民心

在援藏期间，我始终牵挂着高原儿童的健康。通过“格桑梅朵”“卓玛梅朵”等公益项目，我们筛查先天性髋关节发育不良、先心病患儿300余例，帮助12名患儿赴沪接受免费手术。2023年，我协调复旦大学附属眼耳鼻喉科医院专家团队，为两名藏族男孩成功实施全耳廓再造术，填补了日喀则高难度整形手术的空白。手术当天，扎西爷爷用颤抖的双手给我们献上哈达时，我深知，这不仅是医术的胜利，更是民族团结的见证。

此外，我们组织沪藏医疗交流150余人次，开展白内障手术示教、中医义诊等活动，让优质医疗资源惠及更多农牧民。

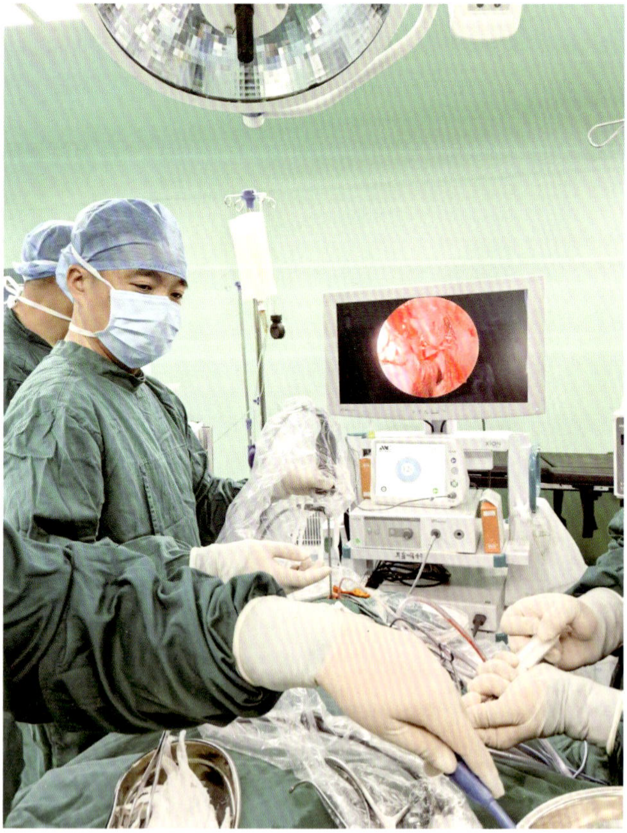

鼻颅底手术带教

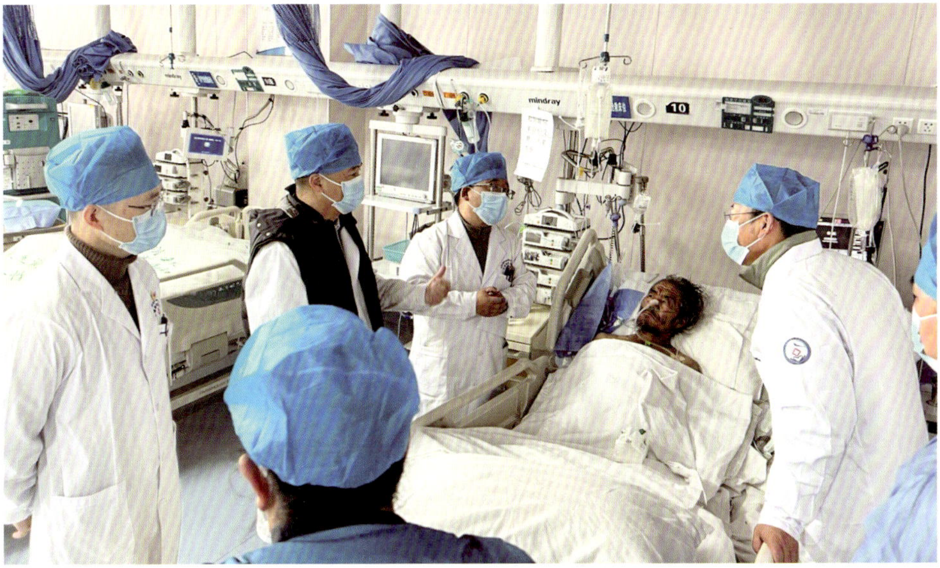

带领医疗队进行地震重症患者查房

四、“师带徒”拓展育人才

为实现“输血”到“造血”的转变，我们将“师带徒”项目向日喀则五县延伸。两届援藏专家与73名学员结对，通过“手把手”教学、远程会诊等方式，助力县域学科发展。新增的37名“双聘专家”，更是架起了沪藏人才互通的桥梁。如今，本地医生已能独立开展先髋手术、运用介入治疗等技术，真正打造了一支“带不走”的医疗队。

五、抗震救灾践初心

2025年1月，定日县发生6.8级地震，休假中的我连夜赶回日喀则，投身抗震救灾。面对监护室内的重症患者，我们组建多学科救治团队，24小时轮班守护；针对血小板短缺，紧急协调献血5U；联系中国人口福利基金会捐赠价值106万元的医疗物资。在国家医疗队回撤后，我带领援藏团队无缝接管救治工作，确保23名伤员得到持续治疗。《人民日报》的报道让更多人关注灾区，但最让我欣慰的是看到患者眼中重新燃起的希望。

三年援藏路，一生雪域情。在这里，我见证了藏族同胞对健康的渴望，感受到高原医学发展的迫切需求。获评“优秀援藏干部”“最佳援藏干部”等荣誉，是组织对我的肯定，更是鞭策。未来，我将继续以医者仁心守护高原生命，以沪藏深情续写民族团结新篇章，让上海医疗的“火种”在雪域高原持续绽放光芒！

三年援藏路，高原铸医魂

瞿晓琦

瞿晓琦，医院管理专业硕士，副研究员、高级审计师、国际内部注册审计师（CIA），国际注册风险管理确认师（CRMA）。日喀则市人民医院党委委员、副院长。上海交通大学医学院附属仁济医院审计处处长。

缘起：从黄浦江畔到雪域圣城

2017 年，当日喀则市人民医院成功“创三甲”时，这座雪域高原上的医院与拥有 170 年历史的上海仁济医院之间仍存在显著差距。正是这种差距，让我在 2023 年毅然加入上海市医疗人才“组团式”援藏工作队，担任日喀则市人民医院党委委员、副院长。作为一名中共党员、副研究员和高级审计师，我带着“跑好手中这一棒”的信念，开启了三年援藏征程。

2023 年：破冰与筑基

初到日喀则，我面临的第一个挑战是管理模式的转变。当地医院沿袭传统的科层制管理，院领导事无巨细地处理大小事务，从数百万元的采购项目到几百元的物资申请均须院长审批。“管理改革不能急功近利，必须稳步推进。”我深知，唯有循序渐进，才能让新理念扎根高原。

从“人治”到“制度治”，我着手优化内控机制。过去，政府采购限额

巡视信息科机房

100 万元以下的项目仅需工作人员合议即可执行，存在巨大经济风险。通过一年的带教，我指导当地团队规范招标流程，引入第三方专家评审。2023 年 7 月的一次物资采购中，团队首次严格按照标书流程操作，令我倍感欣慰："念念不忘必有回响，这不仅是水响，还激起了漂亮的水花。"

智慧医疗初探。针对农牧民就医不便的问题，我推动电子病历系统建设。慢性粒细胞白血病患者复诊率低曾是难题，通过电子病历追踪，医生可主动联系患者，显著提升了随访效率。同时，我主导开发了"智慧医疗"平台，引入自助挂号、缴费、报告打印等系统，让日喀则患者首次体验到与上海同质的便捷服务。消毒机器人、运输机器人等设备的投入使用，进一步提升了医院运营效率。

健康驿站的蓝图。我的视野不囿于医院围墙，我提出在珠峰大本营附近试点"健康驿站"，为游客和牧民提供吸氧、基础诊疗及高原病科普服务，并计划通过远程会诊连接社区卫生中心、县人民医院、日喀则市人民医院。这一设想为后续区域医疗网络建设埋下伏笔。

2024 年：深耕与突破

进入援藏第二年，我的工作节奏越发紧凑。"第一年打基础，第二年必须出成果。"我立下目标。

区域医疗中心崛起。日喀则市人民医院承担起辐射 18 个区县的重任。江孜县人民医院启动"三乙"创建，萨迦县中心医院成功晋升"二甲"，超声影像远程会诊中心建成投用……医疗资源通过医联体不断下沉。在一次仲巴县车祸救援中，上海援藏医生与当地团队在拉孜县高效对接，为伤员赢得了宝贵抢救时间。

自助服务全面升级。医院现代化进程加速。公众号预约、潮汐式窗口管理、物流机器人配送静脉药物等举措陆续落地。2024 年 4 月，西藏规模最大的静脉药物配置中心投入试运行，日配置量达 4000 袋，结合机器人配送实现了全流程闭环管理，现在日喀则患者享受的服务与上海一模一样。

电子病历里程碑。2024 年 6 月 19 日，日喀则市人民医院通过国家五级电子病历评审，成为西藏首家获此认证的三甲医院。患者诊疗数据整合为 360°

“师带徒”业务讲座

全景视图，多学科协作效率大幅提升。我又马不停蹄启动信息互联互通四级甲等评审工作，“以测促建”，以标准化要求推动医院持续发展，以规范化思路促进医院建设，从而不断提高医疗综合管理水平和服务能力。

2025 年：传承与超越

互联互通补齐“最后一公里”。2025 年 1 月，国家卫生健康委公布测评结果，日喀则市人民医院获评医疗健康信息互联互通标准化成熟度四级甲等，标志着全国医疗信息化拼图至此完整。进一步稳固了医院区域医疗中心的地位。

AI 赋能高原医疗。随着人工智能技术爆发式发展，“AI+ 医疗”成为新焦点。我率领团队探索 AI 辅助诊断在高原病中的应用，通过算法优化提升疾病识别准确率。智慧医疗平台引入 AI 预检分诊系统，缩短患者候诊时间；AI 影像分析工具帮助医生快速解读 CT、MRI 结果，尤其为边远地区医生提供了强有力的技术支持。

援藏精神的接力。三年间，我推动的不只是技术升级，更是理念传承。我组织全区医院信息系统调研，制订中长期发展规划，为下一批援藏队伍奠定基础。必须把底子打好，才能交好接力棒。

久久为功：守护高原健康梦

从糌粑主食儿童营养不良的隐忧，到孕妇产检意识的薄弱，我深知改变生活习惯须润物细无声。我牵头申报的“日喀则市高原病科普平台创建”课题纳入自治区科研项目，通过科普讲座、义诊活动逐步提升居民健康意识。

上海是援藏医疗队的大后方，但日喀则是我们的第二故乡。三年援藏，我带领团队将日喀则市人民医院从一家边疆医院，打造为西藏医疗信息化标杆；从依赖人力管理的传统机构，转型为智慧医疗先锋。而更深远的意义在于，这种变革正通过医联体网络和 AI 技术，惠及雪域高原的每一寸土地。

我的故事，是无数援藏工作者的缩影。他们以技术为舟、以情怀为帆，在离天空最近的地方，书写着“健康中国”的边疆篇章，这份薪火，终将照亮高原的每个角落。

医疗援藏是我人生宝贵的经历

韩力

韩力，主任医师，研究生导师，中医学博士，全国名中医学术继承人，兼职教授，复旦大学附属华东医院中医党支部书记、中医内科主任。上海市第十批援藏干部人才，援藏期间任西藏自治区日喀则市人民医院党委委员、副院长。擅长中西医结合诊治肿瘤、脾胃病（消化系统疾病）、老年病。主要学术兼职有中华中医药学会综合医院中医药工作委员会常委、上海市中医药学会健康服务与保健工作委员会副主委、上海市中医药学会内科分会和脾胃病分会常委、上海市中西医结合学会肿瘤分会委员，曾获上海市卫健委青年五四奖章。援藏工作期间承担自治区级课题两项、日喀则市科技局课题两项，发表中文核心期刊和 SCI 论文各一篇，参与编写专家共识 1 篇，主编或副主编著作 5 部，参与申请专利 1 项，获日喀则市人民医院优秀党员、最佳援藏干部，中国医学模拟教学联盟 2024 年度“十佳医学模拟管理者”。

2022 年 7 月 22 日，我带着华东医院领导的殷切嘱托，从上海启程奔赴西藏日喀则，执行为期三年的医疗支援任务，在日喀则市人民医院任党委委员、副院长，主要分管科教、护理、院感工作。援藏期间经历了 2022 年 8 月突发的疫情和 2025 年 1 月定日县地震，让我终生难忘。

一、医疗援藏传帮带

作为一名临床专技出身的援藏医生，虽然担任的是管理岗位，但自己思考最多的还是希望用中医专业帮扶提高当地医生的临床诊疗水平，提升受援地医护人员业务水平和医院学科建设水平，惠及当地百姓健康。通过“师带徒”结对帮扶等方式，制订帮扶细化方案，推动“输血型”向“造血型”援助转变，这也正是我们医疗援藏的初心使命。结合日喀则市人民医院的实际情况，三年期间先后与中西医结合科范瑞东医生、护理部共七位同志结对，开设教学门诊一对一带教，分析典型临床病例，在教学门诊中我们经常讨论中医原汁原味的流派传承、理法方药、中藏医融合的一些思路想法。每月定期开展教学讲座，与护理部一起学习护理管理和老年病中西医结合护理。“师带徒”学员以共同第一负责人联合申报日喀则市科技局自然科学基金项目“俯卧位通气护理在高原地区机械通气患者治

珠峰论坛中西医结合老年医学分论坛

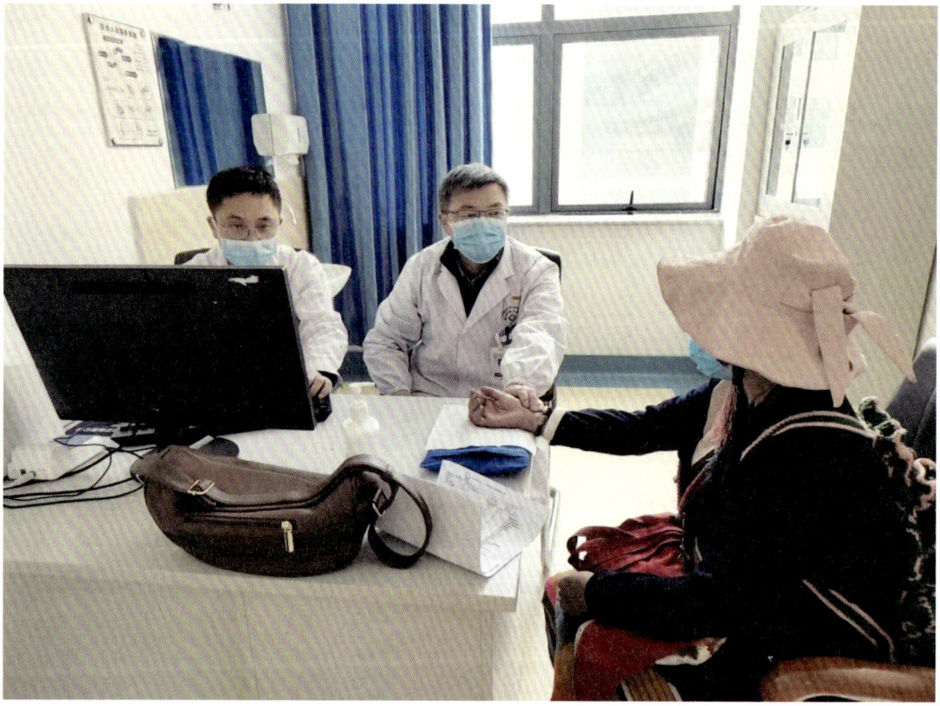

韩力（中）在中医门诊“师带徒”

疗中的应用价值分析”“益肾化痰法治疗高原衰退症的临床疗效及中药复方地黄饮子干预机制研究”和西藏自治区自然科学基金“组团式”医学援藏项目“高原衰退症表型预测模型的建立”，与学员一起撰写论文，积极参与“高校附属医院思想政治教育工作专家共识”研究，取得了令人欣喜的成效。

二、业务管理重内涵

积极组织创建高原病研究平台。日喀则市高原病研究中心于2023年9月正式挂牌，挂靠在日喀则市人民医院。积极推进研究中心与国内多家知名医院、高校建立战略合作关系，推动“高原心血管病研究中心”“高原鼻病研究中心”“高原眼病研究中心”“高原皮肤病研究中心”“高原公共卫生研究中心”等项目成功落地。

分管科研工作，督促当地医疗骨干申报高原病研究能力提升专项，共计立项

77项，其中获批国自然区域创新发展联合基金1项，国自然地区科学基金项目1项，实现了国家级课题零的突破。“组团式”医疗援藏专家指导医院本地医生连续两年发表论文53篇，共同发表了6篇高水平SCI论文。2024年，上海援藏帮扶成功实现日喀则市人民医院第一个专利转化。

教学管理方面，大幅拓展临床教学平台。2024年7月承办西藏大学医教研协同暨第四批临床教学基地教师同质化培训会议。“十四五”期间完成30多名骨干住培师资培训认证，住培医师首次结业理论考试通过率达82.3%，2024年11月完成中国医师协会组织的住院医师规范化培训基地评估指导。获得2024年度中国医学模拟教学联盟十佳管理者，组织创制“师带徒”临床实践操作数字教材。

组织举办2023年度、2024年度医学珠峰论坛中西医结合老年医学分论坛暨国家级中医类继续教育学习班，帮助提高当地医生的学术拓展能力。

护理方面，推动护理服务质量持续提升，对标国家公立医院绩效考核要求，提高优质护理覆盖率。2023年参加护士资格考试通过国家线人员17人，2024年参加护士资格考试通过国家线人员32人。

院感方面，每年组织日喀则市人民医院“手卫生日”活动，上海援藏医疗队参与创制藏族风格洗手舞表演，荣获2023年中华预防医学会全国医院感染学术年会第四届感染防控微视频大赛特等奖。

三、高原使命话感悟

西藏海拔高、气温低、气压低、含氧量低，“苦”成为在高原工作必须面对的问题，医疗援藏锻炼了精气神。高原无名湖哨所“海拔再高，高不过使命；环境再苦，苦中有作为”的标语历历在目。援藏是我一生中最宝贵的经历。

要像热爱生命一样去爱医生这份职业

李锋

李锋，主任医师，硕士生导师，医学博士，复旦大学附属中山医院消化科党支部副书记，援藏期间任西藏日喀则市人民医院消化科主任。擅长各种胃肠疾病和急慢性肝病及其并发症的诊治，精于食管胃静脉曲张破裂出血的内镜治疗。任上海市医学会食管胃静脉曲张治疗分会委员，上海市医学会肝病分会脂肪性肝病学组委员，北京亚太肝病诊疗技术联盟上海联盟理事。以第一作者或通讯作者发表学术论文 30 余篇（其中 SCI 收录论文 17 篇，国内权威核心期刊 15 篇），主持国家自然科学基金项目 3 项、省市级课题 3 项。工作期间先后获上海市科技进步二等奖、上海市医学科技三等奖、上海市卫生计生行业青年五四奖章等奖励。

（一）

2022 年 10 月 19 日上午 10 点整，日喀则市室外温度 2 摄氏度，我在室外穿好全套的防护用品后又一次进入日喀则市人民医院消化科病房，准备开始当天的大查房。

受日喀则市新冠疫情的影响，消化科病房一度停止收治患者。然而，在医院每天急诊救治的患者中，因消化疾病前来就诊的占了很大一部分比例，而且普遍病情比较危重，导致了许多消化科患者在急诊滞留。10 月初日喀则市疫情好转后，在医院领导及相关职能部门的大力支持下，消化科病房历经数次的彻底消杀后，作为第一个恢复收治患者的专科病房开始收治急诊患者，很快床位使用率达到 75% 左右。然而一方面所收治的患者大部分患有慢加急性肝衰竭、急性重症胰腺炎、上消化道大出血等消化科的危重疾病，病情危重；另一方面，由于疫情的影响导

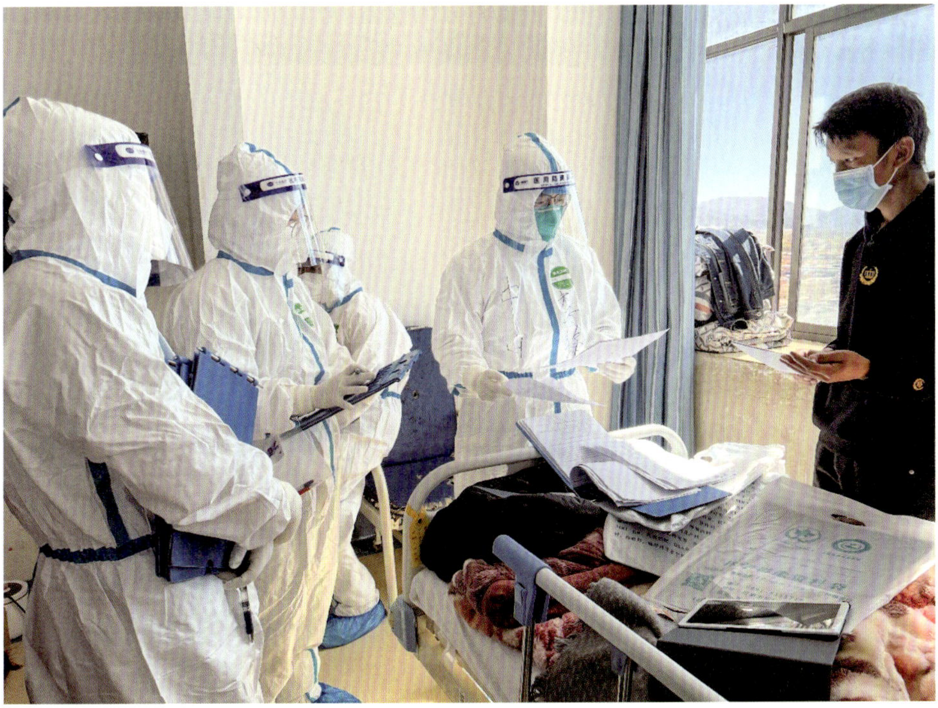

查房时详细查看患者的病史资料

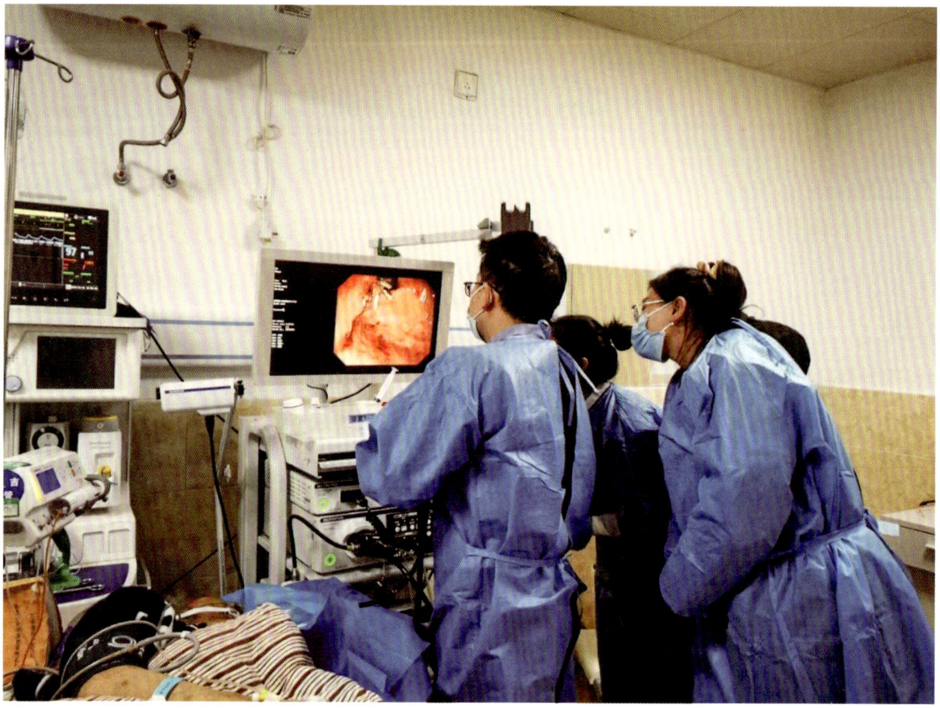

急诊胃镜下救治上消化道大出血患者

致消化科本科室的大部分医护人员还在其他岗位开展抗疫工作，消化科病房内的医务人员大多数是从非消化科专业抽调过来的，缺乏相关疾病的处理经验和能力，导致医护人员感觉诊治非常棘手，压力巨大。

“沧海横流，方显英雄本色。”在向消化科王主任了解了病房收治患者的情况后，内心的责任感和使命感，使得我义无反顾地向医疗队领导提出了到医院病房开展查房、指导医疗救治工作的申请，并得到了以王庆华领队为首的领导班子成员的一致支持。于是，我开始了每周 1~2 次的消化科病房大查房。

面对着躺在病床上的藏族同胞和站在床旁家属期盼的目光，我详细询问每一位患者的病史，并进行仔细、系统的体格检查，针对患者诊治中遇到的难点、疑点提出专业的意见；同时，“授人以鱼，不如授人以渔”，我在查房过程中还不忘带教当地医生，就患者的病情、异常的化验结果等，结合目前国内外的诊治指南，手把手地教导当地医生如何进行临床思维。由于当时日喀则市的抗疫工作尚未结束，进入病房需要穿好全套的防护用品，在原本高原环境缺氧的情况下，穿上这些防护用品包括 N95 口罩、防护服和面屏等，进一步加重了缺氧对人体各器官的应激。由于危重患者多，所以每次查房往往从上午 10 点开始，一直要查到下午 2 点左右，当中没有停歇，查到后面，就连当地的医生都吃不消了，仍然可以听到我大口喘着气叮嘱当地医生患者后续诊疗工作中需要重点关注的问题，我总是一丝不苟地坚持查完最后一个病人。

经过我的查房指导，在此期间消化科多次成功救治了急性肝衰竭、食管胃底静脉曲张破裂大出血、急性胰腺炎等危重症患者。

（二）

2023 年 4 月 2 日下午，我和队友正准备上车去进行一场篮球友谊赛，这时我的手机响了，一看是当天消化科的值班医生打来的。接通电话后，值班医生语气急促地汇报了情况。原来病房收治的一位消化道出血的小伙子，今天突然再次出现呕血，呕血量大，药物止血效果不佳，而且出现血压下降、意识模糊等休克的表现，值班医生求助拟进行急诊胃镜下止血。在了解情况后，我心怀愧疚地和队友说声对不起，就下车赶往医院内镜室。在经过简单的准备后，我开始给患者进行急诊胃镜检查。由于胃腔内有大量的血块，影响了视野，只能一边冲洗一边寻找出血的部位，犹如大海捞针。经过近一小时的努力，终于找到了“罪魁祸首”，原来是一个深的胃溃疡侵蚀到了一根小动脉，引起动脉性出血，经过电凝治疗后，成功地把出血止住了。

消化道出血是消化科的常见急症，严重时可危及患者生命，而在高原上，消化道出血患者更常见表现为出血量大、全身一般情况差等特点。有些患者药物止血效果不佳时，需要尽早完善内镜检查以明确出血的病因，必要时可能需要急诊内镜下采取相应的措施进行止血以抢救患者生命。自援藏抵达日喀则后，我经常接到值班医生的求助电话，无论是白天还是深夜，无论刮风还是下雨，一接到电话，我都会放下手上的事情，及时赶去内镜室为病人开展急诊内镜检查和内镜下止血手术。同时，手术过程中，我还积极带教当地医生，指导他们学习掌握急诊内镜下消化道出血的各种止血技术。经过内镜治疗，我们多次成功救治上消化道大出血患者，多次收到患者及家属献上的哈达和锦旗。

奉献医者微力，镌刻医心担当

吕仁华

吕仁华，医学硕士，复旦大学附属华山医院超声医学科主治医师，上海市第八批医疗人才“组团式”援藏医疗队队员，援藏期间任日喀则市人民医院超声诊断科援藏主任。从事超声医学科一线临床工作多年，在血管超声、介入超声等亚专科积累了较丰富经验。以第一作者在国内核心期刊发表论文数篇，主持省市级课题两项。

2022 年 7 月起我随上海市医疗人才第八批“组团式”援藏医疗队开始一年的援藏工作。惟其艰难，才更显勇毅；惟其笃行，才弥足珍贵。到达日喀则后刚开始逐渐适应高原反应就遇到西藏最严重的新冠疫情。在疫情这段时间里，我积极参与了多次市人民医院、定点医院疑难病例的线上会诊，指导诊断、治疗等。在市人民医院科室工作相对停滞、在基地半待命的这段时间里主动参加了多次抗疫物资的保障，包括接收、管理和转运，也因此多次去过火车站、方舱医院、物资仓库等地。由于当地平均海拔超过 3800 米，会有些高原反应，其中最忙碌的一天是在分管院长带领下和两名医疗队队友一起来到第二方舱医院，戴着 N95 口罩历时近 10 小时将千余件抗疫物资进行接收转运、分类，顺利将所有的物资入库第二方舱医院库房，也为援藏医疗队之后正式进驻方舱做好准备。虽然这一整天的连续工作让人精疲力竭，但比起那些每天在一线连续工作的其他兄弟来说，这点疲乏微不足道。我想在特殊时期不管是什么工作、

“师带徒”业务学习

何种任务，只要是抗疫需要的，都应该学着去做，去努力做好，即使不是第一线的工作也同样重要。随着上海各个医院委派的多支队伍的持续驰援，日喀则的疫情防控很快完成了社会面清零的目标。

援藏的后半年，在恢复正常工作后，为进一步提升本地医院科室的超声诊断水平，尽自己所能，在科室现有模式下对科室进行了亚专业的细分，旨在推动学科朝精细化、专病化发展。2022 年 10 月、2023 年 5 月成功举办了第七和第八届珠峰论坛，论坛邀请了上海各大医院学科带头人就新技术、新项目开展授课和交流，在一定程度上提高了当地超声诊疗水平，加强了沪藏两地交流。在 2023 年上半年，在院方、设备科的大力支持下，完善了各类超声介入耗材的准入并扩大了应用范围。超声已不仅仅是作为辅助诊断工具，而是作为治疗的一种有效手段，一年里开展了多项超声诊断和介入新项目，例如自体动静脉瘘的超声诊断、特殊部位积液的置管引流和组织活检等，其中和肾内科陈熤主任共同完成的超声引导下经皮肾组织穿刺活检为日喀则市首例。一年时间各种超声引导下穿刺活检及超声引导下穿刺引流共计完成数十例，所有患者均恢复良好，无严重并发症及不良反应。记得在高原做的第一例患者为一位年轻藏族女性，当时因乳腺脓肿由县医院转诊过来准备做穿刺引流冲洗，但我在超声定位时发现脓肿内有一些实性成分，于是改做了粗针穿刺活检，结果这位年仅 31 岁的患者病理结果是浸润性导管癌，后接受了手术治疗。如今本地超声科侯永

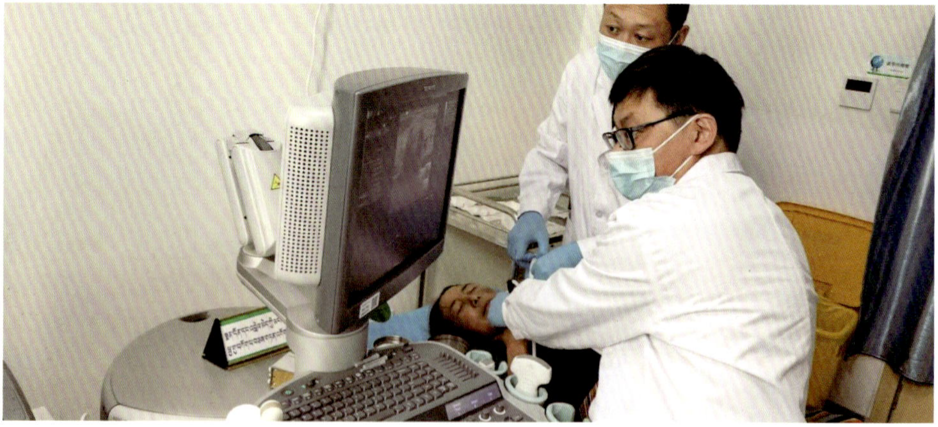

超声示教操作

志主任已可以单独高质量完成各类超声引导下介入，多位医生能在指导下完成大多数操作，已向上级部门申请将科室名称由“超声诊断科”改为“超声医学科”。在“师带徒”方面，通过全面正规且严格的专科培养，两位当地医师能够较熟练地掌握血管超声诊断技术，熟悉外周血管常见病的诊断和鉴别诊断，做到操作、诊断规范化、准确化，同时他们也能指导、帮助科内其他低年资医师或进修医师完成操作，并具有一定的临床科研能力和课题申报能力，2023 年上半年与两位结对医师共同成功申报了省部级课题和局级课题各一项。

回顾这一年的援藏工作，我目睹了西藏医疗事业的发展和改善，为当地居民提供了更好的医疗服务，同时提高了当地医护人员的专业水平和技术能力。这一年，我不仅收获了成长和进步，还深刻体会到了团结合作的重要性。在与队友的共同努力下，我们克服了许多困难和挑战，取得了可喜的成绩。这些成绩离不开领导的支持和指导，也离不开每一位医疗队员的辛勤付出。

新的征程，扬帆远航正当时。我相信，这一年的援藏工作只是一个开始，我将继续努力，秉承初心，在担当中历练，在尽责中成长，不断提升自己的专业水平和医疗技能，做出更大的贡献。

家国情怀，建功高原

秦晓健

秦晓健，医学博士，复旦大学附属肿瘤医院泌尿外科主任医师，医保办主任，硕士生导师，国家卫健委改善医疗服务先进个人。上海市第十批援藏干部人才，第八批“组团式”医疗援藏队成员，2022 年 7 月至 2023 年 7 月担任日喀则市人民医院医务科主任，泌尿外科专家。前列腺癌外科及多学科诊疗专家，在中国前列腺癌筛查、泌尿肿瘤 MDT 的探索、实践、创新与推广方面做出了突出成绩。中国非公立医疗协会泌尿外科专业委员会副主任委员兼秘书长，中国抗癌协会整合前列腺肿瘤委员会委员兼副秘书长，中国抗癌协会整合泌尿系统肿瘤委员会委员，中国临床肿瘤学会前列腺癌专家委员会委员，中国初级卫生保健基金会泌尿外科专业委员会委员兼秘书长，上海市抗癌协会泌尿肿瘤专业委员会委员兼秘书长，国际抗癌联盟青年领袖。

我来自复旦大学附属肿瘤医院，自 2022 年 7 月进藏以来，在日喀则市直机关党委、第十批援藏工作组及上海市第八批医疗“组团式”援藏干部队伍的领导下，作为日喀则市人民医院医务科主任，兼任泌尿外科专家及援藏队健康干事，我充分发挥共产党员的先锋模范作用，圆满完成了各项任务，援藏工作取得显著成效。其间，多次获得媒体关注，其中《人民日报》对我进行了专题报道。

一、多重角色，共克时艰，打赢“日喀则保卫战”

在日喀则疫情防控的关键时期，我第一时间投身抗疫一线，担任多学科会诊协调人，整合医疗队资源，为本地居民、滞留游客、援藏队伍及疑难急重症患者组织了近 40 例多学科会诊，落实治疗方案，为疫情防控和医疗救治提供了有力保障。

二、深入调研，共谋发展，推动基层医疗帮扶

我深入日喀则市人民医院各科室开展调研，科学规划未来三年的帮扶重点，为医院高质量发展贡献“上海智慧”。通过优化医院发展布局，完善“市—县—乡”三级医疗卫生体系，促进医疗资源下沉。我先后深入江孜、亚东、定日、拉孜、萨迦等五县卫生服务中心调研，并开展对口帮扶。同时，协调组织援藏医疗队参与“万名医师下乡”工作，赴拉孜、岗巴、吉隆、萨迦、仲巴及阿里地区消防救援支队开展巡回义诊，切实提升基层医疗服务能力。

三、扎根岗位，开拓创新，推动医疗援藏提质增效

1. 提升医疗质量

我常规开设泌尿外科专家门诊，组织全院多学科会诊及病例讨论 63 人次，开展业务培训和学术讲座各两次。积极组织并参与线上远程培训与继续教育活动 20 次，累计参与 1660 人次。此外，我还参与自治区卫健委肿瘤规范化学习班授课，并组织日喀则市人民医院相关人员参加职业医师考试培训 7 次。

2. 改善医疗服务

通过定期开展科室制度及流程培训，提高运行效率，帮助科室人员取得岗位资质或职称。在胸痛、卒中、创伤、危重孕产妇救治、危重新生儿救治“五

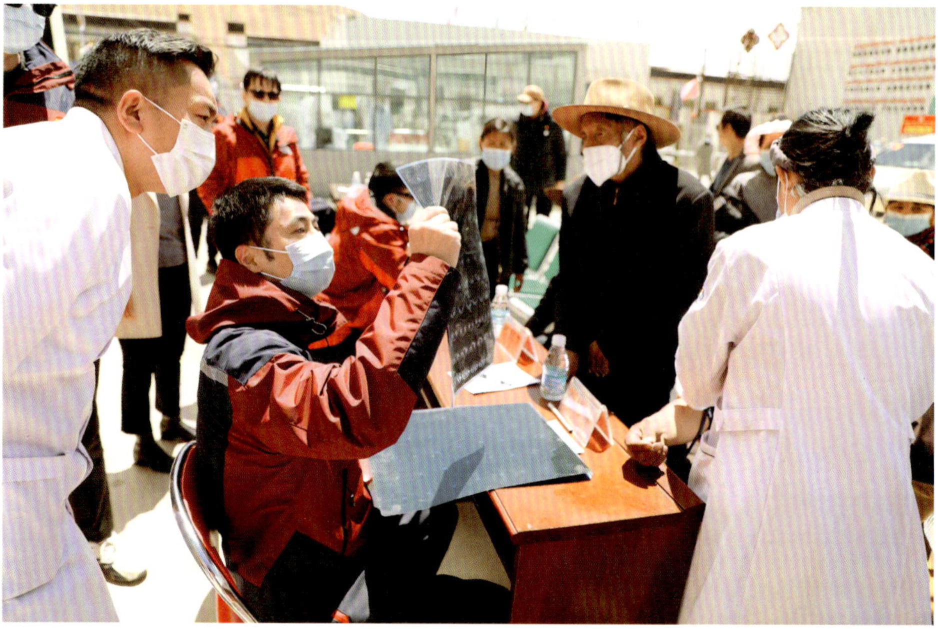

下乡义诊

大中心”的建设中，注重流程优化和技术提升，撰写制度流程优化调研分析报告，制定完善措施 6 项。

3. 注重人才培养

我带教两名科室骨干，提升其病案质量管理、医务管理及多学科诊疗组织能力，并安排一名骨干赴复旦大学附属肿瘤医院医务科进修。与本地医生合作，成功申报高原病研究能力提升专项基金一项，并提级为日喀则市科技局自然科学基金项目。

4. 加强学科建设

在护理方面，帮助日喀则市人民医院护理部筹建中国抗癌协会肾肿瘤护理专委会，推荐护理部主任琼达作为西藏自治区唯一代表成为常务委员候选人。在院感方面，制作高原医院感染管理视频，依托移动互联网平台推广高原病 MDT 会诊系统，探索高原医院感染预防与控制的新模式。此外，开发了拥有自主知识产权的“一键会诊”小程序，通过微信平台实现多学科会诊和病例管理，提高医疗效率。

5. 促进交往交流交融

我自筹经费组织三次重要会议：2022 年 11 月 19 日，举办沪藏泌尿研讨交流会，邀请国内顶尖专家参会，单平台直播学习超 3000 人次；2023 年 3 月 30 日，组织“2023 上海—日喀则医务管理研讨会”，推动医院医疗质量持续改进；2023 年 6 月 1 日，举办“关爱援藏干部，保障人才健康——高原男性健康知识讲座”，促成“组团式”援藏医疗队与上海市医师协会男科学分会建立长期合作。

四、家国情怀，人生历练，全心全意建功高原

进藏初期，我因感冒和高原反应高烧不退，住院期间深刻体会到本地医疗现状，更加坚定了援藏的使命感。援藏时间有限，但情怀无涯，我始终坚信，个人的力量虽如一颗种子，但只要扎根于组织的安排，就能在高原上生根发芽，开出鲜艳的花朵。我将继续弘扬老西藏精神和援藏精神，密切关注西藏、日喀则及人民医院的发展，为沪藏两地交流合作贡献力量。

通过这段援藏经历，我深刻体会到“功成不必在我，功成必定有我”的深刻内涵。未来，我将继续以实际行动践行初心使命，为西藏医疗卫生事业的发展贡献自己的力量。

美丽的西藏大地，善良的西藏人民，是我一生的记忆

韩志刚

韩志刚，影像医学与核医学硕士，复旦大学附属妇产科医院放射科副主任医师。中国医药教育协会分级诊疗与健康促进委员会副主任委员，上海市生物医药行业协会新质医药专业委员会委员。擅长妇科不孕症的介入治疗、妇科常见疾病的 MRI 诊断、妇科肿瘤的 MRI 诊断、产前 MRI 诊断、乳腺疾病诊断等。以第一作者或通讯作者发表 SCI 论文 3 篇，中文核心期刊论文 10 余篇，参编专著 4 部，参与省部级课题 1 项，局级课题 1 项。获上海市医务职工科技创新“星光计划”三等奖 1 项，军队科技成果三等奖 1 项。取得医学相关实用新型发明专利 3 项，成果转化 2 项。

2022 年 7 月 22 日，肩负着组织的使命和重托，满怀对西藏的深情厚谊，我们第八批“组团式”医疗队满怀着对西藏的深情厚谊和美丽向往，告别亲人和同事，登上了飞往西藏的飞机。东西部合作和对口支援是党中央做出的重大战略决定，“组团式”医疗援藏工作是上海市贯彻中央部署、服务全国发展大局的组成部分。我被医院推荐，经组织部选拔成为 24 名队员之一，深感荣幸，充满激情，能为西藏人民的健康贡献一点力量，感到无比荣耀。

西藏自治区的自然条件、外部环境、社会特征，都极具特殊性，需要参与援藏工作的人员具有较高的政治觉悟。在这一年的工作中，在上海援藏联络组、第八批援藏医疗队领队的领导下，我们始终定期进行政治学习，牢牢把握西藏工作的政治方向。在工作中，与藏族同事和谐共处，互相尊重，为日喀则市人民诊治疾病，服务各族人民。

根据我们复旦大学附属妇产科医院的特色，我把不孕症的诊断和治疗一整套方法带入日喀则市人民医院。将 20 份子宫输卵管造影导管及输卵管疏通套件赠予日喀则市人民医院放射科，在“师带徒”的工作中教授两位徒弟，使他们完全熟练掌握，令这两项技术在日喀则市人民医院传承下去。在进入医院交接后不久，我就根据医疗队领队、日喀则市人民医院党委书记王庆华同志的指示，摸底科室情况，制订科室三年发展规划，对科室会诊制度、医师组专业细分、磁共振等设备工作量增加均做了详细计划，一年初有成效。另外，我还重点承担了全市的影像会诊工作、日常的院内疑难患者会诊及全部援藏同志的体检、疾病会诊；还在日喀则市抗疫期间负责阳性患者的影像会诊，参加国家指导组组织的西藏自治区疫情线上汇报会；其间为上海一位援藏同志高原肺水肿确诊提供明确的影像诊断。鉴于某些突发病例，我于 2022 年 12 月为所有在日喀则市的援藏工作人员体检增加了脑血管 MRA 检查，排除脑血管疾病隐患，保证援藏同志的医疗安全。获得医院优秀援藏工作人员表彰。

2022 年 8 月 3 日，日喀则市出现大量新冠阳性患者，我们援藏医疗队迅速展开工作，共同把上海的抗疫经验总结成文，并录制穿脱隔离衣视频，制定进出方舱流程交给市卫健委参考。随着疫情进展，上海援藏物资陆续抵达，在无人运输的情况下，我们赴拉萨接运物资，送达医疗队宿舍后，队员集体搬运 10 余个集装箱物资，在西藏低氧环境走路都气喘的情况下，没有一个人退缩，

学科发展汇报

做起了重体力劳动，轮流进入集装箱内搬运物资，一人支撑不下去就轮换一人，然后再把医疗物资搬运分发至各方舱、医院。随着患者数量的增加，医疗工作也多了起来，除了阳性患者的诊断，还要应对日常疾病的诊断，每天忙于各类疾病的会诊，尤其是新冠的影像诊断，直至疫情结束。援藏是我人生中宝贵的经历。

守好医院“强三甲”的“粮仓”

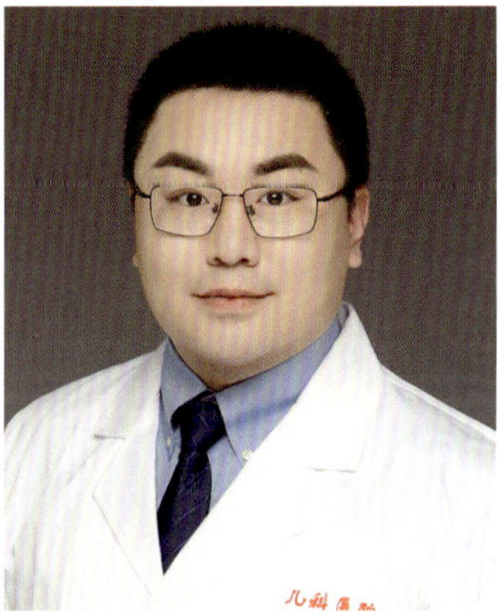

倪佳晟

倪佳晟，卫管助理研究员，毕业于上海理工大学生物医学工程专业，工学学士。于2011年入职复旦大学附属儿科医院，现为物流中心副主任。2022年8月作为上海市第八批“组团式”援藏医疗队成员，赴西藏自治区日喀则市人民医院开展为期一年的技术援助工作。获中共日喀则市委关于表扬在疫情防控中表现优秀人员的通报，同时获日喀则市人民医院颁发的优秀党员及最佳援藏干部荣誉。

从上海到日喀则：跨越千里的责任担当

我毕业于上海理工大学生物医学工程专业，自 2011 年起在复旦大学附属儿科医院物流中心工作，至今已有 12 年。在这期间，我主要负责医用耗材、通用设备、危化品等物资的管理工作，并在医院物资管理信息化建设方面积累了丰富的经验。2018 年至 2022 年，我主导完成了医院资源规划管理系统物流中心部分的一、二期建设，为医院的高效运营提供了坚实的技术支持。

2022 年 7 月，我作为上海第八批“组团式”援藏医疗队的一员，踏上了日喀则的土地，担任日喀则市人民医院医学装备科主任。尽管日喀则的业务量不及上海，但作为日喀则市唯一的三甲医院，这里承担着繁重的诊疗和急救任务。我深知，医用设备、耗材和试剂的管理直接关系到医疗服务的质量和效率，因此我迅速投入工作，力求在高原上打造一个高效、规范的“粮仓”。

管理创新：从理念到实践的全面提升

初到日喀则，我首先对医学装备科进行了全面摸底，了解科室人员的能力

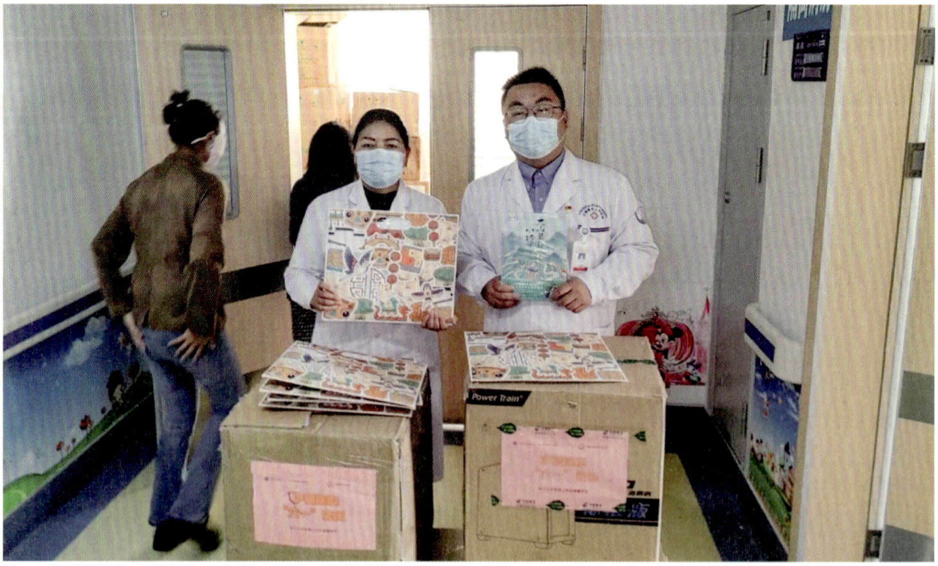

六一国际儿童节，倪佳晟（右一）代表复旦大学附属儿科医院后勤第一、第二党支部为儿科病房爱心书屋捐赠图书

和需求。我发现，尽管科室的管理水平与上海三甲医院存在一定差距，但在上海援藏医疗队多年的帮扶下，已经取得了显著进步，我决心在此基础上进一步推动科室的管理创新。

我与本地医学装备科副主任马小明和业务干事白央签订了“师带徒”协议，针对不同人员制订了详细的传帮带计划。对于马小明，我分享了医疗设备全生命周期管理、医用耗材信息化管理等先进理念；对于白央，我则注重提升其实际业务能力，特别是在医用耗材网采方面的操作技能。在我的指导下，医学装备科的管理能力得到了显著提升，逐步缩小了与上海三甲医院之间的差距。

抗疫先锋：物资保障的“定海神针”

2022 年 8 月，西藏阿里地区突发疫情，打破了自治区连续 920 天无确诊病例的平静。我凭借丰富的物资管理经验，敏锐地意识到日喀则的防疫物资储备存在不足。在领队瞿晓琦副院长的带领下，迅速拟定防疫物资清单，并协调上海方面紧急调运物资。

8 月 13 日凌晨，第一批共计 372 箱防疫物资从上海虹桥机场发出。当天清晨 6 点，我便随车从日喀则出发，赶往拉萨贡嘎机场接收物资。在烈日下，我花费两小时清点物资，并以最快速度将其安全运回日喀则。这批物资在后来的疫情防控中发挥了重要作用，为日喀则的抗疫工作提供了坚实保障。因此，我在抗疫期间的优秀表现得到了中共日喀则市委的通报表扬。

援藏情怀：青春汗水洒在雪域高原

援藏工作虽然只有一年，但我尽可能地用实际行动诠释了“筚路蓝缕、不畏艰险”的开拓精神。我不仅将复旦大学附属儿科医院的管理经验带到了日喀则，还积极参与制订援藏医疗队未来三年的发展规划。根据规划，上海“组团式”援藏医疗队将通过科学规划和精准帮扶，助力日喀则市人民医院在医疗服务能力、科学研究水平、人才队伍建设等方面实现全面提升，力争在 2025 年三级公立医院绩效考核中位居全区前列。

朴实奉献，彰显担当

孔彬

孔彬，会计师，本科，复旦大学附属眼耳鼻喉科医院财务资产管理部副主任兼浦江院区财务资产管理部主任，援藏期间任西藏自治区日喀则市人民医院财务科主任。擅长药品实际消耗结算模式的建立、医院VMI系统设计与运用，发表过医院会计成本核算管理存在的问题及对策、医院药品实际消耗结算模式的初步探讨等论文，参与实施的“医院VMI系统设计与运用”获得国家卫生健康委员会能力建设和继续教育中心评选的中国医院管理典型案例。

2022 年 7 月，我告别亲人，远离家乡，与第八批医疗援藏工作组的同志一起踏上了日喀则这块神圣的土地。这里不仅有美丽的格桑花，连云朵都充满着灵性；这里是一片神奇的土地，因为在这里只要努力就会产生奇迹。

抵达日喀则不久，随着新冠确诊病例的出现，打破了雪域高原往日的平静。我的主要任务也从帮助当地医院提高管理水平转变为抗击新冠疫情。我们援藏医疗队不仅要保障各地支援医疗队 1000 多人的身体健康，还要负责接收上海援助日喀则的各类抗疫物资。我的工作是负责接收、转运、入库上海援助的药品与卫生耗材，并登记造册。在工作中我感触最深的出发了是第一次去日喀则火车站接收物资。

那天接收的物资量巨大，有两个 35 吨集装箱，我一早就出发了，由于火车站属于疫情重灾区， 需要穿戴一级防护，在平均海拔超过 3800 米的高原一

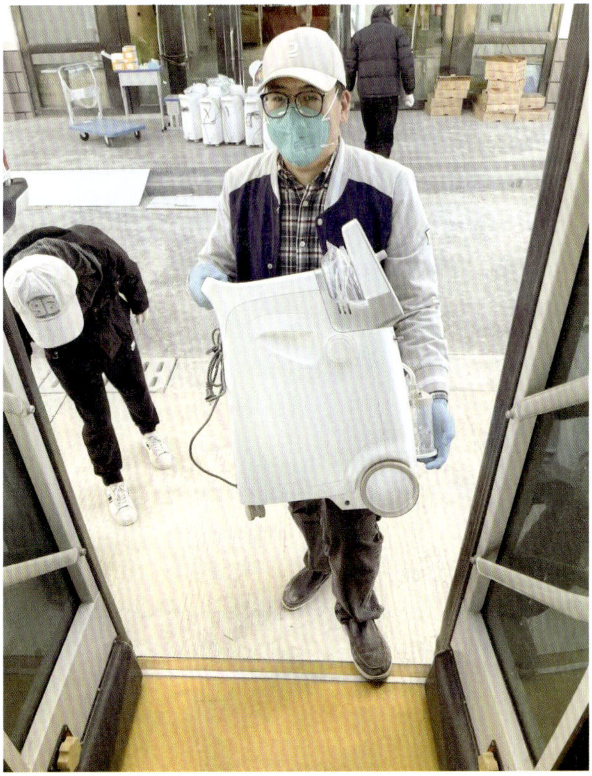

搬运抗疫物资

戴上 N95 口罩我立即就感觉呼吸困难，正当我想去伸手脱口罩的时候，吉普车开动了，迎面吹来的凉风暂时缓解了呼吸困难。

到达目的地后，得知火车站货场的搬运工人都是新冠确诊者和密接者，已全部隔离，无人卸货。当即向领队汇报，提议由日喀则市人民医院调派 10 名工勤人员至货场帮忙卸货装车。人员问题刚解决，车辆问题又接踵而来，领队多次联系当地邮政局和交管局，对方表示疫情期间大型卡车全部用于市里的生活物资保障，最多只能调配 3 辆卡车给医疗队，但 3 辆卡车目前都在使用，两辆用于 6 个气膜实验室及检测设备的运输，共 8 个集装箱，单程 4 小时，需往返两次； 1 辆用于援助亚东县的抗疫物资运输，1 个集装箱，单程 10 小时，故预计医疗队用车时间在晚上 9 点后，无奈之下我找到货场主管寻求解决办法。经了解货场有集装箱卡车，但没有抗疫车辆通行证，商讨后决定由医疗队吉普车开道说明情况，集装箱卡车跟随。问题解决后准备整体调运集装箱装车，但新问题又出现了：因验货打开集装箱箱门后，箱内物资如 N95 口罩、袋装中药等，因当地气压较低发生鼓胀，我们累到气喘如牛也没能关闭箱门，最后只能用铁丝简易固定箱门运去方舱医院。

日喀则市第二方舱医院，改建于未完工的学校，楼层较高，仓库设于三楼，之前了解有电梯。车辆抵达后发现电梯并未通电，找来电工接通电源，又发现电梯未安装主板。我戴着口罩从一楼到三楼，已是上气不接下气，脸色苍白，更何况搬运重物。与方舱医院人员协商能否将仓库改设于一楼，经了解一至二楼已全部作为各地支援医疗队的办公室及配套生活用房在使用，最终，在穿戴着防护衣物克服高原缺氧的情况下，经过 9 个多小时的艰苦奋战，我与 10 名工勤师傅将 705 箱药品、720 箱物资搬上三楼并码放整齐。

作为第八批医疗援藏工作组的一员，“在急难险重中诠释医者仁心，在坚忍奉献中践行医护情怀，党员干部冲锋在前”，这对我来说不是一句口号，我将努力克服各种高原反应，以极其昂扬的精神面貌奋战在西藏抗疫一线，在这片蓝天白云下，与藏族同胞万众一心，共同打赢日喀则疫情保卫战，用深情在高原边疆洒下辛勤抗疫的汗水，展现出“五官人”的优秀品格。

沪藏心连心，血浓于水

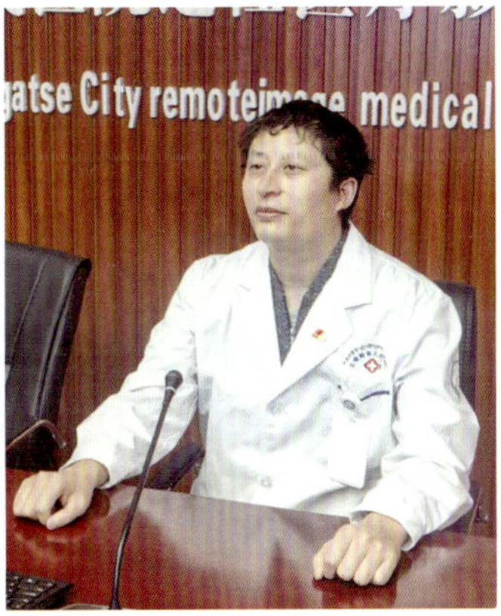

江传和

江传和，医学博士，上海交通大学医学院附属瑞金医院血液科副主任医师。上海市第八批“组团式”援藏医疗队队员，援藏期间担任日喀则市人民医院血液科主任。

研究方向：专注于异基因造血干细胞移植的临床和基础研究。第一/共一作者在 *Leukemia* 等杂志发表论文数篇。作为主要参与人承担上海市科委课题一项。

2022 年 7 月 22 日，本来只是无数个炎炎夏日中的一天，却因为作为上海援藏医疗队成员来到日喀则而变得特殊起来。在这一天，我们一行人开始了这次日喀则援建之旅，我的援藏故事也就此开始了。

或许不是每个初到日喀则的人都会被它的美吸引，毕竟连爱情都需要时间培养，但绝大多数人都会被它的高海拔所教育：完全不同于平原的缺氧感受，可以说毕生难忘。这也给了我们这些外来者极大的震撼，敬畏之心油然而生，好在自然环境并没有影响后续工作的开展。

我们于 2022 年 7 月到达日喀则，8 月当地就发生了新冠疫情，整个下半年基本都在疫情防控中度过，初到高原时的不适感被这突如其来的疫情冲走了，我们融入了当地的抗疫工作中，并与当地医务人员、病患之间建立了更加密切的关系。

在全社会的共同努力下，疫情防控终于迎来了终点，无法忘记其间每个特殊的日子：初上高原、疫情袭来时共同搬运防控物资、援藏公寓充当“哨兵”、

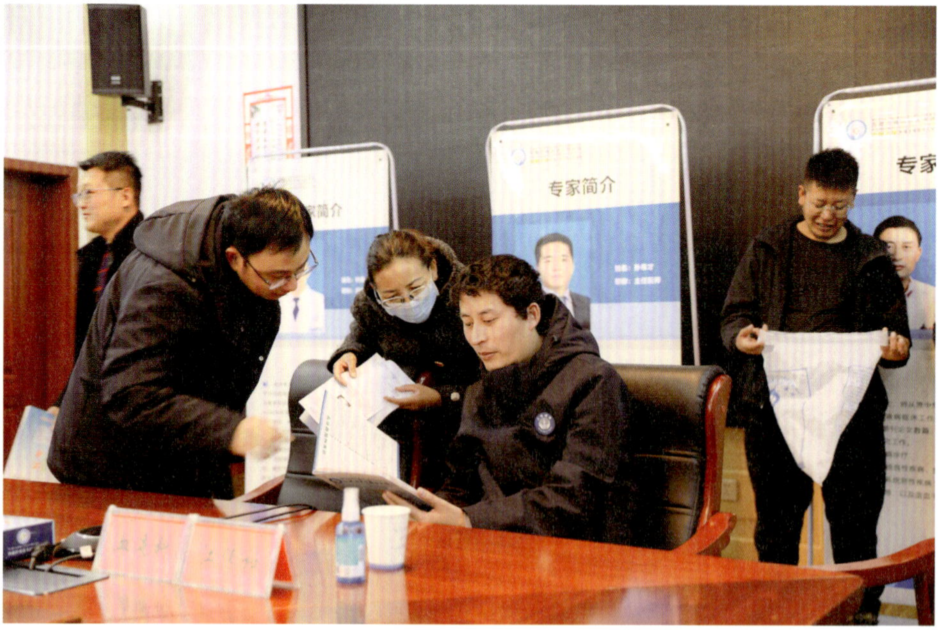

江传和（右二）下区县义诊

洗消监督归队人员，当然更多更难忘记的是战斗在疫情一线救治患者……

疫情过去了，我们也随日喀则市人民医院回归正常的医教研工作，这是不同的节奏，但却同样是满满的责任。当地医务人员和我们在工作方式与工作习惯上确实存在着很多的不同，但伴随着相互沟通、相互学习，最终摸索出一条适应当地医疗和教学的日喀则医疗法则，我想这才是上海医疗援藏带给当地最为宝贵的财富。

援藏一年，除了高原美好风光让人沉醉，与当地人民的友谊也同样让我怀念。日喀则市人民医院的医护以及患者的朴实和诚恳给我留下了非常深刻的印象，让我真正意识到雪域这一涤荡心灵之地绝非浪得虚名，纯净美好的自然环境、纯朴善良的人民共同组成了这方土地，每个身处其中的人，都会忍不住回头看看来时的路。

最后的最后，还是非常庆幸自己有机会能够到日喀则进行为期一年的医疗援藏工作，着实锻炼了自己，也让自己难得在平素繁杂忙碌的日程中慢下脚步，回望过往，展望未来，在为边疆少数民族同胞贡献一份自己的专业所能之外，也为自己后续的成长发展积蓄了一份特殊的力量。

尽百分之百努力守护藏族同胞的脑健康

欧阳火牛

欧阳火牛，上海交通大学医学院附属第九人民医院神经外科医学博士，主任医师。从医近三十载，专注神经外科临床工作，擅长脑血管疾病介入治疗、复杂颅颌面外伤修复及功能神经外科手术。

现任上海市医学会神经外科专科分会肿瘤学组委员。曾任上海市医学会神经外科专科分会第九届委员会青年委员，上海市医学会神经外科专科分会第九届、第十届脑血管病学组委员兼学组秘书，上海市医学会肠外肠内营养学第三届委员会青年委员，上海市医学会神经外科专科分会第八届功能神经外科学组委员，上海市医学会神经外科专科分会第七届脊柱脊髓疾病学组委员。参编《神经外科急诊手册》等专著 3 部，发表 SCI 及国内核心期刊论文 10 余篇。2022 年，作为上海第八批“组团式”援藏医疗队成员赴日喀则市人民医院担任神经外科主任，与藏族同胞共守“生命中枢”。

一、三楼坠落的微光

高原的夜风裹着寒意，急诊室外搭满了帐篷，每个人都有着深深的疲惫，突然，一名奄奄一息的藏族男孩被抬进来，瞳孔散大，祖母跪在走廊念诵经文，手中的转经筒几乎被捏出裂痕。

马上组织抢救。急诊 CT 显示脑干出血——那是一个深秋的凌晨，孩子从三楼坠落，父母却都奋战在抗疫一线无法赶回。监护仪上的数字像雪崩般下跌，“脑干是生命的禁区，但只要有百分之一的希望，就要尽百分之百的努力。”我穿着厚厚的疫情防护服，戴着 N95 口罩，在刚上高原难以避免的缺氧的感觉中开始手术。防护面罩上的水汽几次模糊了视野，在我结束手术的瞬间，仿佛听见雅鲁藏布江在血管里奔涌。努力几小时只希望孩子能像格桑花苞顶开冻土，创造奇迹。一个月后，孩子踉跄着扑进祖母怀里，用藏语喊着她。老人流出的

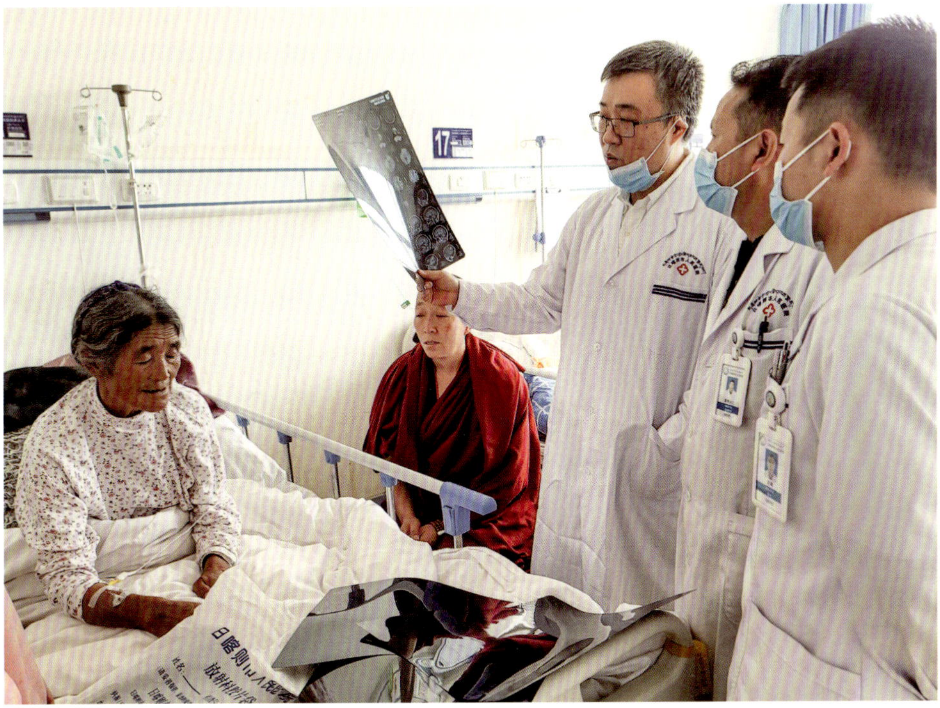

欧阳火牛（右三）“师带徒”教学查房

滚烫泪水，比任何勋章都灼热。

二、黄浦江和青稞酒的盟约

日喀则的天空一直是湛蓝而灿烂的，正如我们可爱的当地医生。藏族医生普布次仁捧着翻烂的《神经介入技术图谱》找我：“老师，这个动脉瘤位置像鹰巢卡在悬崖，我能有机会试试吗？”他的眼神让我想起20年前初握手术刀的自己。

援藏就是要努力实现从“输血”变“造血”，要打造一支“带不走”的本地专科人才队伍。

通过定期组织业务学习、教学查房、门诊与手术带教，以及参加专科学术会议，将自己掌握的新理念、新知识、新技术倾囊相授。

那台手术，我站在他身旁，如同老鹰教雏鸟振翅。导管在脑血管中穿行，荧光屏上的造影剂如星河流动，弹簧圈完美填塞瘤体。再后来终于他出师了，独立完成首例介入手术，当手术结束时，普布带着笑容却又突然有点哽咽：“从前这样的病人都要长途跋涉去拉萨，路上就没了心跳……现在我们又多了双救人的鹰翼了。”

人才的传承才是“黄浦江与青稞酒的盟约”。

三、高原也有着勃勃生机

高原的医疗困境不仅是缺氧。日喀则地广人稀，交通不便，日喀则下属18个县，基本都没有神经外科专科医师，转运到市里基本要几小时。对于神经外科患者，时间就是生命，时间就是大脑！科普和技术下沉是帮助更多患者的不二选择。

卒中中心的区域联合进一步发展，以技术下沉和患者转运绿色通道、标准化流程及远程协助诊治为主要发力方向，日喀则市人民医院卒中中心与基层医院建立卒中区域协同救治网络体系，进一步加强了卒中中心的区域化联合，共建“绿色生命通道”。

18个县被我们跑遍，下到各县对基层医护人员进行教育宣讲和技术帮扶。高原的路远但是天空很蓝，有一种神圣的感觉。

当珠峰医学论坛神经外科分论坛举办时，大礼堂里几乎坐满了各县来的医师，大家一起讨论，热烈的气氛完美说明了高原地区也有着勃勃生机。

某日途经年楚河，见岸边宣传栏刷着卒中科普标语，墨迹未干处沾着几瓣格桑花，恍然惊觉：那些深夜编写的课件、那些翻山越岭的培训，已在这片土地扎了根。

为日喀则同胞的健康贡献微薄之力

包润发

包润发，副主任医师，医学博士，上海交通大学医学院附属新华医院普外科副主任医师，2022 年 7 月至 2023 年 7 月任日喀则市人民医院普外科科主任，上海市第八批“组团式”援藏医疗专家。擅长消化道恶性肿瘤的综合治疗、胆石症及腹外疝的微创手术治疗。任上海市医学会普外科分会微创外科学组委员，新华医院普外科国家专培基地及外科住规培基地教学秘书。发表 SCI 及核心期刊论文 10 余篇，参编著作 1 部，主持国自然青年基金、西藏自治区自然科学基金“组团式”援藏项目、上海市科委扬帆计划、日喀则市自然科学基金（联合）项目各 1 项，参与多项国家自然科学基金课题。

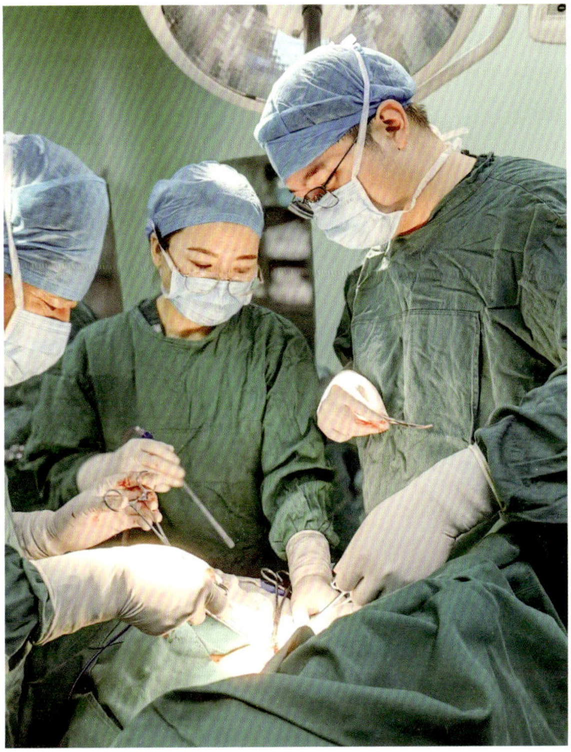

包润发（右一）在手术带教中

“包主任，救治基地收了一个急性阑尾炎的患者，请您过来看看是否需要手术。”在2022年8月18日日喀则抗击新冠疫情关键时刻，我接到日喀则新冠救治基地的紧急电话，有一名36岁新冠患者，因右下腹痛，5日从方舱医院转入救治基地，入院后完善了相关检查，但对后续采取保守还是手术治疗方案存在一定争议。

我得知情况后立即动身赶往救治基地。穿上防护服后，对患者进行了详细的病史问诊以及体格检查，同时仔细阅读CT片及患者血常规指标。认为该患者急性阑尾炎诊断明确，但已发作5天，结合CT，考虑已形成阑尾周围脓肿，由于阑尾周围脓肿形成后末端小肠及回盲部肠壁水肿，大网膜包裹，手术风险及出血、肠瘘等并发症大大增加，属于手术相对禁忌证。综合评估该患者在转入救治基地经保守治疗一天后症状、体征有所减轻，白细胞下降，无发热等不适，无弥漫性腹膜炎、脓毒血症、感染性休克等表现，同时腹部 CT 除右下腹炎症及少量包裹性积液外，其余腹腔内未见明显积液。考虑炎症已局限包裹，从患者整体获益角度来说可以继续保守治疗，择期再行阑尾切除手术。

随后，我进一步为该患者制订了详细的保守治疗方案。后患者病情逐渐平稳，右下腹痛已明显减轻，白细胞基本降至正常，核酸转阴后出院。在新冠疫情开放后，择期对该患者进行了微创腹腔镜阑尾切除术，术后恢复良好，顺利出院。

2023 年 6 月 22 日，日喀则市亚东县境内发生一起重大车祸，一对夫妻从亚东被紧急送往日喀则市人民医院。

那天，急救车路上开了五六小时，到医院是 23 日凌晨 2 点多钟了。妻子的情况还好，脊柱骨折，可以保守治疗，但丈夫的情况不太好，硬膜下出血、多发四肢骨折，最严重的是肝破裂合并失血性休克。迅速了解患者病情后，根据丈夫 CT 情况判断，腹腔大量积血合并休克，救治成功率比较低，但我与当天值班主任讨论后还是决定第一时间准备手术，尽最大努力抢救病人。在各项术前准备及备血完成后，患者立即送到手术室，手术探查显示右肝几乎是粉碎性损伤，出血量高达两三千毫升，如果不及时抢救，病人有性命之虞！手术进行了两个多小时，清除损伤坏死组织，严密修补肝脏创面，阻止继发出血。术后患者转入 ICU 严密观测。经过外科医生与 ICU 医生的通力合作，所幸，病患已于 7 月 4 日从 ICU 转入普通病房，现已治愈出院。

让科室每个人都能拿起“柳叶刀”

宣寒青

宣寒青，上海市第八批“组团式”援藏医疗队队员，上海交通大学医学院附属仁济医院泌尿科副主任医师，援藏期间任日喀则市人民医院泌尿外科主任。上海市中西医结合学会泌尿结石学组委员，擅长泌尿系结石及上尿路梗阻的诊治，尤其擅长肾结石、输尿管结石及输尿管狭窄的各类微创手术技术，如输尿管软镜下钬激光碎石术、经皮肾镜取石术、多镜联合取石术、输尿管狭窄球囊扩张术等。以第一作者或通讯作者发表 SCI 论文 4 篇，发表国内核心期刊论文 10 篇，参编专著 4 部，获实用新型专利 3 项，主持及参与省部级及局级课题若干。

我的援藏小故事

“宣医生，我们有位输尿管结石患者需要紧急手术，您能来主刀吗？”

“好，我马上到！”

2022年8月3日，我尚未来得及完全适应日喀则的高原环境，就接到了日喀则市人民医院的求助电话。

那天，距离落地日喀则才刚刚过去10天。

“既然有病人来了，我们上海医生肯定得上！”“缺氧不缺精神，艰苦不怕吃苦，海拔高境界更高”的“老西藏精神”鼓舞着我。我克服高原反应带来的身体不适，圆满完成了援藏医疗队进藏后的首台手术，正式拉开援藏工作的序幕。

一、以“技术帮扶、人才培养”为抓手，让科室每个人都能独当一面

自2017年开始，上海交通大学医学院仁济医院通过“以院包科”模式对口支援日喀则市人民医院泌尿外科。在数位仁济泌尿科医生的支援建设下，日喀则市人民医院泌尿外科软硬件建设均取得长足进步。援藏初期，我通过与前一批援藏专家的沟通与自身深入科室进行调研，摸清了泌尿外科科室管理、医教研与人员情况，制订了学科发展规划，着重加强医疗服务水平与人才培养。

在每周的科室例会上，我都会围绕日喀则市人民医院的实际情况，结合上海仁济泌尿的管理经验，优化流程，加强科室管理制度建设。譬如强化危重症患者急诊收治、传染病传报等流程或制度，明确职责，细化分工，保障科室医疗工作安全、有序、高效开展。

“传道授业解惑”是援藏专家传帮带的重要职责。我将科室的每一位医生都视为我带教的对象，亦师亦友，不拘泥于“师带徒”协议。我始终坚持仁济泌尿的学科文化“医者当以病人利益为首要，师者当倾囊相授，青出于蓝当胜于蓝”，努力实现从“输血”变“造血”，打造一支“带不走”的泌尿外科专科人才队伍。

通过定期组织业务学习、教学查房、门诊与手术带教，以及通过远程连线参加仁济医院泌尿科MDT讨论等形式，提高了当地医生临床思维能力与医疗技术水平。我还多次组织全体泌尿外科医生线上参加专科学术会议，学习新理念、新知识、新技术，在医学珠峰论坛上，邀请上海泌尿外科专家到日喀则市

人民医院传经送宝，带来前列腺增生微创治疗新技术（经尿道前列腺蓝激光汽化术），填补了西藏自治区该项技术的空白。在仁济医院副院长、泌尿科主任薛蔚与上海交通大学医学院翼然教育基金的支持下，日喀则市人民医院成立了西藏自治区首个泌尿系结石微创技术培训中心，为专项技术人才的培养搭建了高质量的平台。

一年来，日喀则市人民医院泌尿外科年轻医生在援藏专家的带教帮扶下进步很大。郭建兵是我“师带徒”帮扶的学生，作为科室唯一研究生学历的主治医师，科研能力大幅提升，我们师徒共同申报并获得了一项自治区级课题和一项日喀则市级课题。次仁顿珠医生临床手术水平取得了飞跃性进步，从最开始的手术观摩，到上手简单的手术，再到现在已经可以独立完成经皮肾镜手术等高风险微创技术。

二、开展结石病筛查与科普进校园活动

西藏因水质、食物、气候、生活习惯等因素的影响，是泌尿系结石的高

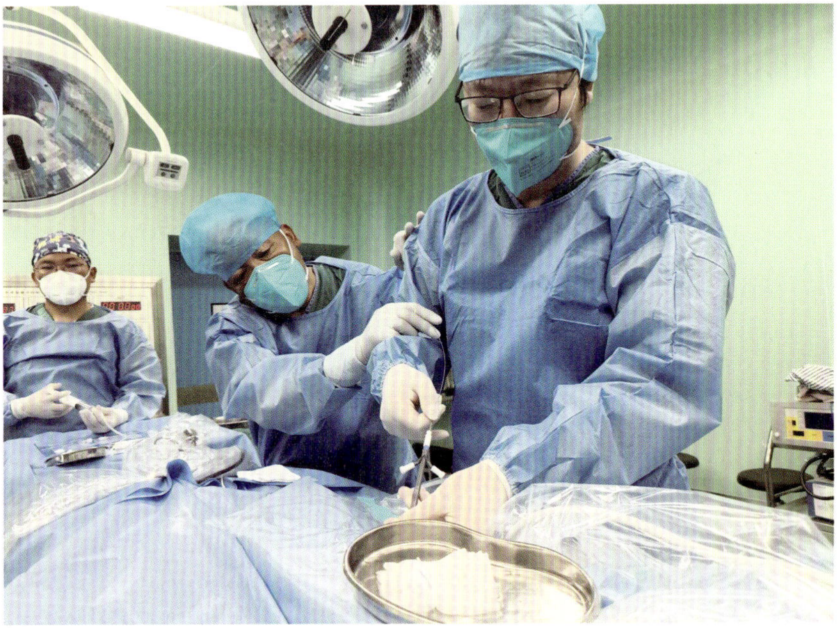

宣寒青（右一）正在施行经皮肾镜取石术

发地区，其中儿童结石甚为严重，约占泌尿系结石住院病人的50%。2023年4月14日，我会同华山医院超声科吕仁华主任以及日喀则市人民医院泌尿外科、超声科医生携带着超声机器来到江孜县小学开展儿童肾结石筛查，并指导结石病的防治，获得了学校师生的热忱欢迎。考虑到西藏地区老百姓汉语文平、文化程度相对低，他们之间的交流主要通过藏语进行，尤其是农牧、偏远地区更甚，对泌尿系结石等疾病缺乏认识，我首先提出要鼓励、支持藏族医生开展藏语版泌尿系疾病科普工作，如录制藏语版科普视频、电台广播或巡回义诊科普宣讲等。

三、积极投身抗疫，做好后勤保障

日喀则疫情期间，通过远程视频连线，我积极传授上海经验，指导科室疫情防控工作并开展远程会诊。随时处于备战状态，一旦有手术立即穿上防护服和面罩上手术台。2022年8月22日上海市驰援日喀则的抗疫医疗队抵达日喀则，我和刘松彬承担抗疫医疗队女队员的医疗与后勤保障工作，我们每日收集抗疫队员健康状况和她们的后勤保障需求，及时上报快速处理，圆满完成任务。

一次牙痛引起的休克，让我对援藏有了新的思考

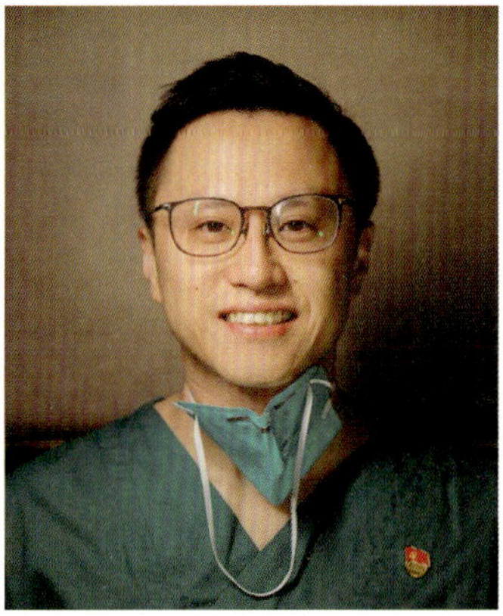

王义辉

王义辉，中共党员，医学博士。上海交通大学医学院附属瑞金医院急诊科副主任医师，上海市第八批医疗人才“组团式”援藏医疗队队员，援藏期间担任日喀则市人民医院急诊科主任。

一次牙痛引起休克的病例，让我印象深刻。使我对医疗援藏工作有了更立体的认识。医生的职责不限于治愈，在发展还不充分、不平衡的高原，这一理念尤其应得到医疗援藏工作者的重视。

一、要治病救人，还要加强科普宣教

一次，日喀则市人民医院来了一位 14 岁的小牧民，起初牙痛，发烧半个月了才来就诊。送医时他已经神志不清、呼吸短促、心率快、血压低，生命体征不平稳，进入休克状态，病情极其危重。我和同事立即急救，通过液体复苏、呼吸支持，将患者的生命体征拉至稳定状态。我是 2022 年 7 月进藏的，很快进入旱季，日喀则昼夜温差显著，夜间或凌晨甚至降温至零摄氏度以下，不知不觉，防护服里的衣服已经湿透。

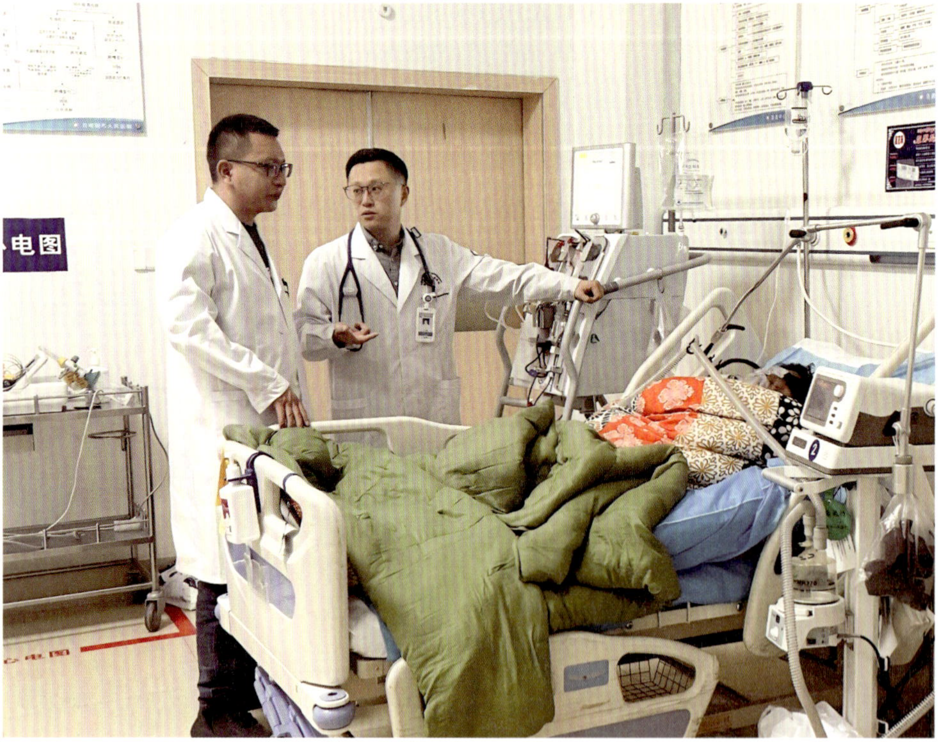

王义辉（右一）“师带徒”急诊查房

经过检查，确诊孩子是重症脓毒症、多发肝脓肿、多脏器功能衰竭。在上海，我有大量的脓毒症救治经验，援藏以来，我制订了适合高原疾病特征及医疗条件的的脓毒症治疗方案。考虑到孩子处于休克状态，通过控制输液速度，将血压维持在相对较低状态，避免大量失血，同时辅以脓毒症凝血功能障碍抗凝技术。孩子转危为安，12 小时内呼吸功能、肾功能明显好转，24 小时内心肌蛋白、感染指标明显下降。最终无后遗症痊愈出院。

脓毒症起于感染，感染很可能在牙痛时就已经发生，在内地很少碰到没有基础疾病的患者出现多发肝脓肿，并发展至如此严重的感染、脓毒症状态。从这位小牧民的病例，反映出高原地区老百姓就医意识薄弱、医疗知识不足等问题。我感到，援藏医生除了提高医疗救治水平之外，还须加强科普宣教。这是一个非常现实的问题，也只有真正身处当地环境中，才会意识到其急迫性。

援藏期间，除了参与、指导当地急危重症患者的救治之外，我大量参加科普活动。先后撰写急性胰腺炎、胸痛等方面的科普文章，还到当地中学进行科普和急救培训，组建日喀则市人民医院急诊科普团队，让更多高原百姓学会急救技能。

二、急诊如探案，临床就是带教阵地

培训带教，最好的阵地就是在临床一线。有一次，一位年轻患者因气促、咯血就诊，检查结果显示肾功能、肝功能指标明显升高。患者既往有肾功能不全的病史。当班医生有些困惑：为何肝功能如此差？难道合并肝衰？如果多种症状是由多个不同病因引起的，那么寻找病灶就变得更加复杂了。理想的情况是，找到不同症状背后的唯一真正源头，实现“多果一因”的推理。

来到病床旁，仔细询问病史和查体，察觉到了异样。患者并非真正的咯血，而是咳粉红色泡沫痰。考虑患者肾功能不全，会不会是肾的问题导致体内的水无法正常排出，大量的水对心脏造成了沉重负担，心衰又导致了肝脏淤血，呈现出肝功能指标升高的表征？病史记录患者每天的排尿仅有 150 毫升，这条证据证明上述推测的逻辑链路是成立的。我对症下药，指导全力攻肾，予以血透治疗。血透后患者症状明显好转，多项指标也较前好转。

三、科室科研“零”突破

我带领科室获得国家临床重点专科建设项目，为日喀则市首个国家级临床重点专科，获得 2 项省部级课题、2 项局级课题，发表文章 5 篇，其中 SCI 3 篇，获专利 2 项，其中一项成功转化，实现当地科室科研的“零”突破。本人获得最佳援藏干部、优秀共产党员、优秀援藏干部等荣誉。

齐心协力共谋病案发展

王胜军

王胜军，助理研究员，医学硕士，博士在读，上海交通大学医学院附属上海儿童医学中心儿科临床医学院项目主管，援藏期间任日喀则市人民医院病案统计室主任。主要研究领域为医学教育管理、社会医学。吴阶平医学基金会模拟医学部儿科专委会首届委员，上海市医学会教育技术专委会青年委员。2015 年工作以来，以第一或通讯作者发表核心论文 12 篇、SCI 论文 1 篇，主持厅局级课题 1 项、校级课题 3 项、院级课题 2 项，参与翻译模拟医学专著 1 部。获评上海交通大学“SMC—晨星后备青年管理人员”计划、2023 年度上海儿童医学中心院长奖。

作为上海市第八批医疗人才“组团式”援藏工作队的一员，我于2022年7月踏上了前往日喀则市人民医院的援藏之路，在这片高原上开启了一段意义非凡的旅程。如今回首，那些经历过的日日夜夜，都化作了生命中最宝贵的财富。

犹记得刚到日喀则市人民医院，我便接到了一项极为重要的任务——负责起草《日喀则市人民医院医疗人才“组团式”援藏工作规划（2023—2025年）》。在王庆华书记的带领下，为了明确未来三年的工作目标，我们在半个月内紧锣密鼓地召开了39场会议，涉及全院38个科室。每一场会议，我们都邀请了日喀则市人民医院当地的科室主任以及援藏人才，大家围坐在一起，共同探讨各个科室的未来发展规划和实际需求。那些日子里，会议室里总是充满着热烈的讨论声，大家各抒己见，为医院的发展出谋划策。

会议结束后，王书记找到我，对我说：“后天，你把三年规划草稿给我。”当时，我看了眼时间，仅仅剩下36小时。接到任务的那一刻，压力如山般袭来，但我深知这项任务的重要性，不容有丝毫懈怠。回到办公室，我迅速整理思路，开始了紧张的撰写工作。那两天一夜，我几乎没有怎么吃饭，一直坐在电脑前，手指不停地在键盘上敲击，脑海中不断地梳理着会议中的讨论内容，结合日喀则当地的实际情况，思考着每一个规划细节。比如对于高原病的研究，考虑到当地特殊的地理环境和疾病谱，我们需要加大投入，开展有针对性的科研项目，提升对高原病的诊疗水平；在医院人才培养方面，制订符合当地人才发展需求的培养计划，为医院的长远发展储备力量。终于，在截止时间前我如期交稿。当王书记肯定了我的工作时，内心的自豪感油然而生，所有的疲惫在那一刻都烟消云散。

从上海到日喀则，对我这个90后来说，最大的挑战莫过于角色身份的转变。在上海，我只是一个科员，更多的是执行上级安排的任务，但在日喀则市人民医院，我是病案统计室主任，需要担当责任、谋划长远，为统计室全盘考虑。带领一个团队做好全年、甚至未来三年的规划，这对我的大局观和整体性把握能力提出了极高的要求。我深知，不能再像以前一样只关注局部工作，而是要站在更高的角度，统筹协调各项事务。幸运的是，科里的同事工作积极性很强且具有合作意识，这让我感到十分欣慰。我与拉巴普尺主任共同申请了日喀则市自然科学基金（厅局级）课题“日喀则市公立医院病案管理人员建设及政策

指导病案管理

干预研究”，这一项目作为日喀则市人民医院首项病案管理相关的纵向课题，具有重要意义，目前处于数据分析、文章撰写阶段。

在援藏期间，除了科研带教，我还积极组织科室开展病案信息化建设工作。当时，日喀则市人民医院开始创建病案质量管理系统，这个系统的搭建将极大地便于临床医生高质量填写病案，同时提升病案管理人员的工作效率。我一直认为医院开发病案系统，有了大数据，医生查阅以前的病案就会方便很多，这对于提升医疗质量和科研水平都有着不可忽视的作用。

为了更好地推进日喀则市病案管理质控中心工作，我同病案统计室当地主任拉巴普尺一起，前往日喀则市藏医院、日喀则市妇幼保健院、桑珠孜区人民医院、江孜县中心医院、白朗县中心医院、萨迦县中心医院等开展调研。在调研过程中，我们深入了解了各医院病案管理的组织架构、人员组成、工作现状，实地查看医院的病案书写情况，针对发现的问题，我们在制度建设、管理流程、发展规划等方面给出了一些建议，希望能够帮助他们弥补相关的欠缺，提升病案管理水平。

2023 年 6 月，西藏自治区关于病案统计的标准已经下发，然而在实际工作推进过程中，我发现很多医院病案统计室面临着人手短缺的问题，一个人常常要兼任好几个人的工作，这也给工作的推进带来了很大困难。不过，也有一些医院做得不错，比如江孜县人民医院，作为日喀则当地最大的县医院，体量较大，人手相对较多，我们组织的每月两次线上培训，他们都积极参与。做好病案统计管理，对于江孜县人民医院创三乙工作的推进有着重要意义。

2023 年 7 月 13 日，第八届西藏自治区医学珠峰论坛病案管理分论坛暨第二届日喀则市病案管理质控中心年会召开，我邀请到上海、广州、南昌等地的病案管理专家授课，希望能够助力日喀则市病案管理指控中心建设。从 2023 年 4 月开始，我就与上海大后方积极联络，共有 8 位领域内知名专家远程授课，开阔了科室及日喀则市同行的视野。日喀则市下辖 18 个区县，我真心希望并且相信各区县医院能够重视病案管理工作，积极主动学习，按照国家和自治区的标准，做好相关的病案管理，助力高质量医疗工作的推进。

疫情之下力救重患，技艺精湛犹显担当

林森

林森，医学博士，骨科临床博士后，国家骨科医学中心（上海市第六人民医院）副主任医师，援藏期间任日喀则市人民医院骨科科主任。先后师从于我国著名的手外科显微外科专家徐建光教授及骨科专家张长青教授。从事骨科及手外科显微外科临床工作及研究近 20 年。现为国际内固定研究协会（AO）创伤中国讲师团讲师，亚太重建显微外科联盟中国部青年委员，中国老年保健医学研究会骨与关节病分会第二届委员，《中华创伤骨科杂志》特约审稿人。以第一或通讯作者发表SCI论文5篇，主持完成人力资源部基金1项。

擅长诊疗四肢骨折尤其是关节周围骨折、关节内骨折、髋部骨折。髋关节疾病的保髋治疗，包括股骨头坏死、股骨颈骨折不连接、股骨髋臼撞击综合征以及髋臼发育不良等。

日喀则疫情突发以来，我服从医疗队安排承担了医疗保障任务，为各省支援日喀则医疗队队员提供医疗服务。此外，时刻关心科室情况、参与科室工作，并成功救治一名严重车祸多发伤患者。

一、伤者情况危急，紧急救治处理

9 月 10 日下午，伴随着紧急的救护车警笛声，一名交通事故导致全身多处受伤的患者被送到了日喀则市人民医院急诊室。医护人员快速响应，摄片显示骨盆、胸椎、左股骨干、左肩胛骨、右锁骨、多根肋骨等多处骨折，并伴有气胸、创伤性湿肺，随即对症给予紧急处理，生命体征稳定后收治入院，进行全面综合治疗。

二、整合学科力量，优化治疗方案

9 月 11 日以来，患者白细胞一直较高，存在感染可能，由于骨科手术需

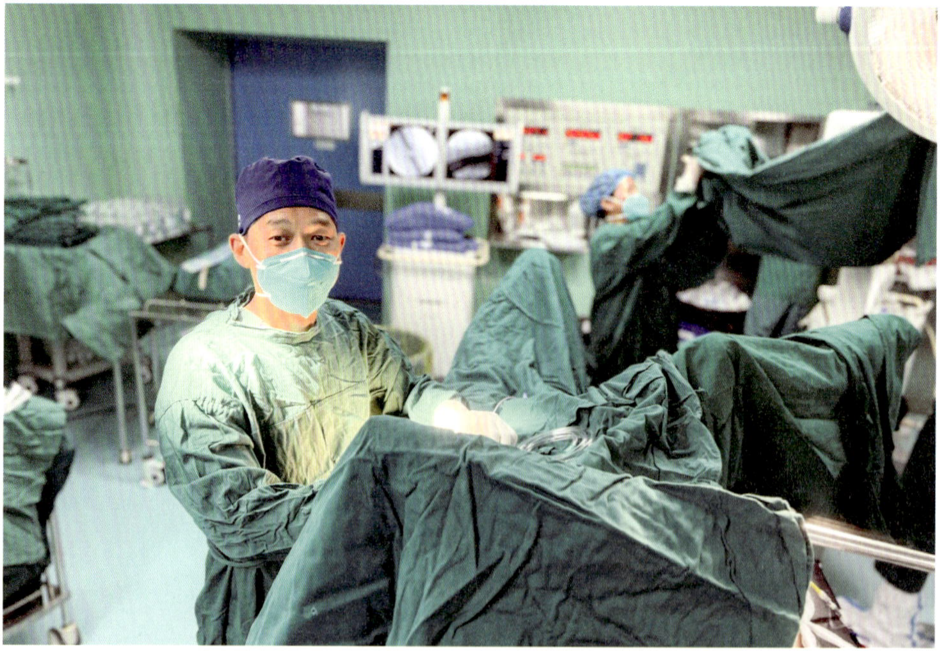

在创伤骨科术前准备中

要植入内植物，一旦感染将是灾难性后果。为了更好保障患者安全，我会同医务科秦晓健主任邀请了援藏医疗队神经外科欧阳火牛、胸外科华荣、呼吸科孙萌、普外科包润发、麻醉科刘松彬、心内科庄剑辉、放射科韩志刚、超声科吕仁华以及正在日喀则支援抗疫的上海市第六人民医院重症医学科汪伟主任等紧急会诊。各位专家抽丝剥茧，思维碰撞，通盘考虑，通过各位专家的调整，患者病情好转，达到手术条件，拟择期完成手术。

三、白衣执甲柳叶刀，攻坚克难顽疾消

9 月 23 日，在麻醉科刘松彬主任及骨科同事的通力协作下，我们充分发扬“缺氧不缺精神”的老西藏精神，克服疫情期间高原环境下佩戴 N95 口罩带来的严重缺氧挑战，凭借扎实的理论知识、精湛的手术技艺、科学的方案设计，惊艳舞动柳叶刀、完美穿插缝合线，在一次麻醉下以最小创伤完成多个部位骨折处置，避免了多次麻醉和手术对患者全身情况造成的二次或多次打击。

日喀则市人民医院创伤中心在上海市第六人民医院骨科唐剑飞、阮洪江、谢雪涛三位主任及科室同事多年的共同努力下，综合水平持续提升，在多发伤患者的救治方面积累了相当多的经验，取得了不菲的成绩。

无影灯下的高原守护者

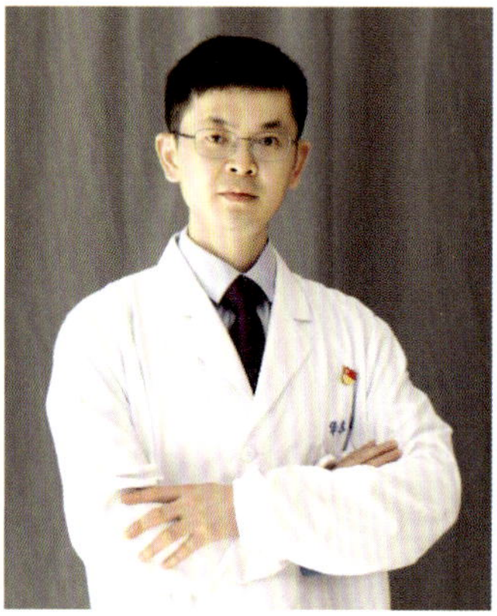

刘松彬

刘松彬，硕士研究生导师，复旦大学附属华东医院麻醉科主任医师，援藏期间任西藏日喀则市人民医院麻醉科主任。擅长超声引导下神经阻滞麻醉及围术期危重症患者抢救等。中国心胸血管麻醉学会胸科麻醉分会第四届青年委员会委员、上海市医师协会疼痛科医师分会委员、上海市研究型医院学会麻醉与围手术期医学专业委员会第一届委员会委员、上海市中医药学会第二届疼痛学分会委员、上海市中西医结合学会疼痛与麻醉专委会青年医师学组委员。以第一作者或通讯作者发表学术论文10余篇，其中SCI收录论文3篇，主持省、市级课题项目3项。

缘起：使命在肩，奔赴高原

作为一名医生，我始终坚信医学无疆界。2022年盛夏，我作为上海市第八批“组团式”援藏医疗队一员，跨越4000公里，踏上了西藏日喀则这片神圣的土地。初抵日喀则市人民医院时，我面临双重挑战：高原反应与亟待解决的科室工作，作为新任麻醉科主任，我深知肩上重任——不仅要救治患者，更要为高原留下一支“带不走”的医疗队。

战疫：缺氧不缺精神，守护生命防线

抵藏初，队伍还在适应高原反应中，西藏突发疫情。我主动请缨加入抗疫一线，负责新冠定点医院孕产妇及危重患者的麻醉保障。在高原缺氧环境下穿着防护服操作如同负重奔跑，汗水浸透衣襟，但困难从未动摇我的决心。记忆最深的是抢救一名车祸重伤患者：全身多处骨折合并气胸、创伤性湿肺，手术风险极高。我与多学科团队多次会诊，制订个体化麻醉方案。术中，通过精准调控循环与呼吸参数，最终患者平安返回病房。我深切感受到，每一台手术都承载着一个

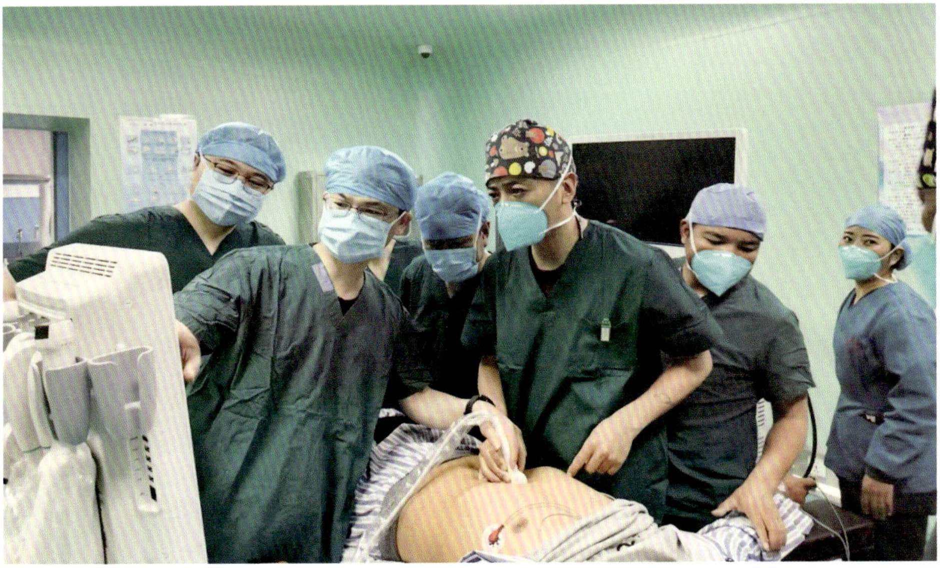

刘松彬（左二）手把手带教

家庭的希望。

传承：授人以渔，打造“带不走”的团队

援藏不仅是“输血”，更要实现“造血”。我以“师带徒”模式，与本地医生结成帮扶对子。针对科室技术短板，引入超声引导神经阻滞、多模式镇痛等新技术，并手把手教学。一次，一名急诊饱胃患者需紧急手术，我指导本地医生用超声评估胃容量，成功规避反流误吸风险。本地医生感慨：“以前遇到这类患者只能硬着头皮上，现在有了新技术，心里踏实多了！”为提升团队应急能力，通过举办华东医院—日喀则市人民医院麻醉联合模拟演练，不断提高本地医生临床危机事件处理能力。通过举办珠峰医学论坛麻醉分论坛，把先进的围术期管理经验带到日喀则，提高当地人员的医疗技术水平，提升学科的影响力。通过与华东医院麻醉科的联合培养，选派优秀的医护人员赴上海进修学习，这一年先后有两名医护人员到华东医院进修，为日喀则市人民医院麻醉科培养学科骨干和后备人才，逐渐实现从“输血”到“造血”的转变，打造一支“带不走”的医疗团队。

革新：建章立制，筑牢学科根基

麻醉恢复室（PACU）是保障术后安全的关键，但日喀则此前从未设立，我与边巴主任反复论证，争取院领导支持，仅用三个月便建成标准化 PACU，配备麻醉机、急救药车等设备，并制定严格的交接班制度，边巴主任说这是科室发展里程碑式的进步。为强化学科内涵，确立“临床为本、科研并行”的方向，鼓励科室内有能力、有想法的人积极参与科研，不断提升科研实力，提升临床诊疗水平，更好地服务人民群众，促进科室高质量发展。在我指导下，本地麻醉医生张建磊参加第十一届东方麻醉与围术期医学大会（OCAP 2022）“恩华杯”中青年麻醉医师论文比赛，获得临床研究组二等奖。我也积极指导本地医生参与课题申报，获得一项市局级课题和一项省部级课题，极大地鼓舞了科室“服务临床，探索科研”的热情。

扎根：从“上海医生”到“高原医者”

援藏不仅是技术帮扶，更是心灵的融合。2023 年春季，我组织医疗队走进日

喀则市上海实验学校，开展心肺复苏急救培训。当孩子们用刚学会的胸外按压术模拟救人时，一名藏族教师紧握着我的手说："您让我们明白，急救不仅是医生的责任，更是每个人的生命必修课。"

一年时光转瞬即逝，我与这片土地早已血脉相连。我虽已返沪，但在一批又一批上海援藏人的努力下，日喀则麻醉科已焕发新生：新技术扎根、人才梯队成型、科研项目萌芽……这一切，正是援藏使命最美的注脚。

后记：高原无悔，医路长明

援藏一年，我收获了超越医学的感悟：在生命禁区，信念比氧气更珍贵；在雪域高原，奉献比阳光更温暖。如今，沪藏两地的麻醉科已架起"空中走廊"，从远程会诊到科研合作，从技术帮扶到学科共建，无影灯照亮着生命的希望。

沪藏心连心，共同守护日喀则百姓心健康

庄剑辉

庄剑辉，医学博士，上海市第十人民医院心内科副主任医师，副教授，硕士生导师，2022—2023 年担任西藏日喀则市人民医院心内科主任。擅长急性心肌梗死和冠心病的介入治疗和围手术期管理。以第一作者或通讯作者发表 SCI 论著 15 篇，主持国家自然科学基金项目 2 项、省市级课题项目 4 项。荣获上海市卫健委医苑新星、东方新星奖和院科研新星等奖励。学术任职：上海市医学会心血管病分会预防学组委员，北京市围手术期学会心血管病分会委员。

岁月匆匆留不住，一年的援藏医疗工作即将结束，一年光阴，在人生长河中只是弹指一挥间，但在我的一生中，留下了浓墨重彩、最为难忘的一笔。

我自 2022 年 7 月 22 日起作为上海市第八批“组团式”援藏医疗人才，赴日喀则市人民医院心内科担任援藏主任。刚到日喀则市，我们就遇上了西藏自治区的新冠疫情突发。顾不上身体还未适应高原环境，我第一时间便在医疗队副领队孙希才带领下赶赴新冠救治定点医院，马不停蹄换好防护服，便进入隔离病房了解情况。面对当地防控经验不足、医疗资源短缺、医护人数告急、新冠患者病情复杂等情况，我一方面向上级反映实情，另一方面带领当地医护团队每天定期查房，制订和调整治疗方案，其中不乏孕产妇、尿毒症透析和心肌梗死患者，在医护团队精诚合作下，所有患者都顺利康复出院。作为心内科和胸痛中心主任，我牵头制定日喀则市新冠疫情期间胸痛患者救治流程，保证在做好疫情防控的同时也全力做好急性心肌梗死患者的救治。疫情期间共带领心内科医护团队完成 8 台急性心肌梗死介入治疗手术，所有患者均顺利出院。

2023 年以来，我继续发扬从“输血”到“造血”的援藏精神，通过理论

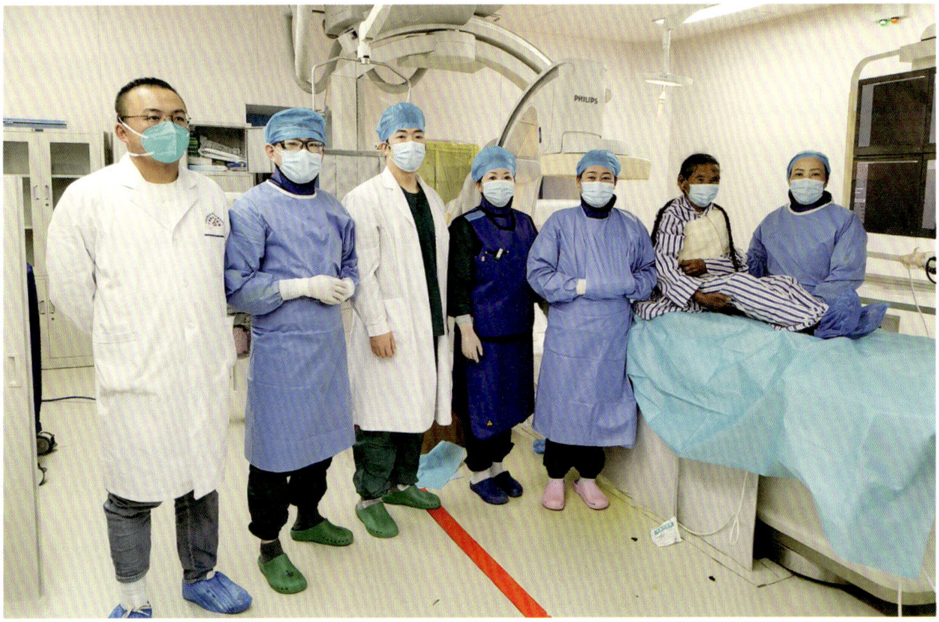

庄剑辉（右三）与手术患者合影

讲课和实践带教，实现本地医生能独立完成包括急性心肌梗死介入手术和永久起搏器植入术在内的心血管四级手术，2023 年上半年急性心肌梗死介入手术较去年同期同比增长 40%。另外，我也积极规划科室发展，开展包括先心病介入治疗和血管内皮功能检测等新项目。积极依托上海市第十人民医院，通过远程会诊和双向转诊，提高本地医护的诊疗水平，并将一些疑难危重患者转诊到上海市第十人民医院心内科进行手术治疗。

临床科研能进一步规范和提升高原心脏病的诊疗水平。因此，我以“师带徒”的模式带领科室德吉卓嘎主任和牛明远医生等围绕高原心脏病的诊断和治疗开展临床研究，一方面推广无创肺动脉 CTA 诊断高原肺动脉高压，另一方面采用钙离子增敏剂治疗高原肺动脉高压患者。其间主持日喀则市科技局自然科学基金和西藏自治区自然科学基金各一项，为科室高原肺动脉高压的临床研究奠定基础。

科普宣教是提升当地百姓慢病管理意识和急症就诊的重要手段。我随援藏医疗队到日喀则各县进行急性心肌梗死和高原心脏病的义诊和宣教，在世界高血压病日带领科室医护团队进行义诊，并走进日喀则上海实验学校，实操演示和教学心肺复苏的规范流程。

最后，感谢援藏一年来给予我帮助和支持的日喀则朋友和同事，也很幸运能与援藏医疗队各位专家结下兄弟情谊。援藏工作是一茬接着一茬干的，相信日喀则会建设得越来越好，日喀则百姓的生活质量也会越来越高。

雪域高原高新技术显威力

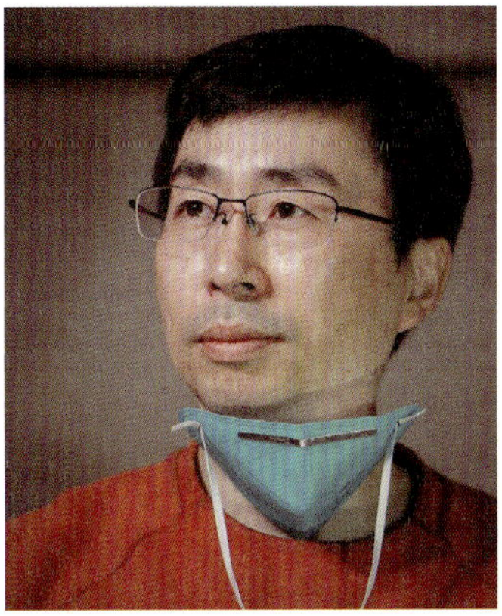

华荣

华荣，上海市第八批“组团式”援藏医疗队队员，上海交通大学医学院附属胸科医院胸外科副主任医师，援藏期间日喀则市人民医院胸外科主任。国际食管疾病学会会员（ISDE），香港大学威尔士亲王医院机器人外科操作培训认证，2019 年全国胸外科青年医师竞技大赛二等奖。以第一作者或通讯作者发表 SCI 论文 7 篇，参编学术著作 6 部，主持上海市及上海交通大学课题两项。擅长肺部及纵隔肿瘤的微创治疗；食管恶性肿瘤的微创手术和个体化多学科综合治疗；疑难复杂食管疾病的外科治疗；胸部外科的达芬奇机器人手术。

“高原本就缺氧，患者肺功能还那么差，怎么做手术？”

“不能放弃手术机会！有办法的！”

在喜马拉雅山脚下，一场高难度的食管癌手术成功进行，是为一名本没有手术机会的食管癌患者开展了充气式纵隔镜食管癌根治术。该术式在西藏、青海、新疆地区尚属首次开展。

患者因进行性吞咽困难辗转来到日喀则市人民医院求医，胸外科医疗团队为他进行全面检查后，确诊为食管鳞状细胞癌，病灶直径超过 4 厘米。该患者世居高原并长期抽烟，导致肺功能低下，手术风险很高。我和达娃琼达主任带领团队仔细评估了患者病情，并组织麻醉科、手术室、监护室等相关科室进行会诊，最终决定用“微创充气式纵隔镜技术”为患者开这个刀。相较于传统的经颈胸腹的三切口食管手术，充气纵隔镜手术在纵隔“通道”内完成食管切除，因此对患者的呼吸和循环功能影响小，提高了手术安全性，并具有创伤小、疼痛轻、恢复快的特点。为确保手术顺利进行，手术团队制订了详细的手术计

华荣（右一）在教学查房

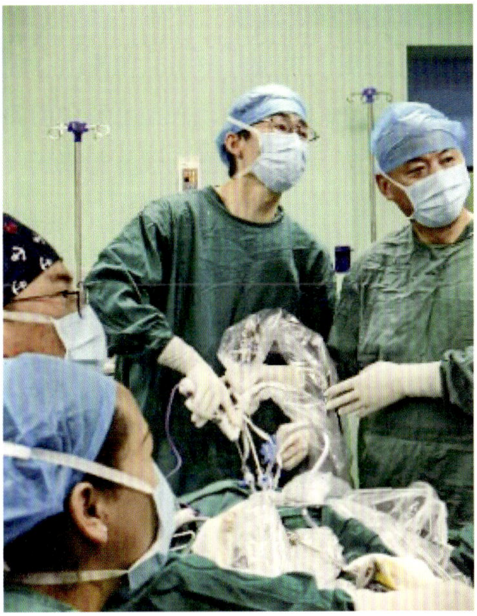

成功完成藏青疆地区首例充气式纵隔镜食管癌根治术

划和应急预案，并获得了后方单位上海市胸科医院的医疗器械支持。

手术中，我克服高原缺氧的挑战，先在患者颈部打了一个很小的孔道，伸入纵隔镜，慢慢向腹腔游离。下方再经由腹腔镜向上游离，将两端打通，建立起一条纵隔内“通道”。凭借扎实的经验和精湛的技术，团队顺利将食管病变段完整切除，手术取得成功。术后患者恢复顺利，很快可以经口进食并康复出院。

据上海市第八批援藏医疗队开展的高原相关疾病普查初步数据显示：因高海拔慢性缺氧、保健意识薄弱、卫生条件落后等因素，日喀则市普遍肺功能指标较低，肺部慢性炎症比例偏高。食管癌手术涉及脏器多，创伤大，风险高，并发症多，对患者体质要求较高，所以当地一些患者常常被迫选择保守治疗而延误了最佳治疗时机。针对这一情况，我们率先在青藏疆地区开展的充气纵隔镜食管手术，为年老体弱、肺功能差、胸腔广泛粘连、胸廓畸形的患者争取了宝贵的手术机会。该手术的完成，标志着日喀则市人民医院胸外科微创技术水平再上新台阶。今后胸外科将继续依托后方单位的支持，不断拓展针对高原特点的医疗技术项目，为患者驱除病痛，造福藏族群众。

上海市胸科医院与日喀则市人民医院为“包科对口支援”单位，采用援培结合机制，2016 年至今已相继选派四名胸外科医疗专业人才参加援藏工作，把高质量发展的理念以及精湛的医疗技术带到日喀则，留下一支“带不走”的医疗人才队伍。

在高原产科病房接受党组织考验

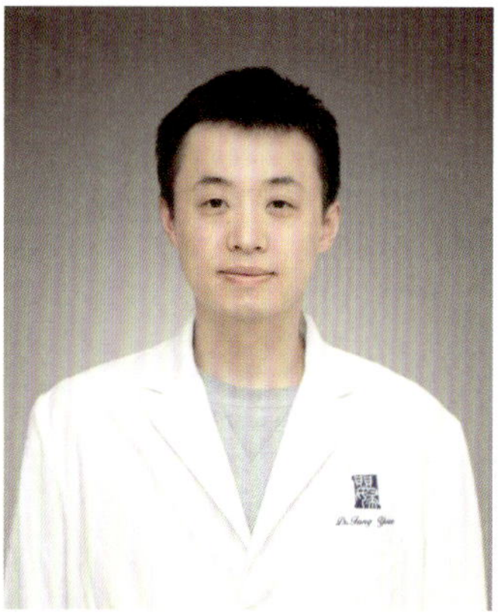

方原

方原，毕业于上海交通大学医学院，上海市第一妇婴保健院妇产科副主任医师，从事妇产科工作及研究 16 年余。上海市第八批援藏医疗队成员，援藏期间任日喀则市人民医院妇产科主任。

日喀则的日落时间比东部地区要更晚。一天晚饭时分，我突然接到通知，要求立即赶到医院。原来，急诊收治了一名病人，诊断为葡萄胎，出血量很大，我立即放下碗筷赶到医院，换上隔离衣。患者子宫增大，宫腔内布满大小不一囊性结构，有阴道出血，病情危重不容耽搁。我立即给患者实施了负压吸宫术，所幸救治及时，患者平安。

生死时速，随叫随到

高原上的妇产科，经常上演类似的生死时速。2022 年进藏以后，遇到日喀则新冠疫情。我作为妇产科主任，冲锋陷阵，随时应战。

9 月，日喀则已渐有寒意。凌晨，我在睡梦中惊醒，有电话来了——日喀则市新冠救治基地内有一名孕妇难产。这名孕妇足月临产，宫口已开，宫缩频繁，然而骨盆条件较差，因此导致难产危及生命。我立即赶往救治基地，穿上厚重的防护服，克服高原缺氧，实施紧急剖宫产手术，保证了母婴平安。

绷紧神经，提前发现隐患

在日喀则，受限于各种条件，有些群众较为缺乏妊娠保健知识，未能及时了解自己的身体状况，提前预警。我遇到过这样一名孕妇，妊娠 32 周左右，胎盘早剥，宫内死胎。这是刻不容缓的情况。我坐镇指挥，医护人员协力将患者转运至手术室，马上进行急诊剖宫取胎。手术过程中，尤其注意对病患的止血。好在手术顺利，产妇的命保住了。

正因为常常出现各种突发情况，我的神经始终紧绷。在病房里，我投入大量精力对待住院孕产妇的查房，为的就是及早发现异样。一次，我在查房时发现，一位新入院孕妇已经妊娠超过 40 周了，属于过期妊娠，胎儿的连续胎心监护提示有晚期减速。这提示胎儿可能在宫内窘迫，如果继续妊娠，风险是很大的。经过与另一位来自上海市儿童医院儿科重症医学科专家单怡俊主任商议后，我立即为孕妇进行了剖宫产。情况确实不甚理想，手术台上，发现羊水量少且 III 度污染，所幸手术及时。胎儿取出后，立即对其进行抢救，术后母亲及新生儿情况均良好，转危为安。

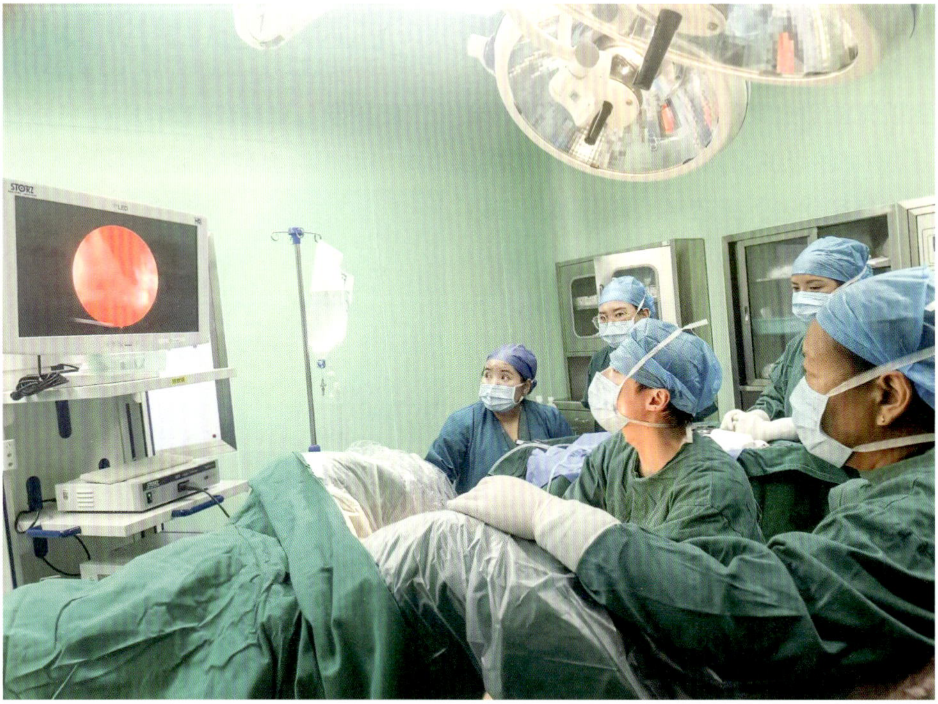

方原（前排右二）正在进行宫腔镜手术

党旗下的考验，最难忘

在我成为一名光荣的共产党员的过程中，援藏是我难忘的一段经历。2022年上半年，上海疫情期间，我主动请缨，参加疫情救治一线的“大上海保卫战”，进驻上海市公共卫生临床中心妇产科病房。4月，我在抗疫一线向党组织递交了入党申请。6月，我主动报名请战雪域高原，驰援日喀则，成为上海医疗人才“组团式”援藏工作队的一员。8月，日喀则突发新冠疫情，我又往返于人民医院和救治基地的妇产科病房。

授人以渔，方为援藏初心

每次查房、手术、业务学习等，我都希望能尽自己所能留下新的知识、手术技巧，等等。“我能帮她们开展新的手术及操作，诊治一些较疑难复杂的病例，但我走了以后呢？”我经常这样问自己。援藏，不仅仅是带去先进的医疗技术和设备，更重要的是培养当地医疗人才，提升他们的专业能力，让他们能够在高原上独立应对各种医疗挑战，这才是援藏的真正意义——授人以渔。在手术台上，我常常邀请当地的年轻医生参与，手把手教他们操作技巧，讲解每一步的关键点。从基础的缝合到复杂的手术流程，我都尽力将多年积累的经验毫无保留地传授给他们。通过这种方式，我希望他们能够在未来的工作中独当一面，成为高原上的医疗中坚力量。除了实践操作，我还定期组织理论培训，讲解妇产科的最新进展和常见疾病的诊疗规范。通过系统学习，当地医生能够更好地理解疾病的本质，掌握科学的诊疗方法。每次培训结束后，我都会与他们进行讨论，解答他们的疑惑，帮助他们将理论与实践相结合。在高原的医疗环境中，团队协作尤为重要，我鼓励当地医护人员积极参与到每一次抢救和手术中，培养他们的责任意识和团队精神。通过共同面对挑战，他们不仅提高了技术水平，也增强了自信心和使命感。

为西藏儿童重铸生命防线

单怡俊

单怡俊，副主任医师，硕士研究生。上海交通大学医学院附属儿童医院重症医学科副主任。美国心脏协会基础生命支持（BLS）及儿童高级生命支持（PALS）导师。中国医师协会重症医师分会罕见病学组委员。擅长各种儿童危重症（严重脓毒症、脓毒性休克、暴发性心肌炎、心源性休克、难治性休克、重度 ARDS、难治性低氧性呼吸衰竭、肝功能衰竭、严重复合创伤、器官移植、MODS 等）的诊断与救治，擅长儿童呼吸机治疗（无创及有创通气）、儿童血流动力学评估、血液净化治疗（CRRT）、体外膜肺氧合治疗（ECMO）等儿童危重症抢救核心技术。以第一作者在国内权威核心期刊上发表论文数篇，主持省、市级课题 1 项，局级课题 1 项。

2022 年 8 月，当我跨越 5000 公里踏上日喀则的土地时，未曾想到迎接我的不仅是高原稀薄的空气，更有一场关乎生命的特殊战役。在平均海拔超过 3800 米的土地上，我以医者之名，写下了人生最珍贵的生命答卷。

初到高原便遭遇疫情突袭。记得正式上岗那天清晨，急诊电话划破寂静，我裹着未退的睡意冲进医院。成功救治患儿后，被告知同区域出现了日喀则第一例新冠核酸阳性患儿。在第一时间，我积极配合感控及院领导指示，并指导在场医护人员升级防护措施、区域消毒隔离以及患者救治等工作，由于本地医生第一次遇到阳性患者，望着当地医护慌乱不安的眼神，我在安排工作的同时，还肩负起安抚医护人员的心理工作。在妥善处理完该患儿后，我们医护人员便安排至酒店进行隔离。当隔离酒店的窗户映出高原星空时，我忽然感悟：援藏不仅是技术支援，更是要成为稳定人心的锚点。

隔离解除当日，听闻救治基地儿童及新生儿患者激增，我主动请缨，紧急奔赴市救治点基地医院，快速组建了儿科医疗专家组，并担任组长，开展儿童

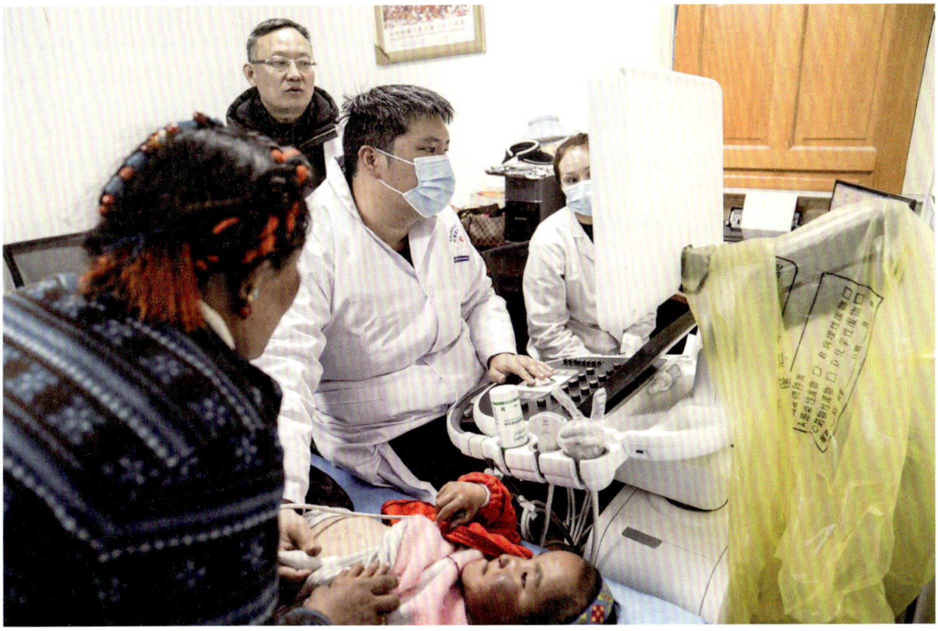

儿童先天性心脏病筛查

及新生儿的医疗救治工作。由于儿科医疗团队仅为 4 人，每日在院儿童及新生儿病人却有 30 余名，除了常规治疗外，有些患儿需进行紧急抢救，夜间凌晨收到救治需求亦是常态。因此每天工作时间 12 小时以上，做到全天候守护。

8 月 29 日夜间，市救治点基地医院收治了一名 9 个月大的危重症婴儿，未吸氧下氧合仅为 55%。得知消息后我立刻进入病房进行救治，因患儿病情不稳定，无法离开病房进行影像学检查，遂运用重症超声等技术给予检查及病情评估，并给予无创机械通气等治疗，使患儿病情逐渐稳定。由于该患儿病情复杂且危重，我积极联系上海市儿童医院，联合重症医学科、呼吸科、影像科、心内科等专家先后进行了两次远程会诊，对患儿病情进行了科学的评估，给出了全面的治疗方案，在经过 3 周治疗后，该患儿转危为安，病情好转从救治基地出院。

到了 9 月，随着支援日喀则市医护人员增多，按上级要求，将妇产科与儿科合并，成立妇儿病区，并任命我为妇儿病区主任。由于不是整建制队伍，我整合了来自日喀则市、山南市、林芝市、山东省、吉林省、上海市的妇产和儿科医护人员，制订工作计划、优化工作制度并负责每日工作汇报、日常查房、危重患儿抢救以及新生儿窒息复苏等。69 天的救治基地医院工作，虽然非常艰辛，但所有孕产妇及儿童均康复出院，实现了孕妇儿童零死亡、患者转重症率为零、医护人员零院感，以优异成绩交上了满意答卷，也获得了日喀则市委的通报表扬。

这一年来，我积极推动儿童重症监护室的筹建工作，成立了儿童重症病房，并通过业务学习、教学查房、PBL 模拟教学、临床实际操作等多种方式，使本地医生对儿童危重症疾病的救治能力明显提升，并能熟练掌握有创及无创机械通气。同时，积极推动本地医生去上海进修学习，目前已派出一名医生及一名护士至上海市儿童医院 PICU 进修学习，努力在日喀则打造一支“带不走”的儿童危重症医疗队伍。

除了临床工作外，我也积极参与公益活动。先后参与“2023 年科普大篷车进校园暨专家义诊活动”“格桑花之爱，藏地心希望”公益义诊活动（萨迦县、拉孜县、江孜县、定日县、日喀则市）以及赴岗巴、吉隆、萨嘎、仲巴和阿里地区的义诊。推进五朵金花公益项目的规范进行，明确儿科曲宗医生作为卓玛梅朵（先天性心脏病）项目的主要负责人。在这一年的援藏工作中，已送 5 批次共 50 余名先髋患儿以及 16 名先心患儿至上海市儿童医院进行手术治疗。

援藏一年，我经历了血氧饱和度 70% 下的持续抢救，见证了凌晨 3 点的日喀则夜景，更收获了无数的“突及其”（藏语：谢谢）。这片土地教会我：医学的温度不在于仪器的精密，而在于医者俯身倾听的姿势；医疗的进步不单是技术的突破，更是人文关怀的传递。

临别之际，我病房的窗台上摆满了风干牛肉和青稞饼——这是藏族同胞最质朴的谢意。望着即将投入使用的儿童重症监护室，我知道，我们种下的生命之树正在生根发芽。当回程飞机掠过念青唐古拉山脉时，我默默许下祝愿：上海与日喀勒的生命连线永不中断，医者的使命永远在这片高地上延伸。

格桑花下的守护者

孙萌

孙萌，硕士研究生导师，上海中医药大学附属曙光医院呼吸与危重症医学科副主任医师。2022 年 8 月至 2023 年 7 月援藏期间任日喀则市人民医院呼吸内科主任。从事呼吸与危重症医学临床与教学工作 10 余年，擅长中西医结合呼吸系统疾病的诊治，尤其是呼吸系统危重症的救治。担任上海市医学会呼吸病分会感染学组委员、上海市中医药学会肺系病分会委员、上海市中西医结合学会呼吸治疗技术专委会秘书、中国医药教育协会呼吸康复委员会委员、中国慢性肺部疾病学术联盟（CLDAA）秘书长。发表学术论文 10 余篇，主持省、市级课题 3 项。参编“十四五”本科规划教材 1 部，副主编学术专著 2 部。荣获“上海中西医结合科学技术奖”等。

一、雪域惊雷

2022 年 8 月的日喀则，天空依然湛蓝如洗，但往日熙熙攘攘的街道却笼罩在一片令人窒息的寂静之中，日喀则市暴发新冠疫情。上海援藏医疗队在王庆华书记的带领下，迅速制订应对方案，统筹部署抗疫工作，第一时间组织队伍参与新冠的临床救治工作。

作为一名呼吸与危重症医学科医生，我义无反顾地投身抗疫一线，担任上海援藏医疗队新冠救治基地救治小组组长。上海援藏抗疫救治小组负责新冠救治基地的 4 个病区，共 110 余张床位，收治的患者多伴有高血压、糖尿病、慢阻肺、肝硬化、尿毒症等慢性基础疾病。前前后后 3 个月的坚守，累计救治患者 800 余人，抗疫凝结了沪藏情深。

二、生命方舟

8 月 12 日，一位罹患新冠的病人被收入救治基地。我与来自上海援藏医疗队的多位专家根据患者的症状、体征、影像学检查及既往基础病史，一致判定该患者为新冠重型。这是日喀则市出现的第一例新冠阳性重症患者。在上报国家专家组后，我们为这位患者制订了详细的治疗方案。经诊断，他同时患有慢性肾功能衰竭，需要维持性血液透析。经过这一系列治疗，患者病情得到了有效控制，身体状况逐渐恢复。

作为一名中医人，我把在“大上海保卫战”中所取得的中医药抗疫经验带到了日喀则。在救治基地应用国家中医疫病防治基地（上海）所研发的海派中药苏香饮。对疑难患者采取“一人一方”的中医辨证论治。其间还通过网络连线上海大后方的中医专家，讨论重型病患的中医药救治方案。

三、格桑花开

受疫情的影响，原本一年的工作计划被压缩到半年，大家争分夺秒为提高当地的医疗水平踏踏实实地工作，带来了显而易见的成效。

临床工作上，在进藏伊始我就为 PCCM 专科建设制订了三年发展规划。为推进专科建设，派出一名医生在 ICU 学习气管插管、深静脉穿刺、机械通气等

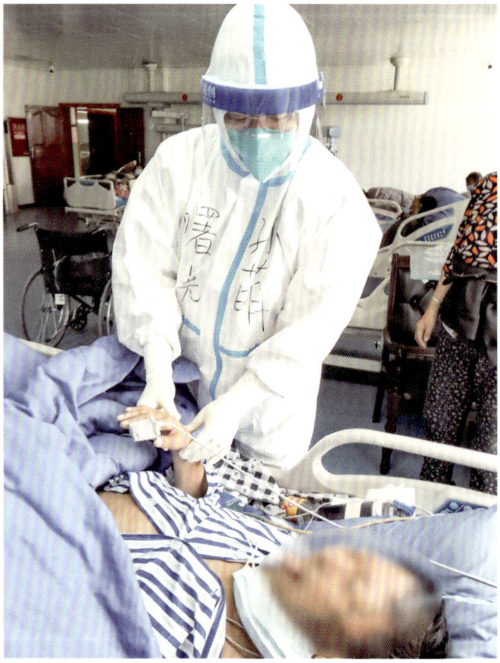

救治日喀则市新冠患者

技术，另有一名医生与一名护士前往上海进修纤支镜技术。教学工作上，通过教学查房、小讲课、临床实训、病例讨论等形式，充分发挥“师带徒”的优势，提升本地医师的专科诊治与临床科研能力，培养合格的呼吸专科医师。科研工作方面，结合高原病研究，依托日喀则市科技局、上海市卫健委的支持，成功获批多项课题，总资助额达 35 万余元。

2023 年 6 月，正值格桑花开的季节，成功举办了第八届中国西藏自治区医学珠峰论坛呼吸病分论坛暨第二届呼吸病联盟大会呼吸系统常见疾病诊疗高峰论坛。来自上海、北京和自治区的专家教授以线上、线下等形式，为日喀则的同道带来了精彩纷呈的专题报告，成为沪藏两地呼吸同人学术交流的重要平台。

雪域“肾”情
——从《黄帝内经》到雪山经幡

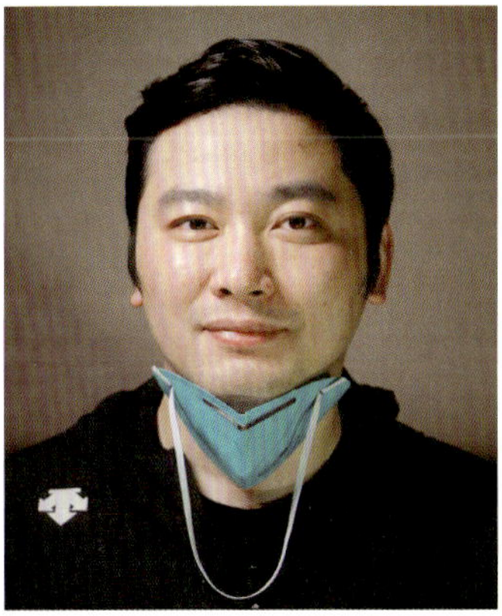

陈熤

陈熤，医学博士，上海中医药大学附属龙华医院肾病一科副主任医师，上海市第八批“组团式”援藏医疗队队员。2022年8月受援西藏日喀则市人民医院，担任中西医结合科及肾内科主任。上海市中西医结合学会不孕不育专家委员会委员、上海市中西医结合学会虚证与老年医学专业委员会青年委员、上海中西医结合学会流派传承专业委员会青年委员、上海市医院协会第二届医院血液净化管理专业委员会青年委员、第八届上海市中西医结合学会活血化瘀专业委员会委员兼秘书。主要从事中西医结合急慢性肾病、内分泌代谢病、循环系统疾病、中医妇科等方面的诊治及研究。

我是上海中医药大学附属龙华医院肾病一科陈熤，2022 年 8 月初我作为中组部上海市第八批“组团式”援藏医疗队的一员踏上了西藏这片神秘而壮丽的土地。就在我刚刚适应高原环境时，日喀则暴发了新冠疫情。面对突如其来的挑战，我心中只有一个信念：“作为党员，我不上谁上！”尽管高原反应让我倍感不适，但我依然穿上了白色的战衣，毫不犹豫地投身到了抗疫第一线。

随着疫情的蔓延，越来越多的新冠患者伴有其他基础疾病，尤其是日喀则市新冠定点救治基地中的血透患者，他们的治疗需求迫在眉睫。当时肾病血透专业医护人员短缺，我主动请缨进入了救治基地，承担起了床旁透析的任务。我深知，作为一名肾病科医生，这是我的职责所在。

在救治基地，我遇到了许多因疫情而长时间未能接受血透治疗的患者，他们的病情复杂且危急。我与同事一起，为每位患者量身定制了透析计划，尽管医疗设备和人员都极为有限，我们还是努力开设了一天三班的透析治疗，确保

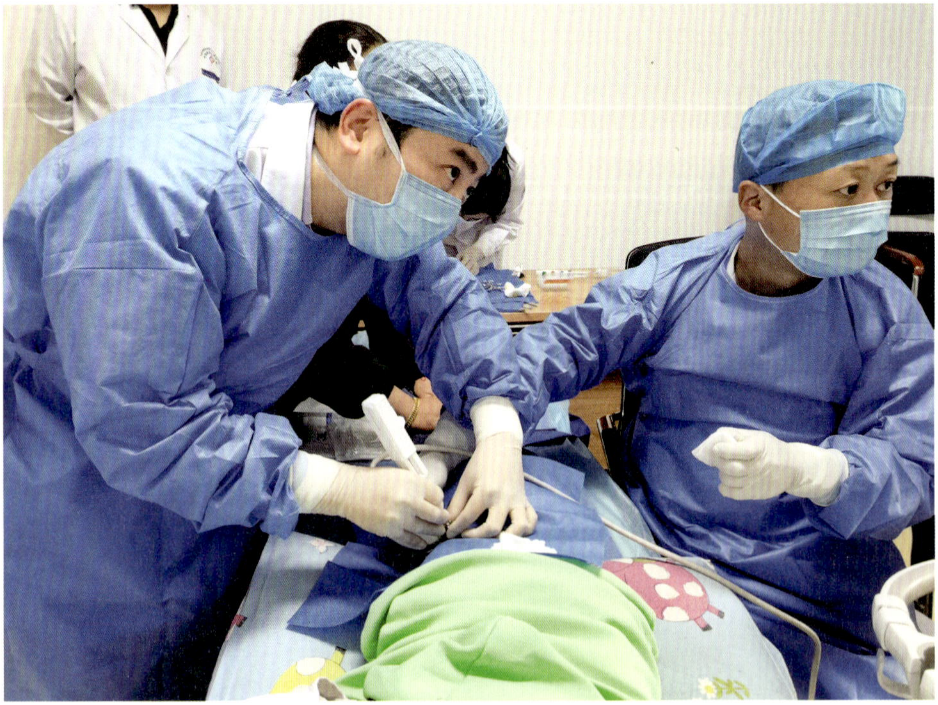

陈熤（左一）指导穿刺活检操作

每位患者都能得到及时的治疗。在这一个月里，我们累计完成了100余人次的透析治疗，我几乎将所有的时间都投入了病人的治疗和医护人员的培训中。

在一个周日的清晨，救治基地紧急收治了一位复阳的血透患者，他的情况极为危急。我立即赶到基地，与心内科、呼吸科专家一起进行床旁会诊，确诊其为急性心衰。我们迅速启动了急诊透析流程，我守在患者床旁整整6小时，直到他的生命体征稳定下来。在这个过程中，我不断地鼓励他："放心，我们医护都在，你会没事的。"最终，患者转危为安，这让我深刻感受到了作为医者的责任和使命。

在日喀则市人民医院，我不仅是肾病科医生，也是中西医结合科的主任。我深知中医在此次抗疫中的重要作用，因此我与其他专家一起成立了中医治疗小组，深入疫情一线，为患者提供个性化的中医治疗方案。我亲自将药物送到患者手中，用行动传递希望和关怀。

作为一名共产党员，我始终牢记自己的初心和使命，我在雪域高原上，用我的青春和热血，书写对党和人民的忠诚。我将继续用我的专业和热情，履行医者的责任和使命，展现新时代医务工作者的担当和作为。

在日喀则的内镜岁月

胡健卫

胡健卫，副教授，硕士生导师，副主任医师，外科学博士，复旦大学附属中山医院内镜中心消化道早癌亚专科主任。擅长消化道早期肿瘤的内镜下诊断及治疗。担任海峡两岸医药卫生交流协会消化内镜学分会常委、青年学组副组长，中国抗癌协会胃肠间质瘤专业委员会内镜学组委员，上海市医学会消化内镜专委会 ESD 学组委员，上海市医师协会肛肠专业委员会委员等。在 *GUT*，*GIE* 等专业顶刊上发表 SCI 论文 10 余篇，主持省部级课题两项。曾获得国家科技进步二等奖、中华医学科技奖二等奖、上海市科技进步一等奖、上海市医学科技奖一等奖、华夏医学科技奖一等奖等奖励。

我叫胡健卫，来自复旦大学附属中山医院内镜中心。2023 年 7 月，怀着满心的期待与一丝丝紧张，我踏上了前往西藏日喀则的旅程，开始了为期一年的医疗援助工作。这是我职业生涯中的一个重要转折点，也是一段让我心灵受到深刻洗礼的经历。

初到日喀则：适应与融入

刚到日喀则时，面对高原反应和截然不同的生活环境，我经历了一段适应期。但日喀则市人民医院同事热情的帮助和当地民众真诚的笑容很快驱散了初来乍到的不安。这里的自然风光壮丽无比，雄伟的群山、如玉般的湖泊无不诉说着这片土地的独特魅力。然而，最打动我的还是这里人民的纯朴与善良。

医疗援助：从无到有的突破

作为负责内镜中心的医生，我深知自己的使命不仅是治疗病人，更是要将先进的医疗技术和理念传授给当地的医护人员。其中，患者达瓦扎西的故事尤其令人难忘。

患者达瓦扎西的故事

2023 年 8 月的一个清晨，一位名叫达瓦扎西的 45 岁男性患者因上腹部不适来到日喀则市人民医院就诊。他是医院里一名实习护士的父亲。经过初步检查，我们发现他的胃里存在一个黏膜下肿瘤。为了更准确地评估这个肿瘤的情况并制订最佳的治疗方案，我决定使用日喀则市人民医院最新购置的超声胃镜进行检查。

这次检查不仅对达瓦扎西至关重要，对于整个日喀则市来说也是一个历史性的时刻——这是该地区第一例超声胃镜检查。手术室里的气氛既紧张又充满期待。最终，通过超声胃镜的精确检查，我们确诊达瓦扎西的黏膜下肿瘤为胃间质瘤。

接下来，便是如何安全有效地切除这一肿瘤的问题。考虑到患者的实际情况以及我们所具备的技术条件，我们团队决定实施内镜下胃间质瘤全层切除术。这同样是一个第一次，不仅是对我个人技能的一次考验，也是对日喀则医疗水

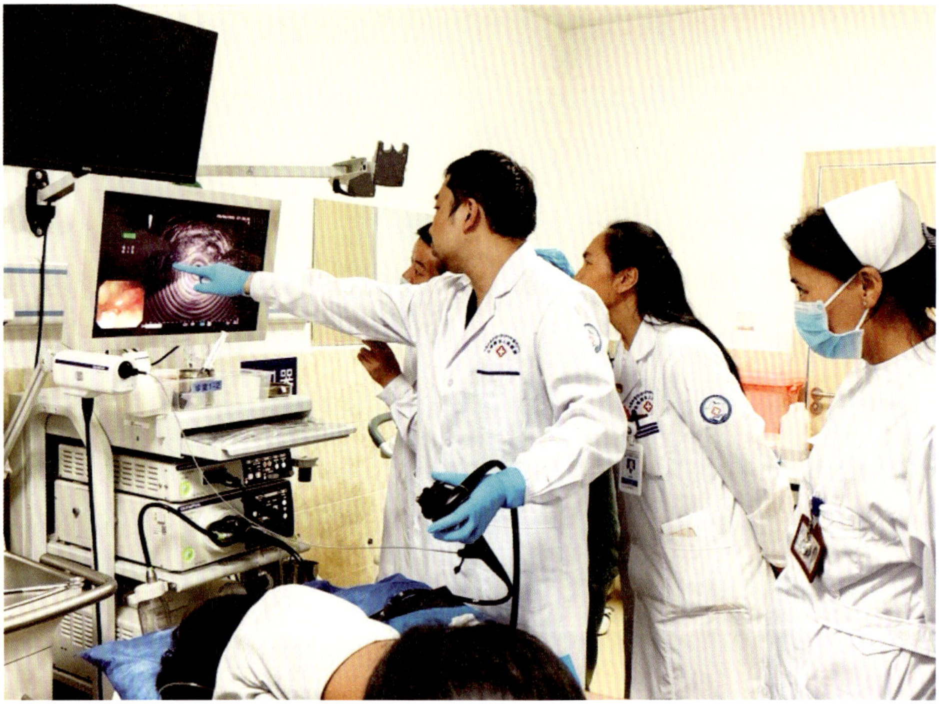

胡健卫（左一）开展日喀则市第一例食管及胃超声胃镜检查

平的一次挑战。手术过程中，每一个细节都必须精准无误，最终，在团队成员的紧密配合下，手术取得了圆满成功。

术后，达瓦扎西恢复得非常顺利，三天后便出院了。他和他的家人对我们表达了深深的感激之情，这也成为我在日喀则工作期间最珍贵的记忆之一。这个案例不仅仅代表了一个成功的治疗过程，它还象征着技术进步带来的希望以及医患之间建立的信任桥梁。

援藏感悟：责任与担当

在援藏这段时间里，我深感作为一名医务工作者的责任重大。西藏的发展离不开全国各地的支持与帮助，而每一次成功的救治、每一项新技术的应用都是对这一使命的践行。在这里，我见证了“缺氧不缺精神”的顽强品格，感受到了当地干部群众为了改善生活条件所付出的不懈努力，这让我更加坚定了自己的信念：无论身处何地，都要以实际行动贡献自己的一份力量。

未来展望：携手共进

随着援助工作的推进，我越来越认识到交流与合作的重要性。通过与日喀则市人民医院同事的紧密协作，我们不仅提高了当地的医疗水平，还建立了深厚的友谊。这段经历让我明白，真正的援助不仅仅是物质和技术上的支持，更重要的是心灵上的沟通与理解。未来，我希望更多的同行能够加入援藏工作中，用我们的智慧和力量共同谱写西藏发展的新篇章。

回顾这一年多的援藏生活，我收获了许多宝贵的经验和深刻的感悟。它不仅丰富了我的职业经验，更让我的人生观和价值观得到了升华。感谢这片神圣的土地给予我的一切，愿西藏的明天更加美好！

为日喀则超声医学贡献力量

陈坤

陈坤，上海市第八批“组团式”援藏医疗队队员，复旦大学附属华山医院超声医学科副主任医师。陈坤医师一直致力于超声医学领域的研究与实践，凭借其精湛的技术和丰富的经验，成为医院超声科的中坚力量。除了在临床工作中的出色表现，陈坤医生还积极参与各类学术研究和交流活动，他的工作不仅得到了同事和患者的高度评价，也为超声医学的发展做出了积极的贡献。

一、援藏期间推动日喀则市超声医学发展

1. 提升日喀则市超声医学技术水平

协助日喀则市人民医院超声科顺利申请成为日喀则市超声质控中心单位，成为西藏自治区首家市级超声质控中心。与此同时，对来自基层医院的专业技术人员进行培训，以提高日喀则市整体超声诊断水平。2024 年 5 月成功举办了第九届医学珠峰论坛，本次论坛广邀上海及外地医院学科带头人就新技术、新项目开展授课和交流，并与外地专家一起赴定日县人民医院超声科交流考察，为日喀则基层医院超声发展建言献策。

2. 建立超声医学培训体系

在医疗方面参与科室日常工作，了解科室面临的重点与难点问题，对科室同事提出的疑难病例会诊要求做到有求必应，并在会诊过程中深入浅出，详细讲解，做到举一反三，切实提高科室临床诊断水平。在教学方面，为打造一支

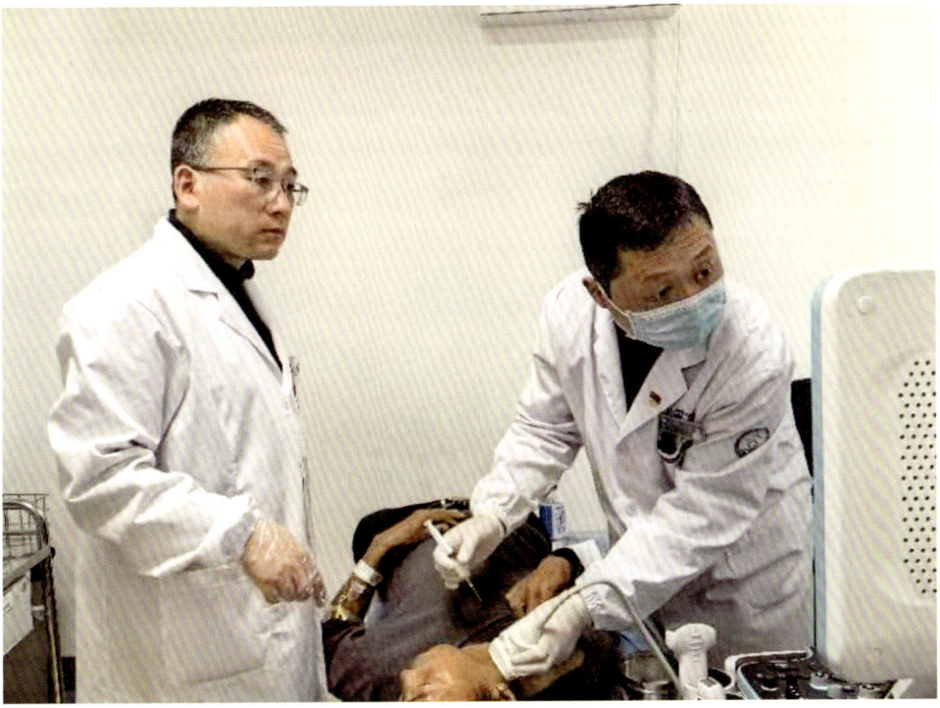

陈坤（右）指导本地医生完成超声造影新项目

“带不走”的医疗队，与科室两名医生签订了“师带徒”协议，在科室内部定期开展业务学习及疑难病例讨论，要求援藏医生和本地科室医生讲课，将被动学习转变为主动学习。作为超声科主任，我梳理了科室各项规章制度，重新制定完善了10余项科室制度，为将来科室发展打下了良好基础。

3. 深入开展新技术研究与应用

发挥华山超声及个人专长，积极开展新项目新技术，开展了各脏器超声造影检查，其中乳腺超声造影、胆囊超声造影，甲状腺超声造影等均为西藏自治区历史上首例。带领科室积极参与临床科室各类会诊，日常开展各类床边超声、术中超声等，应妇科要求，开展了经阴道超声等项目。超声已不仅仅作为辅助诊断工具为临床服务，而且作为一种有效的治疗手段，带领科室开展了多种超声介入新项目，如各种浆膜腔积液的置管引流等。还开展了各种组织活检，包括淋巴结粗针活检、乳腺粗针活检、前列腺活检等，累计完成各类超声引导下穿刺介入术40余例，完成各脏器超声造影检查20余例，在自治区均为第一。

三、成长与学习

为提高科室医生的视野，组织科室成员参加了第23次全国超声医学学术会议和中华医学会第二届超声医学青年学术会议，这也是科室成员首次参与全国性的超声学术会议。我受邀参加了2024年度自治区超声年会，并代表日喀则市人民医院进行大会发言。在完成受援科室日常工作的同时，我作为援藏医疗队成员也积极参加了医疗队组织的各项学习及活动，如参加医疗队及医院组织的主题教育学习，参加了反腐教育参观学习等。积极参加与北京、广东、陕西等援藏医疗队的交流活动，学习兄弟单位的先进工作方法，并运用到日常工作中。参加与日喀则市五县援藏医疗队交流及“师带徒”拓展，为提高基层超声业务水平贡献了一份力量。

“强三甲”建设的执行者

曾福安

曾福安，中共党员，医院管理师，医学学士、法律硕士，复旦大学附属肿瘤医院医务部主任助理、质控办负责人，援藏期间任西藏自治区日喀则市人民医院医务科主任。在派出单位主要负责医院医疗质量管理，曾参与上海市三级医院评审标准制定及评审工作，上海市质控专家库成员，熟悉医疗法律法规规章，拥有法律职业资格证。

在抵达日喀则之前，援藏对我来说，只是复旦大学附属肿瘤医院医务部工作的一部分，但自 2023 年 7 月开始，援藏成了我工作的全部。以往作为国家援助项目的援滇工作，我们部门负责选派事宜，这回自己亲身参与援藏，事不历经不知难，感觉很不一样。

给徒弟工作“划重点”

在日喀则市人民医院，我的主要工作是医政管理，重点包括“强三甲”医院建设、国考绩效考核、三甲综合医院复评审等。

2018 年日喀则市人民医院成功升级为三甲医院后，“强三甲”被提上日程。学科发展方面，“五大中心”（创伤中心、胸痛中心、卒中中心、危重孕产妇救治中心、危重新生儿救治中心）建设，注重各中心综合学科的协调发展和配合。医疗人才培养方面，既要“送出去”，将本地医生送到上海等地进修，又

指导外科手术管理

要“请进来”，充分发挥援藏专家的作用，签订“师带徒”协议，每位援藏专家带教 1 ~ 3 个徒弟。

过去一年，我带教了两个徒弟：琼扎西和蔡静。同样是医务工作，不同的是两地信息沟通、接受程度不一样，两地需要加强沟通，增加共识。比如在新的形势下，三甲复评审考核指标、国考指标强调闭环管理和信息数据管理，如危急值管理、数据存储自动统计等。为此，我不仅自己在工作中率先垂范，而且还给徒弟、科室同事及全院医技科室的工作“划重点”。医务工作事无巨细，今天讲了，大家都知道，可实际工作没有碰到过一阵可能又忘了，所以我就跟他们反复地讲，等遇到问题时，大家了然于胸，知道该怎么办，不至于措手不及。

医务培训 15 次

在“国考”方面，医务科须梳理有助于挖掘医院潜力的指标，如复杂手术占比、微创占比、单病种管理、低风险死亡组、并发症等指标，每月底审核上报。同时，依照《西藏自治区三级综合医院评审标准》指导三甲办对指标进行分工，每月召开推进会，对标标准，查漏补缺。

我每周带队巡查两个临床科室，每两周组织一次全院医疗质量培训。目前已培训 15 次，涉及医疗质量及安全、绩效考核等五大主题，累计受众 1100 多人次。我还发现一个细节：PPT 上展示的内容越详细越好，文字版比口头上的述说，能更有效传播。

义诊科普、送药下乡是上海援藏医疗队的传统项目。过去一年，在我和同事的协调组织下，开展院内义诊 5 次，胸痛中心、卒中中心等“五大中心”开展全市义诊 6 次，服务群众 2000 余人次。组织下乡，参加对萨迦、江孜、拉孜、定日、亚东等五县区巡诊，服务群众 200 余人次。

无数人在舍小家为大家

我还发现，日喀则市人民医院接收的病人有自己的特点，医务工作不能完全照抄照搬上海经验。如高原地区心血管疾病占比较高；日喀则作为知名旅游城市、珠峰所在地，车祸等突发创伤病人占比也较高；当地地广人稀，孕产妇转运时间长，危重孕产妇救治尤其需要高效的综合处置等。

2023 年 8 月，日喀则市人民医院收治了一名车祸患者，普外科、胸外科、脑外科、肝胆外科等多学科援藏专家和当地专家相互配合，及时应对救治。经过 20 多天救治，总算把人抢回来了，待患者具备转运条件之后，及时将她送到成都华西医院，病患最终康复出院。

当然，其中也少不了上海大后方的远程支持。据统计，日喀则市人民医院协调临床科室多学科参与的车祸、急危重患者等抢救 26 次，组织院内多学科会诊 52 人次，疑难病例远程会诊 100 余次。

值得一提的是，2023 年接到援藏任务临出发前，妻子体检意外发现怀上了二胎，她说："你放心去援藏，我一个人没问题，能坚持。"都说，援藏是前方一群人，后方一座城。其实就我个人而言，是爱人的辛苦付出和大后方领导和同事的鼎力支持和帮助，才让我全身心地投入援藏工作中。

相信，正是有无数个舍小家为大家的援藏干部专家，才有日喀则市人民医院欣欣向荣的今天和更加美好的明天。

沪藏一家，医影相连

张鹤

张鹤，医学博士，硕士研究生导师，主任医师，复旦大学附属妇产科医院放射科副主任，上海市第九批“组团式”医疗人才援藏队队员，援藏期间任日喀则市人民医院放射科主任。

上海市放射学会青年委员，上海市放射学会 MRI 学组成员，上海市医师协会影像诊断组委员，中国妇幼保健协会放射介入专委会副主任委员。主要致力于妇产科疾病的影像学诊断及输卵管不育症的介入治疗。参编及参译论著数本，发表中英文论著数十篇。

援藏期间，我帮助日喀则市人民医院放射科在该市范围内首次开展了产科核磁共振检查。

日喀则市人民医院是西藏自治区危重孕产妇救治中心，这里的产科每年接诊大量患者。有些患者前期没有完整地做好产检，或者由于个人医疗健康常识方面的不足，胎儿发育异常比例相对较高。孕妇不便接受带电离辐射的CT检查，常规超声检查的图像又不够清晰，因此，核磁共振辅助产科医生明确诊断的作用更加重要。

援藏期间，当地放射科通过这项技术排查出多例畸形以及危重疾病风险。比如一名孕妇经产前超声检查，发现胎儿脑室增宽。再经核磁共振检查，确诊了这是一例无脑儿的先天畸形。另一名发生前置胎盘的孕妇，经核磁共振检查后，进一步确诊为胎盘植入（胎盘种植在子宫肌层内，分娩时不容易剥离，可能会导致非常严重的出血）。

与很多医疗技术一样，产科核磁共振也是一项高度经验性的检查。孕妇宫

张鹤（二排右四）与第九届西藏自治区医学珠峰论坛放射分论坛专家合影

内的胎儿是活动的，放射科医生要在短暂的时间里捕捉到胎儿的稳定图像。以往日喀则还没有开展过这项业务，在整个西藏自治区也只有位于拉萨的西藏自治区人民医院有过部分相关应用。这里的医生需要有经验的人带教。

德吉色珍和达瓦次仁是我的徒弟。在带教他们做训练临床思维和诊断能力的同时，也教授他们科研思路，协助徒弟撰写两篇科研论文，并申请到日喀则市自然基金一项。后来，德吉色珍来我院进修学习三个月，更快地积累了经验，回去后也将产科核磁共振顺利开展下去。

援藏期间，我还随同医疗队赴拉孜、萨迦、定日县中心医院，对当地的疑难病例进行会诊与带教。日喀则市人民医院联合定日县中心医院成立医疗共同体影像中心。基层放射科遇到问题，可以共享影像，远程寻求上级医院专家的帮助。

初到日喀则，我在审读摄片时发现一些奇怪现象，有些十六七岁的患者脑白质已出现斑斑点点的变性，有些中老年人的脑萎缩程度也比其他地方的同龄人更明显。我认为这是高原低氧环境造成的。虽然大多数人身体没有出现症状，也不影响日常生活，但这些脑部结构的变化是普遍的。我查阅文献，发现关于这方面的报告与研究很少。

就高原低氧环境对人脑的影响而言，西藏有着全世界独一份的地理条件。日喀则市拥有近 80 万的常住人口，这是一个不小的样本。如果积累数据，加以整理和定量分析，今后可能会成为一项有价值的研究。

当好援藏医疗队“生活委员”

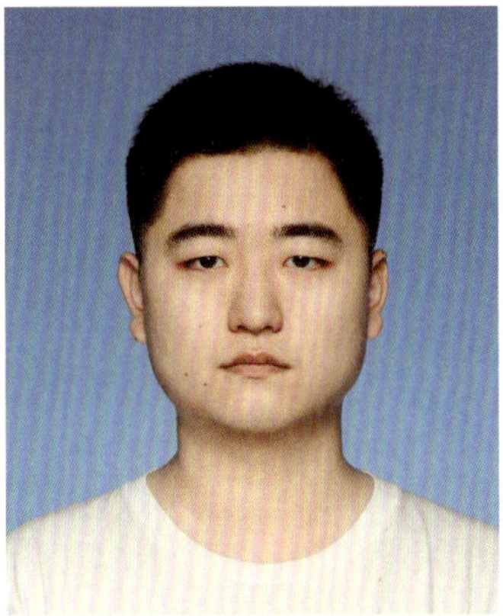

李晨昇

李晨昇，卫管助理研究员，本科，复旦大学附属儿科医院设备管理中心骨干，上海市第九批医疗人才“组团式”援藏医疗队队员，第一届西藏医学会医学工程学分会委员，援藏期间任日喀则市人民医院医学装备科主任。擅长医疗设备全生命周期管理，熟练掌握医疗设备项目预算编制、医疗设备信息化管理等。

三十而立。我抵达西藏日喀则的第一天，正好是我 30 岁生日。

援藏一年，令我最开心的是，日喀则市人民医院医政党支部全票通过并报上级党委同意，将我列为党员发展对象，是日喀则市人民医院发展的第一位上海援藏队员。在向党组织靠拢方面，我迈进了一大步。跨越 5000 公里，从上海来到西藏，我深感荣幸，援藏让我的人生经历更丰富了。

来到日喀则市人民医院以后，我积极参与医疗设备全生命周期管理工作，包含论证、采购、维修、维保、巡视、报废、盘点等，并利用以往经验，协助当地完成专用设备预算编制，做好招标采购流程管理、资料归档等。

2023 年 10 月，我受聘为第一届西藏医学会医学工程学分会委员，实现了本地医学工程学科学术地位极大提升。

在医院组团办的牵头下，我带教科室骨干，并签订了“师带徒”帮带协议。基于信息化系统，我力争提高日喀则市人民医院的医疗设备全生命周期精细化管理水平，手把手教导科室骨干参与到信息化管理当中，推进医疗设备全生命周期精细化管理，加强本地学员的设备管理水平及信息化构建能力，引导当地

李晨昇（右二）组织设备科同事业务学习

通过 PDCA（按计划、执行、检查、处理四个阶段循环不止地进行全面质量管理的程序），不断改进自身工作方式方法，查漏补缺，发挥主观能动性，增强服务意识，进一步加强自身专业能力。

此外，我还每月组织两次科室业务学习培训，带领科室骨干全程参与三甲复评审、迎评工作，培养锻炼他们综合能力。

作为医学装备科主任，我必须紧盯医疗设备全生命周期流程，在设备论证、招标采购、安装验收等关键流程中，抓牢不足之处，积极推进执行进度。我自任职之日起，就严格依照国家考核指标及三甲医院复评审要求，兢兢业业，整体梳理科室工作流程，修订完善部门岗位职责，新增科室欠缺的管理制度。我提出了库房科学化改造及信息化系统推进等方面的发展方向，并就审计提出的“采管分离”要求，提供上海的成功经验，供医学装备科采购职能分离后的制度流程梳理参考。

以信息化管理系统为例，我与信息化系统厂商沟通，安排医学装备科管理人员、设备维修人员以及临床使用科室进行再培训，力求将系统各项功能有效利用，提高信息化管理效率及功能使用率。

日喀则市人民医院现在搭建了 SPD（供给、分拆加工、配送）医用耗材供应链管理系统，为医院建立了二级库，降低了医院耗占比，提高了医院营收，满足了成本核算的细化需求。这些突破性工作都是我到日喀则之后做成的，非常有成就感。

如果将上海“组团式”援藏医疗队比喻成一个班级的话，我就是班里当之无愧的“生活委员”。平日，我除了自己的饮食起居要照顾好，不让上海的家人担心，还要协助领队们完成队伍的后勤保障工作，在医疗队食堂管理、公共维修、宿舍管理、资产管理等方面为医疗队保驾护航，让队员在工作和生活中免除后顾之忧。虽烦琐，但职责所在，义不容辞。

数字赋能，终结医用耗材以领代耗

吴彬

吴彬，中级会计师，注册会计师（非执业会员），本科学历，上海市复旦大学附属眼耳鼻喉科医院财务资产管理部外派科研科财务科员，上海市科委项目财务评审专家库专家，教育部第十八组核查组组员，援藏期间任日喀则市人民医院财务科主任。擅长财务会计核算管理、专项项目经费管理，以第一作者在国内核心期刊发表论文 1 篇，参与上海市科委、上海市卫健委课题 3 项。

我的援藏小故事

我作为第九批“组团式”援藏医疗队队员，在前期上海援藏团队帮扶基础上，利用数字赋能持续提升当地医院财务管理水平，将上海先进的医院财务管理经验带到日喀则。现在，日喀则市人民医院已成为西藏自治区少数采用信息化手段进行成本核算的医院之一。所在财务科获评日喀则市人民医院年度先进科室。

我也积极尝试改变医院医用耗材以领代耗的状况。以领代耗，就是把领用当作耗用，直接计入成本。受援医院的药品和医用耗材品种繁多，加之存放非常分散，药房、门诊、急诊、手术室等都可能用到，管理起来本就烦琐和困难。而且，粗放地领用会导致管理存在偏差，绩效考核无法做到精确，进而拖累整个医院的运行效率。

在上海援藏医疗队的推动下，日喀则市人民医院开始逐步采用SPD系统管理物资。怎样让一条绷带、一瓶药剂在SPD链条中的流动清晰可追溯？那就借鉴上海的做法，为每种物资打上电子标签，一份耗材去了哪儿、创造了多少价值，在信息系统中一目了然。

医院在现有科室成本核算的基础上，深度挖掘成本构成，构建科室变动成本及固定成本，用以核算出每个科室的边际贡献，借助财务管理的手段积极探索科室的保本工作量，提示未来通过门诊住院工作量的增加，以达到提升医院

财务管理业务讲座

潜在收支结余的效果。

这样做，让医院内的“数学题”变得更加简单、明了、可计算。通过采取一系列的成本控制方法，医院 2024 年的成本费用较 2023 年同期明显下降，卫生耗材占比达到年初预期，维持在 25% 左右。收入也随着新项目的开展、收费标准的更新以及医保患者入组结算的规范化与合理化而得到稳步提升。

信息化体系的建设将为未来的改革打下坚实的基础。今后的改革方向，一是按疾病诊断分类分组付费，由医生判断病情相似、资源耗用相近的病例划分在同一组内；二是基于已有的历史病例大数据，推导和匹配不同的支付方式。无论是哪一种，都需要基于大数据编码分组，这就需要医院把现有病案梳理成符合大数据可用的“标准件”。

当然，构建完善的信息化体系绝非一蹴而就。我们将紧抓数字化智能化机遇，紧密结合地区发展实际，充分发挥上海的专长与优势，使当地百姓在信息化建设中感受到更多获得感、幸福感和安全感。

为将来计，我也积极参与日喀则市人民医院“师带徒”工作，制订财务人员培养计划，开展“一对一”培养学习模式。

援藏期间，我还积极投入当地医院文件资料的整理核算工作中。在医院三甲复评审中，作为医院内部行政二组组长之一，多次对行政管理科室进行大量的资料复核和业务督导。

这是我首次来到遥远的西藏，离家之久、离家之远都是前所未有的体验，但我深知，这是作为上海援藏团队的一员所必须经历的考验。每一个援藏人都有着一种特殊的精神，那就是对这片土地的热爱和对工作的执着。正是这种精神，让我坚信，唯有不懈努力，才能不负韶华。

雪域仁心，传承“瑞金血液”援藏接力棒

卿恺

卿恺，中共党员，医学博士，上海交通大学医学院附属瑞金医院血液内科主治医师。上海市第九批“组团式”援藏医疗队队员，2023 年 7 月至 2024 年 7 月担任西藏自治区日喀则市人民医院血液科主任。曾参加上海市第六批、瑞金医院第四批整建制援鄂医疗队。从事血液病临床工作 10 余年，目前主持国家自然科学基金、西藏自治区自然科学基金、日喀则市自然科学基金、上海理工大学“医工交叉”基金项目多项并担任上海理工大学联合培养硕士研究生导师。参与科技部国家重点研发项目及多项国内外多中心临床研究，以第一作者及通讯作者发表 SCI 及核心期刊论文 10 余篇。

一、传承：跨越山海的生命接力

清晨，我站在日喀则市人民医院血液科的窗前，望着远处连绵的雪山，胸前的哈达在高原风中轻轻飘动。这是我在西藏的第 372 天，明天我将离开工作奋斗了一年的日喀则与上海的家人们团聚。

从 2015 年瑞金医院血液科高晓东主任在平均海拔超过 3800 米的高原上打下第一根桩基，到 2017 年陈赛娟院士工作站挂牌成立，再到 2021 年西藏首个独立血液病专科在此诞生，我们瑞金血液人的足迹早已融入这片土地的血脉。当我接过前辈们的接力棒时，科室墙上“沪藏同心”的锦旗无声诉说着跨越 4000 公里的医者承诺。

此刻，我的患者 65 岁的藏族老人平措（化名）正躺在病床上，他刚刚结束红细胞单采术的治疗，紫绀的面颊逐渐泛起血色。“医生，我的头不疼了，也能看清卓玛（女儿）的笑容了。”他粗糙的手掌紧握着我，掌心的温度让我

卿恺（左二）援藏期间常规教学查房

想起当初收治他时的场景——血红蛋白 268g/L，红细胞压积高达 75%，随时可能因血栓等并发症夺去生命。而如今，通过我们持续改良的治疗性红细胞单采技术，他的血液指标已趋于正常。

在上海援藏专家指导下，日喀则市人民医院血液科于全球高原地区首次引入血细胞单采仪，开拓性地运用红细胞单采术治疗高原红细胞增多症，至今已有 8 年。目前累计开展红细胞单采术超过 1300 例次，获得很好的疗效。每当看到患者好转出院露出满意的笑容时，我都深刻体会到：医疗援藏不是单方面的给予，而是两个民族用生命守护生命的双向奔赴。

二、突围：在云端构筑数据长城

但高原医学的探索远比想象中艰难，红细胞单采术在日喀则取得成功，但远期效果还有待继续观察。因此，随访复诊工作就很重要。西藏地广人稀，交通不便，牧民来一趟医院很不容易。不少病人接受一次治疗后，感觉身体舒服了，后续就不再前来复查，随访工作很难开展。在前几批援藏医生工作基础上，我和普布旺堆主任反复探讨沟通，决定将每个出院病人拉进微信群，群里还有当地血液科团队的其他成员。这样借助微信群开展工作，使病人出院而不断线。团队成员专人对接患者的需求，创造便利条件保证患者持续接受随访。

打通随访环节，有利于积累高原红细胞增多症患者的大量长期数据。在我们的共同努力下，日喀则市人民医院血液科已建立了国内外最大的高原红细胞增多症患者数据库，团队也成功获批西藏自治区自然科学基金及日喀则市自然科学基金各一项。此外，2024 年我们通过数据库总结了高原红细胞增多症患者的疗效情况，发表了一篇高水平 SCI 文章（JCR 1 区）。

三、播种：让科普之光照亮雪域

“安吉拉（藏语：医生），我家娃娃能看懂这些漫画！”牧民扎西（化名）指着《血液的故事》，眼里闪着惊喜的光。

援藏期间，我发现当地百姓对血液病知之甚少，一些妇女儿童即便出现一些头晕无力症状，也认为是高原反应的正常现象。在日常的诊疗工作中，发现有的儿童七八岁了，身高仅 1 米，妇女贫血现象也十分普遍，血红蛋白浓度仅为 50 ~ 60 克 / 升，连正常水平的一半都没有达到。孕妇贫血，胎儿存活率就低，孩子容易得房间隔缺损、动脉导管未闭等先天性心脏病。

于是，我和普布旺堆主任以及同样是瑞金医院血液科的第四批援藏干部郑宇医师讨论，决定将平时在工作中遇到的一些真实的病例改编成 10 个小故事，以漫画的形式并配以汉藏双语，以便让藏族孩子也能够轻松地阅读。通过这些故事，孩子和家长们可以大致了解到这些常见病症的原因、症状和预防方法，提升自我保护能力。

2024 年 9 月，在我们的共同努力下，西藏首个藏汉对照科普读物《血液的故事》由西藏人民出版社出版。中国工程院院士、瑞金医院终身教授陈赛娟为该书作序，她希望将血液疾病的知识带给广大藏族同胞，希望医学这颗种子能在藏族同胞的心中生根发芽。

四、结束，也是新的开始

离藏那天，雪山披着晨光为我送行，胸前的哈达还留着酥油茶的暖香，回望科室里那面挂满锦旗的墙，不禁感慨：援藏并不是一年年时光的刻度，而是将医学化作格桑花种，撒在离天最近的地方。结束，也是新的开始！

援藏路上的生命守护

楚胜华

楚胜华，医学博士，研究生导师，上海交通大学医学院附属第九人民医院神经外科主任医师。上海市第九批医疗人才“组团式”援藏医疗队队员，2023 年 7 月至 2024 年 7 月担任日喀则市人民医院神经外科主任。专业特长：对神经外科的常见病和多发病有比较丰富的治疗经验，擅长重型颅脑损伤和急性脑血管病的综合救治。2011 年作为访问学者在美国哈佛大学麻省总医院学习一年。科技部科技和上海市科委专家库专家，教育部学位中心学位论文评审专家，上海市医学会神经外科学会青年委员，上海市医学会神经外科分会脑血管病专业组和脊髓脊椎专业组委员。承担国家自然科学基金、上海市科委等项目多项。援藏期间主持自治区级和日喀则市级科研项目 2 项，发表研究论文 70 多篇，其中 SCI 论著 20 多篇。入选上海市高校优秀青年教师培养计划、上海交通大学医学院优秀青年教师及新百人计划等。

2023 年 8 月 4 日，对于我而言，是一个意义非凡的日子。这一天是我在日喀则市人民医院神经外科正式上班的第一天。高原的阳光炽热而明亮，带着对这片土地的责任与使命，我满怀热忱地投入新的工作环境中。

然而，还没等我完全熟悉科室的每一处角落，急促的电话铃声骤然响起，打破了医院短暂的平静。原来，一起突发的交通事故让多名伤者被紧急送往医院，其中有几位患者是脑外伤多发伤，情况万分危急。我没有丝毫犹豫，立刻跟随医护团队冲向急诊室。

在急诊室里，紧张的气氛如一张无形的大网，笼罩着每一个人。伤者痛苦的呻吟声、仪器的嘀嗒声和医护人员急促的脚步声交织在一起。我迅速查看患者的伤势，有条不紊地指挥着抢救工作。我一边详细询问患者受伤的经过和现场情况，一边仔细检查患者的生命体征，不放过任何一个可能影响患者生命的细节。在我的带领下，整个抢救团队紧密配合，争分夺秒地与死神展开赛跑。

经过数小时的艰苦奋战，患者们的生命体征终于逐渐趋于稳定。我却并没有放松警惕，我深知，脑外伤多发伤的患者在后续的治疗过程中仍然面临着诸多挑战，稍有不慎，就可能出现严重的并发症。于是，我密切关注着每一位患者的病情变化，耐心地向患者家属解释病情和治疗方案，安抚他们的焦虑情绪。确认患者病情稳定后，我才拖着疲惫的身体离开医院。

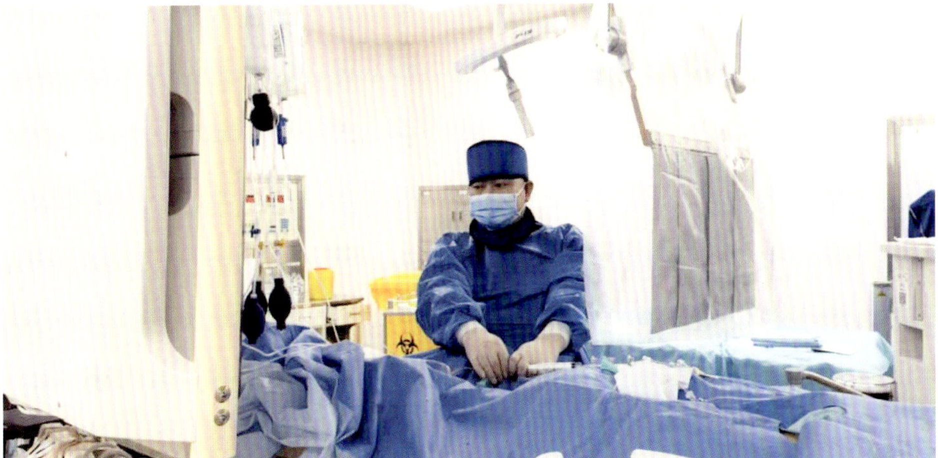

指导当地医生开展新项目——大脑中动脉支架辅助弹簧圈栓塞术

第二天，也就是8月5日，周六，我还没来得及好好休息，又迎来了一场更为严峻的挑战。一位患者被诊断为急性右侧大脑中分叉处宽颈动脉瘤破裂出血。这种病极为凶险，死亡率和致残率极高，如果不及时进行手术治疗，患者的生命将危在旦夕。但是，该手术难度极大，对医生的技术水平和医院的设备条件都有着极高的要求。在日喀则市人民医院以往较少开展此类手术，面对这样的情况，患者家属忧心忡忡，甚至一度对手术治疗失去信心。

我深知这台手术的难度和风险，但我更清楚，如果不进行手术，患者将毫无生机。我决定迎难而上，凭借自己扎实的专业知识和丰富的手术经验为患者争取一线生机。我迅速组织科室专家进行会诊，详细讨论手术方案。在充分评估患者的病情和手术风险后，我向患者家属耐心地解释了手术的必要性和可行性，以及可能出现的风险和应对措施。经过一番深入的沟通，患者家属终于解除了心中的顾虑，同意进行手术。

手术开始了，我和团队成员全神贯注地操作着。在数字减影血管造影（DSA）设备的引导下，微导管沿着血管小心翼翼地前行，每推进一毫都需要精准的判断和稳定的操作。动脉瘤位置刁钻，周围血管错综复杂，稍有不慎就可能导致二次出血，前功尽弃。然而，我凭借着多年的临床经验和积累的应对复杂病情的能力，一步步克服困难，成功将微弹簧圈送入动脉瘤腔内，逐步填充、栓塞，直至动脉瘤完全被隔绝。术中每一个细微的变化都逃不过我的眼睛，我及时调整手术策略，确保手术顺利进行。

经过长达数小时的努力，手术终于取得了圆满成功。当我走出手术室的那一刻，我的脸上露出了欣慰的笑容。患者家属激动地握住我的手，眼中满是感激的泪水。这一刻，我深刻地感受到了作为一名援藏医生的责任与使命，也更加坚定了我为西藏医疗事业贡献力量的决心。

在援藏的这段日子里，我始终坚守在自己的岗位上，用自己的实际行动诠释着医者仁心的崇高精神。我不仅给当地患者带来了先进的医疗技术和治疗理念，还通过开展培训、教学、“师带徒”等，培养了一批优秀的当地医疗人才，为提升日喀则市人民医院神经外科的整体医疗水平做出了积极的贡献。我的故事，就像高原上的格桑花，在这片广袤的土地上绽放，激励着更多的人为西藏医疗事业的发展而努力奋斗。

用内镜照亮雪域患儿的希望

翁昊

翁昊，上海交通大学医学院附属新华医院普外科副主任医师，医学博士，第九批上海援藏医疗队优秀援藏干部，援藏期间任日喀则市人民医院普外科副主任。中国外科内镜青年医师俱乐部成员。长期致力于消化道恶性肿瘤的微创治疗及胆胰疾病的内镜诊疗，熟练掌握腹腔镜、胆道镜及逆行性胰胆管造影（ERCP）技术。擅长胆系复杂结石及消化道重建术后的 ERCP 内镜治疗和消化系统肿瘤的腹腔镜手术。获全国青年 ERCP 大赛上海赛区冠军。发表 SCI 及核心期刊 10 余篇，参编著作 1 部，主持国家自然科学基金项目 1 项、省部级和局级研究课题各 1 项，参与多项国家级及上海市科委课题项目。

紧急接诊：4 岁女孩的生死时刻

那是一个寒冷的清晨，普外科接到儿科急会诊请求。一名 4 岁的藏族女孩次仁（化名）因剧烈腹痛、呕吐和全身黄染被紧急送医。检查结果显示，她的总胆红素高达 88 μ mol/L，是正常值的 5 倍以上，磁共振提示胆总管下段结石，近端胆管严重扩张。结石堵塞导致急性胆管炎，肝功能急剧恶化，孩子疼得蜷缩在病床上，额头渗出豆大的汗珠。

面对如此年幼的患者，传统开腹手术风险极高，患儿年龄太小无法耐受腹腔镜，术后还需长期留置引流管，家属的担忧写在脸上。那一刻，我脑海中闪过一个念头：能否用 ERCP（经内镜下逆行胰胆管造影术）微创取石？

抉择时刻：挑战西藏首例小儿 ERCP

ERCP 被称为“消化内镜皇冠上的明珠”，操作难度极大，尤其对低龄患儿。西藏此前从未有过 4 岁患儿成功实施 ERCP 的案例。更棘手的是，医院没有小儿专用的十二指肠镜，只能尝试成人器械。患儿的十二指肠乳头尚未发育成熟，

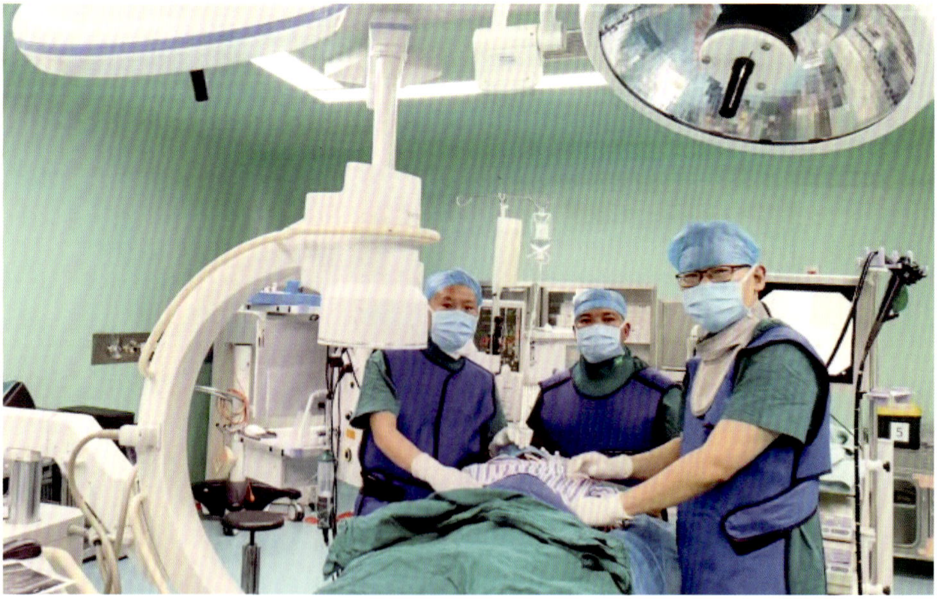

翁昊（右一）完成西藏自治区最小年龄（4 岁）纪录患儿 ERCP 取石术

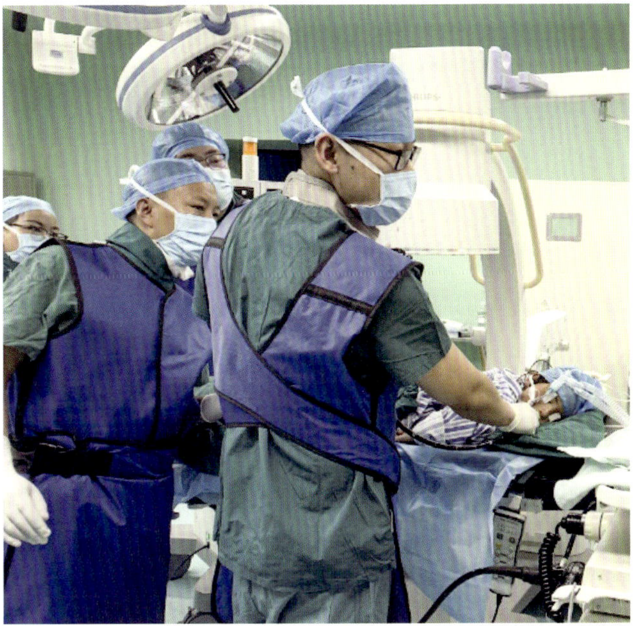

手术操作演示

麻醉风险高，术中还需在普通手术室借助C臂机完成胆道造影……每一步都如履薄冰。

“翁主任，真的能行吗？”同事的询问让我陷入沉默。但看着次仁苍白的脸色，我深吸一口气：“试试吧！孩子等不起了。”

20分钟的手术，一生的托付

12月15日，手术室气氛凝重。我和助手阿旺索朗医生紧盯着屏幕，将十二指肠镜缓缓送入患儿体内。镜子每前进1厘米，我的心就悬高一寸——幼儿的肠道脆弱狭窄，稍有不慎就可能穿孔。终于，镜头抵达十二指肠乳头，造影显示一颗黄豆大的结石死死卡在胆总管末端。

“网篮准备！”我屏住呼吸，操纵导管穿过乳头，展开网篮套住结石。时间仿佛静止，直到屏幕上那颗黑影被稳稳拖出胆管，大家才长舒一口气。仅用20分钟，我们完成了插管、切开、取石和放置鼻胆管的全流程。术后次日，次仁的黄疸消退，腹痛消失，肝功能逐渐恢复。出院那天，她的父母紧紧握住我的手，泪水在眼眶里打转："突及其（藏语：谢谢）！您救了我们的孩子。"

技术背后：先天畸形的隐患与长期守护

后来检查发现，次仁的病因是"胰胆管会合异常"——一种先天畸形导致胆汁和胰液反流，若不及时干预，可能引发反复感染甚至癌变。这次 ERCP 不仅取出了结石，还通过乳头肌切开缩短了共同通道，为她的未来争取了更多可能。但我也深知，这孩子仍需长期随访，未来的路还很长。

援藏使命：从"输血"到"造血"

在日喀则的每一天我都在思考：如何让先进技术在这里扎根？5 年前上海援藏专家赵铭宁主任首次将 ERCP 引入当地；如今，我和团队已将手术量提升至每月 5 例以上，并带教阿旺索朗、丁伟两位本地医生掌握操作要点。每次手术，我一边示范一边讲解："插管角度要精准，动作必须轻柔……"看到他们从生疏到熟练，我备感欣慰。

感悟：在高原，医者的心更贴近生命

援藏一年，我经历了太多"第一次"：第一次在缺氧环境下连续手术 4 小时，第一次完成高难度腹腔镜胰十二指肠手术，第一次被患者家属献上哈达……藏族同胞的信任和坚韧，让我对"医者仁心"有了更深的理解。

高原的星空格外明亮，正如医疗援藏的意义——我们带来的不仅是技术，更是希望。每当想起次仁康复后红扑扑的笑脸，我就坚信，每一份努力都在为这片土地播下健康的种子。或许有一天，当本地医生能独立开展 ERCP 时，我就可以无愧地说：这片雪域高原的生命之光，永远不会熄灭。

仁济泌尿科，情系日喀则

刘炜

刘炜，医学博士，上海交通大学医学院附属仁济医院泌尿科副主任医师，援藏期间任西藏自治区日喀则市人民医院泌尿外科主任（副主任）。擅长男性前列腺疾病、性功能障碍、男性不育及男性生殖系统肿瘤的诊治，熟练掌握男性显微外科手术、男性生殖器整形手术以及男性生殖系统肿瘤的外科治疗。任中国医师学会男科分会性功能障碍学组委员、中华医学会男科分会性功能障碍学组青年委员。第一作者或者通讯作者发表论文 20 余篇，其中 SCI 收录 5 篇。主持完成上海市局级课题 1 项，参与国自然科学基金项目 3 项。

传帮带，助力日喀则市人民医院常规开展男科显微手术

初到日喀则，我发现这里的病人与上海不同。由于交通条件、保健意识等因素影响，很多人身体微恙不会选择及时就医。等到病情发展、症状强烈了才前来寻医问药。为此，我带领团队走出诊室，大量开展义诊活动，这是宣传基层科室的常用办法。专门挑选世界男性健康日、“父亲节”这样的日子开展义诊，在村里的党群服务中心和烈日炎炎的广场上，为群众解答问题的同时，普及早预防早诊治的常识。大量的义诊宣传取得了显著效果，泌尿科门诊量、手术量均有大幅增长，科室建立起了影响力和口碑。不过，又碰到了新问题。当地病人普遍对手术治疗怀有畏惧情绪，这妨碍了他们就医的积极性和治疗效果。

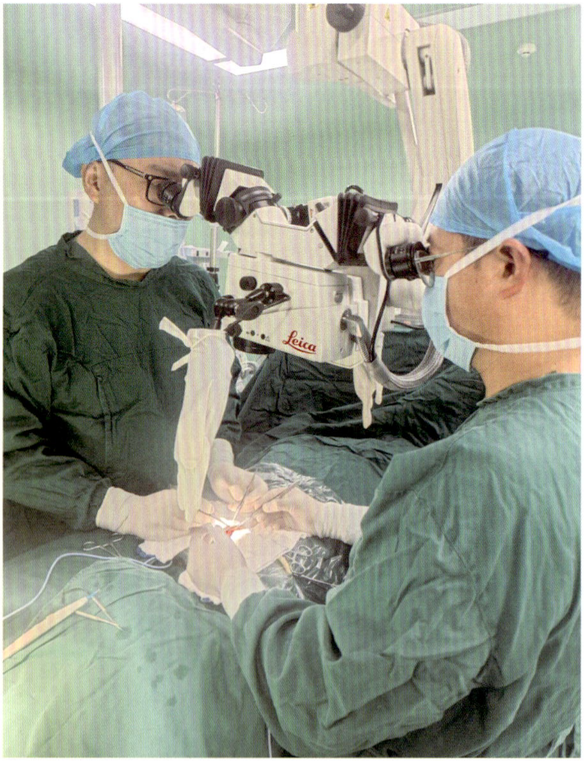

刘炜（左一）指导当地医生开展日喀则首例显微镜下精索静脉曲张手术

在这样的背景下，我觉得可以尝试引进显微外科手术。

由于地区差异，日喀则市人民医院泌尿外科收治病人以泌尿系结石及男科疾病为主。常见的男科疾病，如精索静脉曲张等可以导致男性不育，严重影响了当地人民群众的生活质量。既往此类病人往往需要进行开放手术，手术时间长创伤大，术后的并发症及复发率也居高不下。目前国际以及国内医疗先进地区均已开展了显微镜下的精索静脉结扎手术。我和郭建兵医师通过“师带徒”项目，充分发挥传帮带作用，首次在日喀则市完成该项手术。微创治疗要求医生具备丰富的经验和细腻的手感，日喀则市人民医院泌尿科还未曾开展过此类手术。泌尿科的郭建兵医生毕业于四川大学华西临床医学院，他跟随我学习显微镜下的外科手术。能够学到前沿和新鲜的技术，郭建兵很高兴。如今，他已能够独立开展此项手术，该技术也成为日喀则市人民医院泌尿科的一项常规手术。

沪藏连线，成功就治外伤后尿道狭窄患者

32 岁的扎西（化名）因为一次外伤事故导致骨盆骨折、尿道断裂，膀胱

召开西藏自治区性学会筹备委员会第一次会议

造瘘后一直无法拔除造瘘管，患者的生活受到极大的影响，工作及家庭都岌岌可危。我知道情况后，立刻接手了患者的后续治疗。通过顺行及逆行造影，首先明确了尿道狭窄的部位及严重程度，并且通过尿道镜检查明确了狭窄长度及疤痕情况，由于患者病情较严重，外伤后时间较短，仍未达到最佳手术时间，此外当地也没有开展类似尿道重建手术的软硬件条件，因此在和病人及家属商量后，该患者选择在 1 月飞赴上海，我在返沪休假期间在上海为病人完成了尿道重建手术，术后患者顺利拔除了膀胱造瘘管。当患者拔除造瘘管后第一次排尿时，看到尿线连绵不断，患者露出了开心的笑容。

区域合作，西藏自治区性学会落地日喀则市人民医院

为了更好地改善日喀则医疗水平，我邀请了中国性学会戴玉田会长来到日喀则参加了“珠峰泌尿论坛”，并给大家带来了最新的男科学知识。在戴玉田会长的支持下，西藏自治区性学会筹备委员会第一次会议在日喀则市人民医院召开，七地市除阿里地区由于路途遥远未有医生参加外，其他六地市包括泌尿外科、妇产科、中医科等 10 余位当地医生共同参会。会议推选了日喀则市人民医院泌尿外科拉巴平措主任为第一届西藏性学会主任委员。这很好地扩大了日喀则市人民医院泌尿外科的学科影响力。

仁济医院泌尿外科是日喀则市人民医院“以院包科”的援建医院。在沪藏两地多年共同努力下，当地泌尿外科发展稳步前进。这种接力传承，是上海医疗援藏的承诺，也见证了“仁济泌尿”的沪藏情缘。2023 年至 2024 年在我援藏期间，日喀则市人民医院泌尿科成功获评日喀则市泌尿科质量控制中心。我相信在上海援藏医疗队和派出单位的大力支持下，本地医生会有很好的条件加速成长。

生命之光，照亮雪域高原

倪童天

倪童天，医学博士，硕士生导师，上海交通大学医学院附属瑞金医院急诊科副主任医师，援藏期间任日喀则市人民医院急诊科主任。擅长重症急性胰腺炎、脓毒症等急危重病的治疗。担任上海市医学会创伤专科分会青年委员，美国心脏协会（AHA）心血管急救课程（BLS & ACLS）导师。以第一作者或通讯作者发表学术论文 15 篇（其中 SCI 收录论文 11 篇，国内权威核心期刊 4 篇）。主持省部级课题 2 项，局级课题 2 项，参编临床医学著作 2 部。

每当夜幕降临，日喀则市人民医院急诊科的灯光总是格外明亮。这盏灯，不仅照亮了患者的生命之路，也照亮了我作为一名医者的初心。如今，坐在瑞金医院 EICU 的办公室里，透过窗户，东方明珠巍然矗立，璀璨的灯光映照着繁华的都市夜景。然而，这一刻，我的思绪却不由自主地飘向了遥远的日喀则。那里没有摩天大楼，只有连绵的雪山；没有霓虹闪烁，却有最质朴的笑容。我想起了在高原上抢救过的每一位患者，想起了那些与死神赛跑的日夜，想起了藏族同胞充满感激的眼神。这段援藏经历，如同一盏永不熄灭的灯，照亮了我医者生涯中最珍贵的记忆。

初到高原：挑战与使命

回想起在日喀则市人民医院急诊科第一天正式上班的场景，当第一缕阳光照在交班室的白色墙上，我站在窗前，望着远处的山脉，心中既有忐忑，也有坚定。作为一名来自上海的急诊科医生，这片土地以其独特的魅力吸引着我。在这里，我不仅是一名医生，更是一名管理者。

抵达日喀则的第一个月，我就接诊了一位来此旅行的游客。当他被同伴紧急送至医院时，情况已经十分危急：神志不清，面色青紫，呼吸急促得仿佛下一秒就要窒息，血氧饱和度仅剩 50%，生命体征极其不稳定。进一步的检查结果更是令人揪心——他的肺、心、肾功能均受到严重损害。这是我第一次直面如此严重的高原肺水肿病例。

我迅速带领科室成员启动应急预案。高流量氧疗设备迅速到位，其他对症支持治疗也同步展开。抢救室里，监护仪的嘀嗒声与医护人员的脚步声交织在一起，仿佛在为生命奏响一曲紧张的乐章。经过数小时的不懈努力，患者的意识逐渐恢复，血氧饱和度也开始回升。后续我又启动了高压氧治疗，为他的康复争取更多可能。这位患者的病情不仅让我对高原肺水肿有了更深刻的认识，也让我更加坚定了在这片土地上守护生命的决心。

与死神赛跑：亚专科建设与技术创新

在高原，每一次抢救都是与死神的赛跑。除了高原肺水肿，我还成立了创伤、中毒、脓毒症等多个亚专科小组，建立了西藏首个脓毒症临床风险管理系

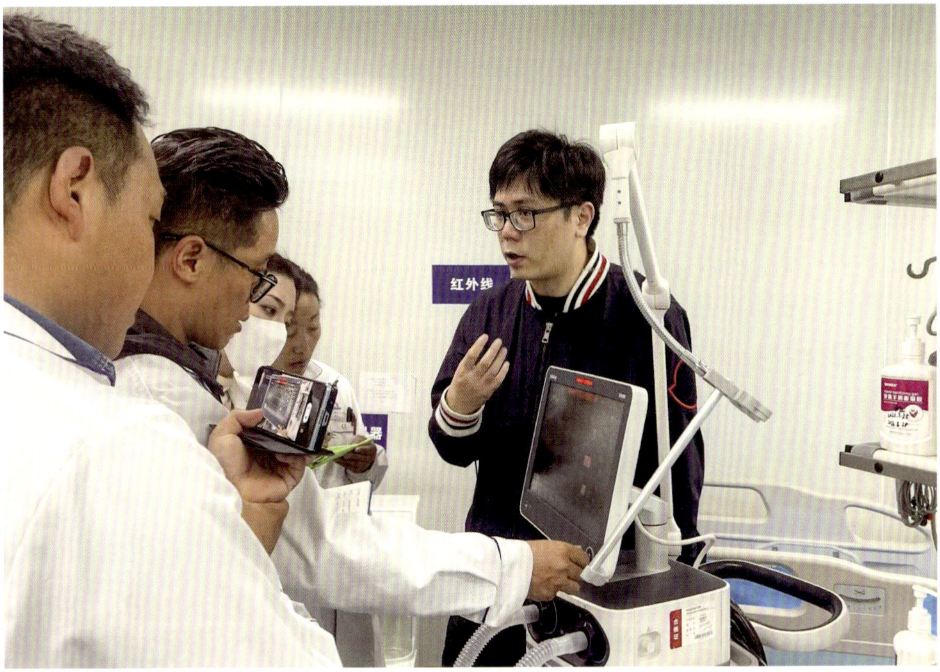

倪童天（右一）下沉萨迦县中心医院为急诊与重症的医师进行教学

统和床旁血液净化技术小组。记得有一次，一位野生蜂蜜中毒的患者被紧急送来，心跳几乎停止，情况万分危急。我组织团队立即采取急救措施，床旁血液净化团队迅速就位。团队成员各司其职，置管、预冲、上机，每一个步骤都精准到位。经过 4 小时的不懈努力，患者的生命体征终于趋于平稳，成功避免了病情的进一步恶化。

看着团队成员熟练地操作设备，我的内心充满欣慰。这支由本地医护人员组成的血液净化团队正是我倾注心血培养的成果。如今，日喀则市人民医院急诊科已经成为自治区内唯一能够独立完成床旁血液净化的急诊科，这是我们共同的骄傲。当看到患者家属感激的目光时，我深深体会到，医疗援藏不仅是技术的传授，更是生命的接力。

灾难救援：国家灾难生命支持培训中心

2024 年 5 月，我协助医院成立了西藏自治区唯一的国家灾难生命支持培训中心。26名医护人员获得相关资质。这支“带不走”的队伍，成为守护高原百姓生命的中坚力量，并在2025年1月的日喀则抗震救援中起到了重要作用。在灾难面前，他们用专业和勇气守护了无数生命，用实际行动诠释了医者的责任与担当。

科研探索：高原特色疾病研究

科研创新是推动学科发展的重要引擎。我成功申请到2项省部级课题，建立了高原特色疾病数据库，开展了多项临床研究，更让我欣慰的是指导本地专家发表了首篇SCI论文，这是零的突破，更是新的起点。同时，联合科室骨干，在核心期刊上发表了4篇科普文章；在院方协助下，制作了4个科普视频，通过媒体在日喀则市内进行播放。这些科普工作，不仅提高了藏族同胞的健康意识，也为他们提供了科学的健康指导。

管理改革：提升医疗质量与效率

在管理方面，我推行绩效改革，建立质控体系，完善应急预案。选派医护人员赴上海进修学习，利用医学教学软件提升全员素质。这些举措，让急诊科的运行更加规范高效。每一次改革，都是为了更好地服务患者。

深入基层：健康宣教与义诊

为了更好地服务藏族同胞，我积极深入山区开展健康宣教和义诊活动，讲解基本急救知识。每到一处，都能感受到藏族同胞对医疗的渴望。我克服语言障碍，用图画和手势讲解疾病知识；翻山越岭，把药品送到最偏远的地区。

感悟：医者仁心，守护生命

援藏的经历让我对生命有了更深的理解。在这片离天最近的土地上，救护每一个生命都值得全力以赴。我用专业守护健康，用爱心传递温暖，用实际行动诠释“追求卓越、勇攀高峰”的职业精神。望着窗外璀璨的星空，我知道，这片雪域高原上的生命之光将永远闪耀。而我，将继续在这条守护生命的道路上坚定前行，用医者仁心谱写新时代的援藏赞歌。

主攻儿童血液病，辅助病案管理

王卓

王卓，上海交通大学医学院附属上海儿童医学中心血液科副主任兼日间诊疗中心主任，主治医师，博士，援藏期间任日喀则市人民医院病案统计室主任。擅长儿童血液肿瘤及良性血液病的诊治。发表SCI及核心期刊论文多篇，主持参与多项国家级、省级课题，承担日喀则市自然科学基金课题一项。

我的援藏小故事

我是来自上海交通大学医学院附属上海儿童医学中心的王卓医生，跨越千山万水，在雪域高原的日喀则，将先进的医疗管理理念和技术带到了这片神圣的土地上。作为上海市医疗援藏队伍中的一员，我不仅在日喀则市人民医院的病案统计室播撒下知识的种子，更在儿科临床一线和脊柱侧弯患儿的康复之路上，留下了温暖而坚定的足迹。

病案管理：筑基提质，引领变革

此次援藏的本职工作并不是我的专业儿科临床工作，而是日喀则市人民医院病案统计室。自踏入日喀则市人民医院的那一刻起，我便深知病案管理对于提升医疗服务质量和效率的重要性。“一开始，自己算半个外行半个内行，所以积极与上海儿童医学中心病案室保持密切联系，学习借鉴先进的病案管理经验。同时，在科室内部，组织在线学习课件，并邀请外地专家授课。面对当地病案管理工作的薄弱现状，我迅速行动起来，不仅优化了病案室的日常管理流程，还代表医院参加了2023年西藏自治区病案管理工作会议，并在会上做了题为“以国考为导向的日喀则市人民医院病案管理质控经验分享”的专题讲座。在我的推动下，2023年日喀则市病案管理质控中心会议成功举办，为全市病案管理的标准化、规范化建设树立了标杆。随后，我又成功策划并主持了2024

在日喀则市人民医院儿科门诊接诊患儿

年西藏自治区医学珠峰论坛医务管理分论坛，进一步扩大了影响，促进了区内外的交流与合作。

我深知，理论必须与实践相结合才能产生实效。于是，援藏期间我频繁奔波于日喀则各区县医院之间，深入调研指导病案管理质控工作，从终末病史质控到诊断和手术编码的规范，每一个细节都不放过，为将来开展培训和考核提供方向。同时，还启动了“师带徒”项目，耐心指导当地年轻的病案工作人员，通过每月两次的业务学习，不断提升日喀则市人民医院的病案管理水平。

儿科临床：守护童真，医者大爱

除了在病案管理领域的深耕细作，我还积极投身于儿科临床工作，用一双温暖的手，为高原上的孩子们送去健康与希望。每周一次的儿科门诊，我总是提前到岗，细致询问病史，耐心解答家长疑问，用精湛的医术和温柔的态度赢得了患儿及家长的信赖。此外，我还坚持每月一次为儿科医护人员授课，分享最新的儿科诊疗技术和理念，为提升当地儿科医疗水平贡献自己的力量。

脊柱侧弯帮扶：爱的桥梁，康复之路

2023 年 7 月，上海交通大学医学院党委书记江帆在日喀则义诊期间接诊了一位因脊柱侧弯而饱受痛苦的孩子。我来到日喀则后接了帮扶的接力棒，面对这位亟须帮助的小天使，我毫不犹豫地伸出了援手。我不仅积极协调，确保孩子能够顺利前往上海儿童医学中心骨科接受手术治疗，并与骨科医生一起为他制订了详细的术后康复和学习计划。回到西藏后，我更是与上海的医疗团队保持密切联系，通过远程会诊的方式，为孩子的未来一年治疗康复计划提供指导，确保他们能够在康复之路上稳步前行。

援藏经历是我人生中的宝贵财富。儿科门诊中，接触到比平原地区更多见的良性血液疾病，如营养性贫血、免疫性血小板减少等，我撰写了一些科普文章。上海儿童医学中心的宗旨是“一切为了孩子”，即使援藏结束，我们中心也一定会与西藏、日喀则保持紧密联系，助力日喀则市人民医院医疗水平提升，造福更多当地儿童。

情系桑珠孜

罗鹏波

罗鹏波，医学博士，上海交通大学医学院附属第六人民医院骨科副主任医师，上海市第九批医疗人才“组团式”援藏工作队队员。援藏期间任日喀则市人民医院骨科主任、西藏自治区急诊创伤临床研究中心主任。擅长断指断肢再植、拇指再造；髋关节疾病的保髋治疗（如股骨头坏死、股骨颈骨折不连接等）；周围神经损伤治疗；四肢骨折及软组织缺损修复。发表 SCI 及核心期刊收录论文 10 余篇，主持完成中国博士后基金面上项目 1 项。

如雪般洁白的哈达、迎风飞舞的五色经幡、飞上双颊的古铜色彩、挤过雪山垭口的凛冽寒风，伴随着才旦卓玛老师“高原春光无限好，叫我怎能不歌唱……”和“雪山、青草、美丽的喇嘛庙……”的激昂歌声，是神圣的雪域高原印在中学时代的我脑海中最初的想象。

2023 年 7 月 25 日下午，当走出拉萨机场，双脚贴着高原土地，自少年起对青藏高原的无限向往如梦成真。呼吸着稀薄的空气，用 300 多个日夜领略日喀则的四季风光和风土人情，我推测摇滚歌星郑钧当年写下《回到拉萨》这首歌时，肯定还未到过西藏——因为大多数的时间里，茂盛的青草对于这片土地而言，是一种奢望。

短暂的休整过后，兄弟们便克服缺氧带来的各种不适投入各自的临床工作。

初冬的一个寒夜，从县里转来一个在牧场被机械轧伤的阿妈——开放性踝关节骨折伴骨软组织缺损。由于距离市中心遥远，待送到医院急诊时，距离受

罗鹏波（左二）上门进行术后随访

伤时间已经过了 8 小时，超过了初步治疗的黄金时间。在急诊室见到这位满脸痛苦面容的纯朴阿妈和那满是泥土的创口时，不免揪心。经过初步清创术的数日后，骨折处还是难以避免地出现了骨髓炎表现。跟患者的家属做了深入沟通后，不知是出于对医院技术的不信任，还是其他缘由，他们决定转往拉萨进行后继的治疗。事情的转机出现在了第二天。患者的妹妹——也是我们医院手术室的一位护士，告知我他们最终决定留在日喀则，由我们完成全部的治疗。这种转变，于我而言是一种莫大的鼓励，也是对援藏团队的最大信任。

接下来的几个月里，经过数次清创、骨折的初步固定、填充抗生素骨水泥和皮瓣转移覆盖，患者病情比较稳定，这打消了我心头的顾虑，让我看到胜利的希望。患者的情绪也逐渐改善，虽然病情有轻微起伏，却非常配合医治工作。这类损伤，需要在初步治疗期间就进行积极的康复方能避免踝关节的挛缩僵硬，保持关节良好的运动功能，才能最终获得满意的疗效，而康复理念尚未在当地医护人群中获得足够的重视。转经、转山是藏民日常生活难以分割的一部分，如果踝关节功能恢复不佳，这些活动必定受到很大影响。于是经与冯祥主任协商，我们和尼玛平措决定利用周末上门为患者做详细的指导——如何主动、被动训练，如何温水泡脚和测试适宜的水温。通过这种具体的、难以遗忘的方式进行实践，对本地骨科医生也是一种新形式的传帮带。转眼间，上半年的援助工作告一段落，医疗队也即将回到上海休整，阿妈创面的感染获得痊愈，踝关节功能几乎跟健侧一致。

另一个令我终生难忘，然而却非常遗憾、内疚和心酸的病例，是在萨迦县义诊时遇到的一个名叫扎拉的患有严重脊柱侧弯的女孩。扎拉已经上初中了，这两年越发严重的侧弯、长期的营养不良，导致她的后背像扭曲的麻花，肋骨根根凸起。她无法参加体育运动，呼吸功能因肺部受挤压而严重受损，甚至每走一小段路就嘴唇发绀。当地医生说，由于家庭经济困难才使她的病情迁延至今。回到驻地，我陷入久久的不安，思考是否能为她做点什么。请示领队后，我们着手联系一些慈善基金会，希望能为她的手术寻找一些经济帮助，但最终未能如愿。

一年的时光匆匆流逝，转眼间医疗队即将结束援助工作。快要返程时，尼普阿妈听到消息，来医院给我送行，为我献上带着深深祝福的哈达。她已经可以正常行走，满脸笑容，问我何时再上高原，因为她觉得踝上的皮瓣有点厚——影响她穿好看的鞋子。我们相约来年日喀则再聚，为她做最后的皮瓣修整和取内固定手术。

平均海拔超过 3800 米的干燥稀薄的空气，化入血液，成为生命中永恒的印记。无比怀念那些冬日的清晨：旭日初升，坐在驻地附近的藏餐馆门口的小马扎上，在紫外线还算温柔的阳光下，跟藏族同胞一起享受一瓶酥油茶、 碗藏面，分享悠悠的高原时光。

日喀则，援藏队员的第二故乡，余生我肯定会再回来的！

生命的幕后守护者

殷欣

殷欣，副主任医师，医学硕士，复旦大学附属华东医院麻醉科手术室外麻醉负责人，日间手术室负责人。援藏期间任日喀则市人民医院麻醉科主任。擅长老年患者、肥胖患者、日间手术患者麻醉和围术期管理、各种困难气道处理、危重患者抢救、围术期心脏超声应用和各种超声引导神经阻滞等。任中国医药教育协会麻醉专业委员会委员，中国心胸血管麻醉学会疼痛学分会青年委员，上海市医学会麻醉科专科分会气道管理学组组员。以第一作者或通讯作者发表多篇 SCI 及国内核心期刊论文，主持和参与多项省、市级课题项目，多次获得医院先进工作者称号。

我是上海华东医院援藏干部殷欣，在西藏日喀则市人民医院担任麻醉科主任，全面负责科室工作。在援藏期间我坚持以技术输血、培养当地队伍、落实“以院包科”接力建设为目标，为日喀则市人民医院开展和落实多项医疗新技术，使更多高原患者受益。日常工作中我们麻醉医生更多作为幕后英雄，默默守护患者的生命安全。

记得初到高原的一天，美丽的日喀则迎来又一个温暖而平静的旭日初升，还没完全适应高海拔缺氧环境的我刚准备吃早饭，突然电话响起，是医院的紧急呼叫：一名 34 岁男性车祸伤患者，疑似气管破裂、左侧锁骨骨折、双侧肋骨多处骨折、气胸、纵隔气肿，情况危急！我顾不上早餐和班车，立即步行提前赶到医院。

初步了解患者情况后，我带领当地麻醉科医生分析病情并讨论制订了麻醉计划，随后迅速利用有限时间进行麻醉准备。

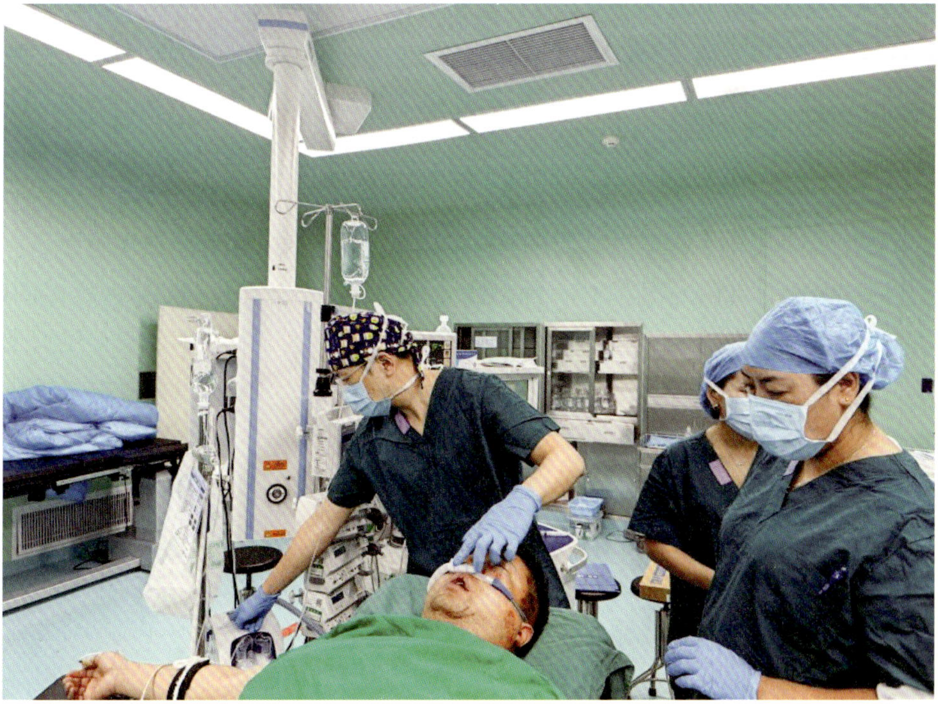

殷欣（左一）为重症患者实施术前麻醉

当我第一眼看到这位危重患者时心里涌出些许焦急，患者端坐位面罩吸氧进入手术室，胸部、颈部及面部严重气肿导致患者呼吸困难无法说话，而血氧饱和度不到80%，情况相当危急。

我立即组织大家救治患者，果断采用近期我在华东医院麻醉科肥胖及老年患者成功开展的高流量鼻导管供氧（HFNC）技术，首次在日喀则将该技术用于这位危急患者的救治中。使用HFNC技术后患者氧饱和度迅速提高到95%以上，显著改善了患者缺氧症状并为手术麻醉准备争取了宝贵时间。

紧接着我熟练运用超声引导技术，克服患者多处骨折、头颈活动受限等困难，迅速完成患者的深静脉置管和有创动脉测压等操作，进一步提高了患者围术期安全。

我经过快速评估判断，这位患者头颈部有严重皮下气肿压迫气道，张口受限，且气道损伤情况未明确，麻醉过程中随时有窒息风险，危及患者生命。面对棘手的困难气道，我在充分气道表面麻醉和HFNC供氧支持下，采用纤维支气管镜顺利完成清醒气管插管，这些措施大大提高了患者的麻醉安全。

术中采用支气管封堵器完成肺隔离进行单肺通气，最大限度保障患者安全，同时配合胸外科医生完成手术操作。

手术全程我一直密切关注患者病情，细心分析，仔细调控，维持患者生命体征平稳直到手术顺利完成。

虽然高原上缺氧伴着头晕，虽然抢救患者紧张让人心慌，虽然汗水湿透了背心让我腿软，但目送患者安全离开手术室那一刻，我坚信一切都是有意义的，再多的付出都是值得的！

除了在高原特殊环境下处理随时的急诊抢救，日常工作中的疑难病患麻醉也是我的一项重要工作。一天，儿科来了一位特殊病患，10岁藏族女童不明原因上消化道出血，反复多次呕血，经外院治疗未见好转。转至日喀则市人民医院时，女童精神萎靡，身体十分虚弱。

我仔细分析患儿病情，考虑到常规静脉麻醉进行内镜检查极有可能再次呕血，若发生反流误吸可能导致窒息。本着生命至上、救人第一的原则，我立即启动远程视频会诊系统，开启绿色通道，以最快速度连线上海后方。经多科室与后方专家共同分析讨论，制订出稳妥周密的麻醉方案。

我在面对反流误吸高风险麻醉时，带领指导当地麻醉医生采用 HFNC 技术和华东医院麻醉科熟练运用的快诱导预防反流误吸流程，顺利成功为患儿实施了气管插管。

麻醉科、儿科术中密切监护患儿，保障内镜检查全过程的安全平稳，多科室共同协作完成日喀则市首例 HFNC 技术支持下小儿内镜检查，同时也是日喀则市首例全麻气管插管小儿内镜检查。通过这些新技术的应用开展，进一步提高了高原地区诊治水平。

我作为上海“组团式”援藏工作队的一员，突出本科室技术特长同时充分发挥了团队协作配合的优势，为援藏工作、为当地医疗卫生事业贡献自己微薄的力量。医疗团队中麻醉医生常常是生命的幕后守护者，一直默默铸守患者生命安全长城，愿我们的努力让高原的祖国花朵笑颜灿烂，茁壮成长，让高原的同胞健康常在，辛福安康。

跨越千里的两次救治

赵逸凡

赵逸凡，博士研究生，上海市第十人民医院心血管内科副主任医师，2023 年 8 月—2024 年 8 月任日喀则市人民医院心内科援藏主任。主要擅长心血管疾病的介入诊疗及综合治疗。任上海市医学会高血压分会委员，上海市医师协会心血管内科医师分会瓣膜与结构工作组成员。以第一作者或通讯作者发表论文 20 篇（其中 SCI 论文 12 篇），主持国家自然科学基金青年项目 1 项、上海市科委扬帆计划 1 项、上海市卫健委项目 3 项。获上海市青年五四奖章、上海市优秀青年志愿者、上海市医学科技进步青年奖（第三完成人）。

我是赵逸凡，是上海市第十人民医院心内科的一名医师，也是日喀则市人民医院心内科的援藏主任。2023 年，我踏上了这片神秘而壮丽的高原，开始了我的援藏之旅。在这里，我不仅见证了藏族同胞的坚韧与纯朴，也经历了许多难忘的医疗救治故事。其中，最让我印象深刻的，是一位藏族青年的两次救治经历。

第一次救治：从日喀则到上海

2022 年 5 月，当时我还在上海工作，突然接到了一个来自日喀则的电话。电话那头是我科另一位援藏专家庄剑辉医师。他告诉我，有一位 43 岁的藏族青年因胸闷、胸痛来到日喀则市人民医院胸痛中心就诊，经过初步检查，怀疑是急性冠脉综合征。进一步的冠脉造影结果显示，患者的冠状动脉存在慢性闭塞病变。这种情况在冠心病介入治疗中属于非常棘手的类型，尤其是对于年轻患者来说，长期的血管闭塞会逐渐导致心脏功能恶化，严重影响生活质量。

由于日喀则当地的医疗条件有限，决定将患者转至上海接受进一步治疗。接到消息后，我迅速组织了一次专家会诊，在徐亚伟主任和车文良主任的指导下，我们制订了详细的手术方案。

患者抵达上海后，我们立即为他进行了手术。手术过程中，我成功开通了患者闭塞的血管。术后，患者胸闷和胸痛的症状明显改善。看到他从手术室出来时脸上露出的笑容，我感到无比欣慰。几天后，患者顺利出院，返回西藏继续接受药物治疗和定期随访。

第二次救治：在日喀则的重逢

2023 年 8 月，我正式接棒庄剑辉医师，开始了在日喀则市人民医院的援藏工作。刚到日喀则不久，我便想起了这位藏族青年。为了确保他的健康状况，我建议他再次来医院进行随访检查。

在复查冠脉造影时，我发现患者的另一条重要冠状动脉的堵塞程度较去年有所加重。考虑到他的健康状况，我决定再次为他进行介入治疗。这一次，我为患者植入了一枚支架，成功改善了冠脉狭窄的情况。术后，患者的心脏功能明显改善，胸闷和胸痛的症状几乎完全消失。

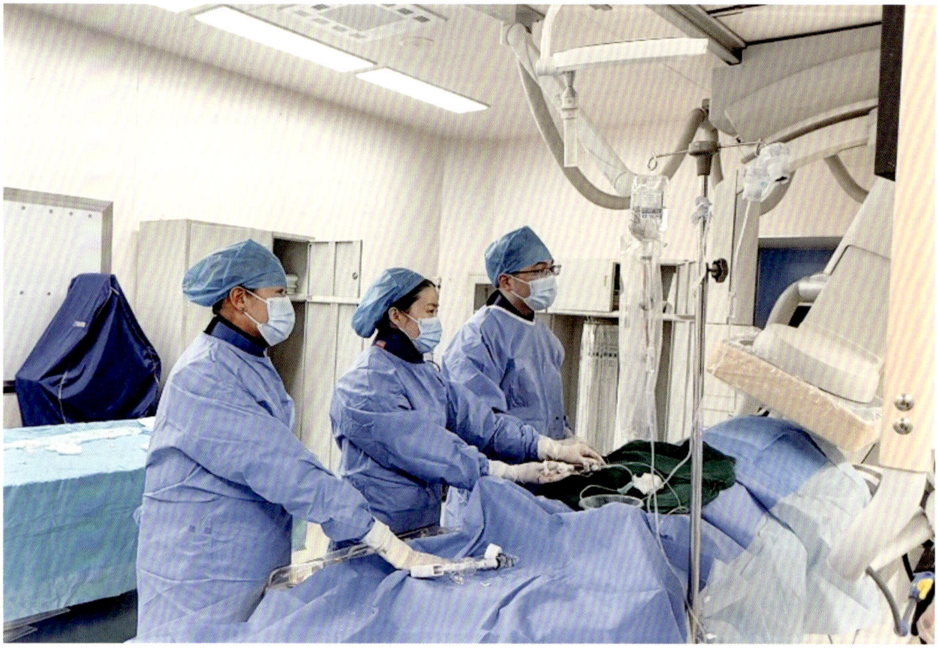

赵逸凡（右一）带教本地医生完成介入手术

这位藏族青年对我和心内科全体工作人员深表感激。出院那天，他特意准备了一面锦旗和一条哈达，作为对我们衷心的感谢。那一刻，我深深感受到，作为一名医生，能够给患者带来新生是多么有意义的事情。

援藏感悟：责任与使命

这次援藏经历，让我对医生的责任与使命有了更深的理解。在高原上，医疗资源相对匮乏，许多患者因为得不到及时的治疗而病情加重。作为一名援藏医生，我深知自己肩负的责任。每一次手术，每一次救治，都是对生命的尊重与守护。

在日喀则的日子里，我不仅感受到了藏族同胞的纯朴与热情，也深刻体会到了高原环境的艰苦。缺氧、寒冷、交通不便，这些都是我们每天要面对的挑战。然而，每当看到患者康复后的笑容，所有的辛苦都变得值得。

援藏不仅是一次医疗援助，更是一次心灵的洗礼。在这里，我学会了如何在有限的资源下，最大限度地发挥自己的专业能力；学会了如何与当地医护人员紧密合作，共同为患者提供最好的医疗服务；也学会了如何在艰苦的环境中，保持对医疗事业的热情与执着。

结语

跨越千里的两次救治，不仅让这位藏族青年重获“心生”，也让我对医生的使命有了更深的理解。作为一名援藏医生，在未来的日子里，给更多的藏族同胞带去健康与希望。

援藏之路，虽然艰辛，但每一步都充满了意义。我将继续前行，用我的专业与热情，守护这片土地上的每一个生命。

援藏医疗救助记

钱立强

钱立强，医学博士，上海交通大学附属胸科医院肺部肿瘤外科副主任医师。熟练掌握胸外科各类微创及复杂手术。发表 SCI 文章 10 余篇，其中第一作者 9 篇，多次参加国内外胸外科会议并口头、壁报发言及手术演示。主持完成上海交通大学医工交叉课题 1 项，参与国家自然科学基金重大项目 1 项。擅长肺部肿瘤的单孔胸腔镜微创手术；中晚期肿瘤及气管、血管重建等复杂手术；纵隔肿瘤、食管癌的外科手术治疗。

2024年4月17日，西藏的天空湛蓝如洗，阳光洒在这片高原之上，却带着几分刺骨的寒意，我作为上海“组团式”援藏医疗队的一员，在这一天经历了一场此生难忘的医疗救援。

那天下午，我正在医疗队的驻地整理医疗资料，突然，一阵急促的电话铃声打破了宁静。我迅速接起电话，那头传来了医疗队领队、日喀则市人民医院党委书记王庆华焦急的声音：“徐汇援藏医疗队负责的萨迦县有一位高处坠落伤的患者，第二肝门损伤严重，出血无法控制，情况非常危急，亟须你们的支援！”

第二肝门，那是肝脏的重要血管汇集处，一旦损伤，出血将如泉涌，生命危在旦夕。我深知情况的严重性，立刻将情况详细报告给了援藏医疗队的其他领导，并紧急联系了援藏医疗队队友、新华医院普外科的翁昊主任。翁主任是肝脏外科领域的专家，他的经验和技术在这场救援中无疑将发挥至关重要的作用。

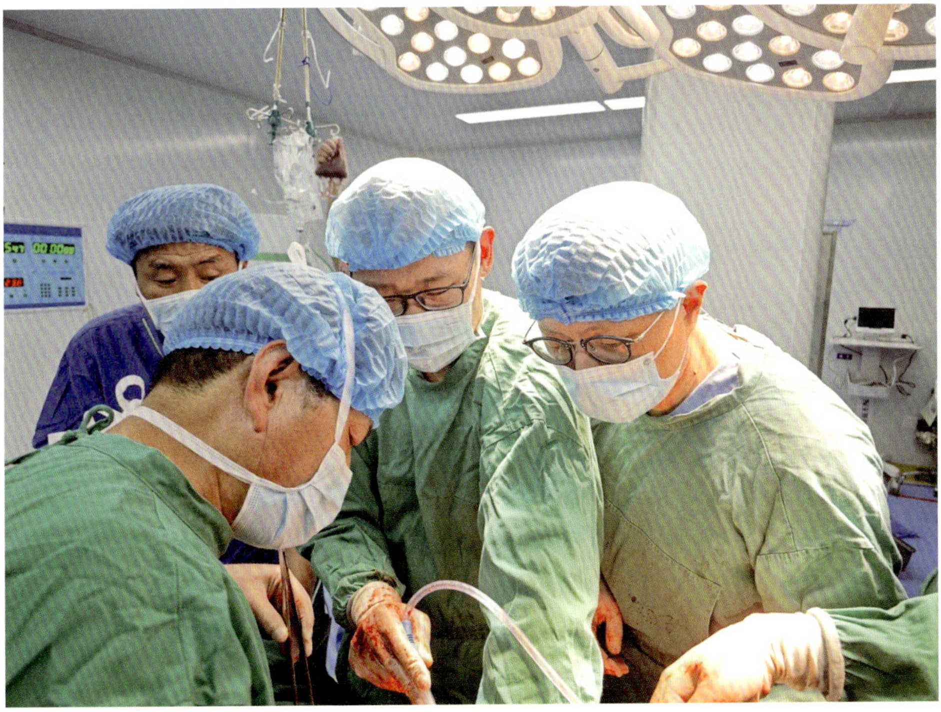

钱立强（右一）与队友合作救治伤员

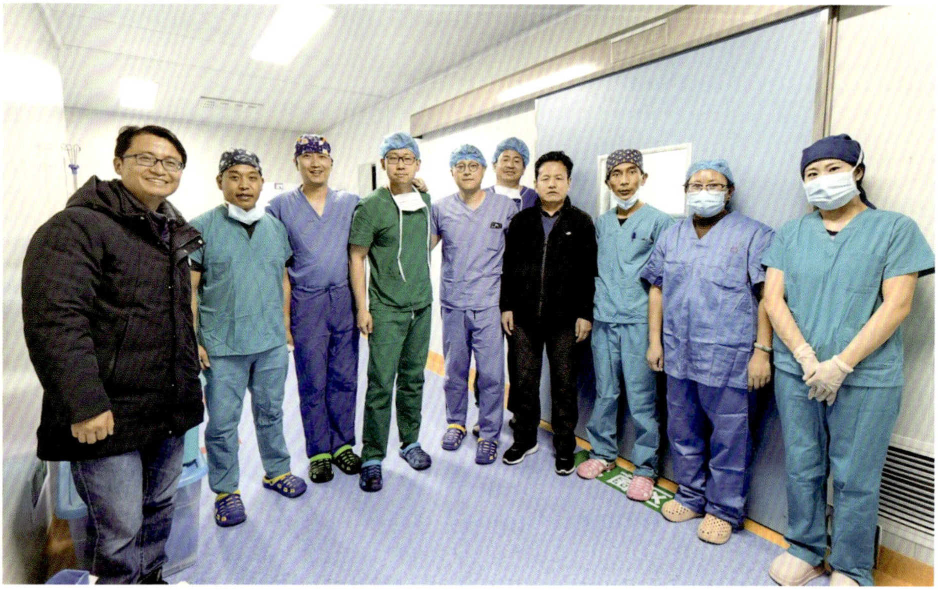

钱立强（左五）在萨迦县与手术团队合影

时间就是生命，我们迅速整装待发。我、翁主任以及日喀则市人民医院普外科的同事携带了必要的医疗设备和药品，驱车赶往萨迦县。路途颠簸，车窗外的风景飞速掠过，但我们的心中却只有一个念头：尽快到达，挽救患者的生命！终于，我们抵达了萨迦县人民医院。一进医院，我们就被直接带到了手术室。手术室里，当地医生已经尽力了，他们用纱布填塞腹腔，试图止血，但出血点仍然无法准确暴露，情况十分危急。患者的生命体征在逐渐恶化，每一秒都显得那么宝贵。

我和翁昊主任迅速评估了患者的病情，在短暂的思考后，我决定采取开胸手术，打开膈肌暴露下腔静脉及第二肝门这一大胆而冒险的选择。开胸手术风险极高，稍有不慎就可能危及患者的生命，但在这种紧急情况下，这已经是唯一的选择。

手术开始了，手术室里的气氛紧张到了极点。我和翁主任亲自操刀，手法娴熟而精准，每一个动作都显得那么从容不迫。我们小心翼翼地打开了患者的右侧膈肌，那是一片关键的区域，连接着胸腔和腹腔。随着膈肌的打开，下腔静脉及第二肝门逐渐暴露在我们的眼前。

那一刻，手术室里的所有人都屏住了呼吸，生怕任何一点干扰都会影响到手术的成功。我们仔细地探查着每一个可能的出血点，不放过任何一个细节。终于，我们发现了那个隐藏的“罪魁祸首”——肝脏的血管破裂口，正在不停地涌出鲜血。

我迅速用缝合线将出血点缝合，随着缝合线的收紧，血液立刻停止了涌出，手术室传出一阵轻松的呼气声。大家都知道，最危险的一关已经度过了。然而，手术并没有就此结束。翁主任又仔细地检查了患者的腹腔，确认没有其他出血点后，才放心地开始关闭腹腔。他的每一个动作都那么谨慎，生怕留下任何一点隐患。

手术结束后，患者被送到了重症监护室进行密切观察。我们所有人都松了一口气，但我知道，这只是开始。后续的治疗和护理同样重要，我们不能有丝毫的松懈。在接下来的日子里，我和援藏医疗队的队友轮流守护在患者的床边，时刻关注他的病情变化。我们为他进行了全面的检查和治疗，确保他的生命体征稳定。同时，我们也给予了他心理上的支持和安慰，让他感受到我们的关爱和温暖。

经过我们的精心治疗和护理，患者的生命体征逐渐稳定下来，意识也慢慢恢复了。当他终于苏醒过来，用感激的眼神看着我们时，那一刻，所有的努力和付出都化作了无尽的欣慰和满足。

这次医疗救助行动不仅挽救了一个患者的生命，也让我更加坚定了自己的信念。作为一名医者，无论身在何处，都要时刻牢记自己的使命和责任。在高原之上，在援藏的路上，我将继续用自己的专业知识和技术，为患者的健康保驾护航。

这段经历将成为我人生中宝贵的财富。它让我更加珍惜生命，更加热爱医疗事业。我相信，在未来的日子里，我将继续秉持医者仁心的精神，为更多的患者带去希望和光明。

让妇科微创在雪域高原生根发芽

隋孟松

隋孟松，上海市第一妇婴保健院妇科主治医师，援藏任日喀则市人民医院妇产科主任。2011 年硕士毕业于上海交通大学医学院妇产科专业，从事妇产科临床工作 13 年余，有较丰富的妇科常见病多发病及盆底脱垂疾病、妇科良恶性肿瘤临床诊治经验，熟练掌握妇科良性肿瘤，如子宫肌瘤、卵巢囊肿的单孔微创手术，熟练掌握宫腔镜手术，如子宫纵隔、宫腔粘连等。以第一作者或通讯作者发表 SCI 及中文核心期刊论文数篇。

2023 年 7 月当踏上这片神秘而广袤的高原，我的内心充满了期待与忐忑。作为一名妇产科医生，我知道自己肩负着特殊的使命，即将在这片土地上用自己的专业知识和技能，为藏族同胞的健康贡献力量。作为妇科微创专业方向的医生，势必在工作期间有所作为。

我首先对科室进行了初步的摸排和了解，发现这里的妇产科对于妇科微创领域的涉猎相对较少，当地产科病人占了多数，妇科病人相对较少，当地医生缺乏操作微创器械的经验，而微创手术需要精细的手感和技巧，这些需要长期实践操练才能掌握，更不用说为手术准备预案的经验和详细的诊疗规范了，科室的绝大部分工作均为危重孕产妇的救治。我在担任日喀则市人民医院妇产科主任后，不仅对妇科微创手术的推广提出了要求，也对危重孕产妇的管理和救治提出了一定要求。那一刻，我深知自己的责任重大。记得来到高原一个月后，我遇到一位 51 岁的病人，她患有多发性子宫肌瘤，合并严重贫血。住院后经前期治疗，符合开腹全子宫切除手术的条件，但是查房的时候，患者和家属表达了对开腹手术的恐慌和焦虑，他们希望能够进行微创治疗。经过了解后，发现日喀则还从来没有开展过腹腔镜下全子宫切除手术。这是一个四级手术，难度相对较高。我与妇产科的普赤、巴桑两位主任讨论后，决定用微创手术替代开腹。这样的手术，是本地医生积累实战经验、医疗团队整体磨合的机会。手术过程虽然遇到了些许的小困难，但是还是非常顺利地完成了。术后两天患者就能下地活动了，此刻，我感觉所有的付出都是值得的。

对于我来说，妇产科的担子很重。一是微创手术特别消耗体力和精力，二是产科的危急重症病例多。日喀则市人民医院妇产科是西藏自治区危重孕产妇救治中心，年平均分娩量 3300 例左右，高危孕产妇比例约 70%。部分孕产妇缺少正规产检，往往出现了严重的并发症才就医。因此，后半夜赶赴医院参与抢救也成了家常便饭。在科室和病人最需要我的时候，我总能及时出现在他们的身边，奉献自己的一份力量。多次抢救成功急危重症患者，使得科室在院内及患者间形成了较好的口碑。相信随着更多的援藏医生的投入，日喀则市的妇产科水平会进一步得到提高。

除了临床工作，我还积极参与到医院的教学和培训工作中。这里的年轻医生渴望学习新知识、新技术，但由于缺乏培训机会，他们的专业水平提升缓

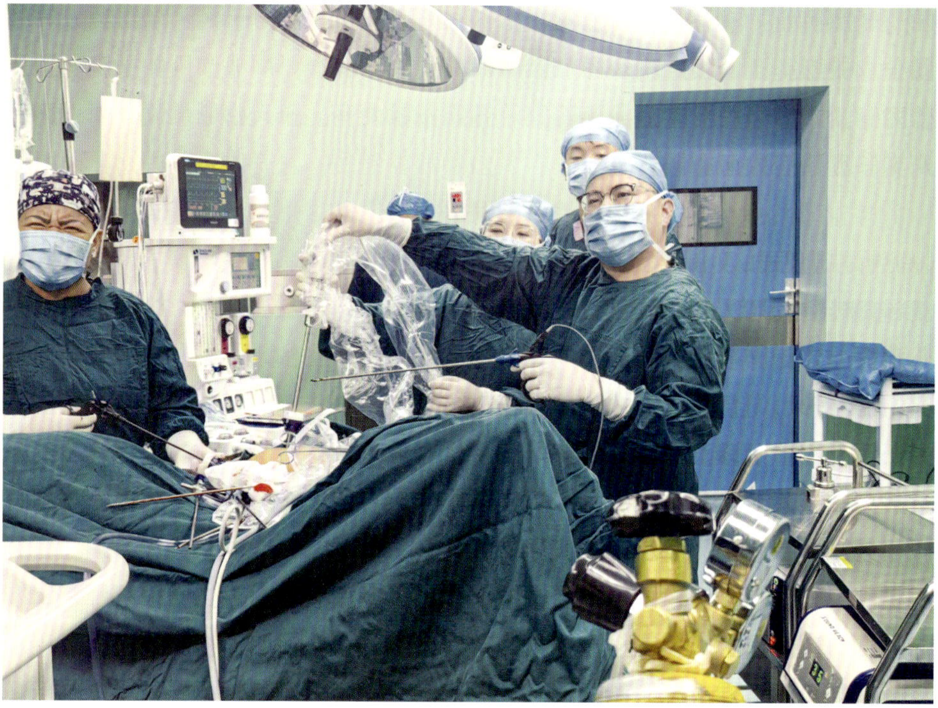

隋孟松（右一）带教当地医生开展第一例腹腔镜子宫肌瘤剥除术

慢。我将自己多年的临床经验和所学的知识毫无保留地传授给他们，从基本的妇产科手术操作到复杂病例的诊断和处理，我都耐心地指导。在这个过程中，我也从他们身上学到了很多东西，如他们对工作的热情和对患者的关爱。看着他们在专业上逐渐成长，我感到无比欣慰，因为我知道，我的付出将会为这片土地留下一支“带不走”的医疗队伍。

回顾一年的援藏经历，我收获的不仅仅是专业技能的提升，更是心灵的洗礼和成长。在这片高原上，我看到了生命的顽强与脆弱，感受到了责任的重大和使命的光荣。援藏工作虽然结束了，但我与这片土地的情谊永远不会结束。我会将这段经历铭记在心，带着藏族同胞们的祝福和期望，继续前行，给更多的患者带来健康和希望。我也希望有更多的医疗工作者能够加入援藏的队伍中，为改善西藏的医疗条件、为藏族同胞们的健康福祉贡献自己的力量。

在离太阳最近的地方守护生命

陈凯

陈凯，副主任医师，硕士研究生，博士在读，上海市儿童医院/上海交通大学医学院附属儿童医院血液肿瘤科行政副主任，移植病房主管医师，援藏期间任日喀则市人民医院儿科主任。擅长儿内科常见疾病及良恶性血液系统疾病诊治，在儿童罕见病诊治方面具有丰富经验，目前专注于儿童罕见病及难治复发血液病造血干细胞移植临床应用及并发症处理等。北京大学血液病研究所/香港中文大学威尔士亲王医院儿童癌症中心访问学者。担任上海医学会血液学分会造血干细胞移植学组委员，上海造血干细胞移植联盟成员，上海市住院医师/专科医师规范化培训考官等。以第一作者或通讯作者发表学术论文 13 篇，主持省部级、市局级及院级课题项目 7 项，参与国家自然科学基金项目 1 项。工作期间获得上海申康系统优秀青年、上海市血液病研究所优秀员工、上海市儿童医院优秀青年培养计划、上海市儿童医院院长奖等荣誉。

我是陈凯，一名来自上海市儿童医院的血液肿瘤科医生。2023 年，我作为上海援藏医疗队的一员，踏上了日喀则的土地。在平均海拔超过 3800 米的高原上，稀薄的氧气让每一步都变得沉重，但当我走进日喀则市人民医院儿科病房时，那些蜷缩在母亲怀里的孩子，用怯生生的眼神望向我——那一刻，我知道，这一年的使命开始了。

初遇高原：适应与融入

初到日喀则的头两周，高原反应像一堵无形的墙，夜间辗转难眠，晨起时心跳如擂鼓，连弯腰系鞋带都成了考验。但更让我震撼的是这里的医疗环境：本地儿科医生人手紧缺，同时需要门诊、急诊、病房连轴，工作强度大，面对复杂病例时，诊疗手册上常常是一片空白。本地儿科主任米玛卓嘎握着我的手说："陈主任，我们没有规范的诊疗常规，有些儿科疾病我们都没听说过。"她的眼神里有期待，也有无奈。

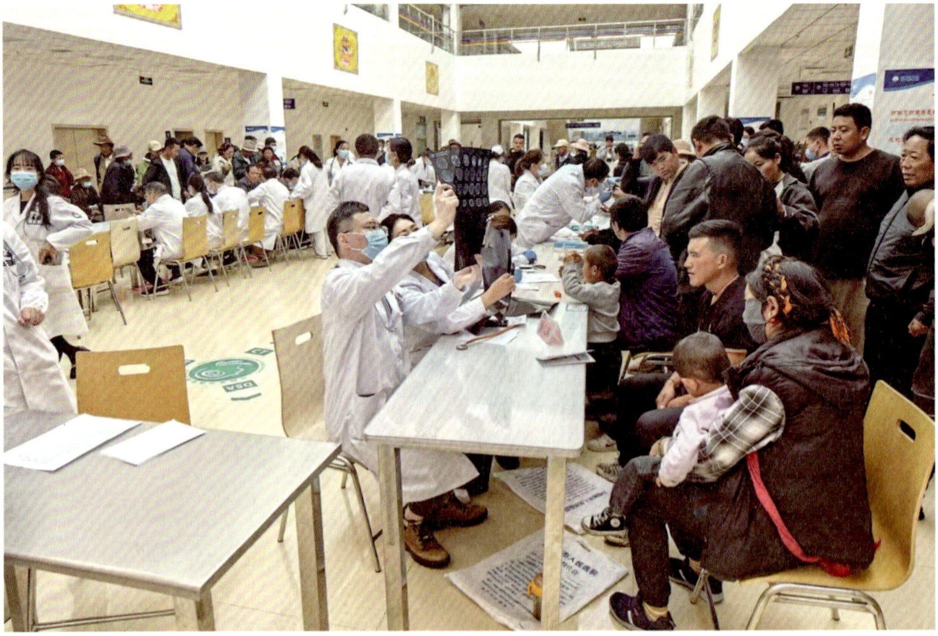

陈凯（前左一）参加医师节义诊

陈凯（*后右*）儿童节慰问患儿

我暗下决心：不仅要治病，更要留下“带不走”的技术。每天查房后，我带着团队梳理病例，从最基础的病历书写规范教起。高原的夕阳总来得格外晚，窗外的雪山被染成金色时，我们还在讨论如何制定首版儿科诊疗常规。

生死 48 小时：一场与 Evans 综合征的较量

援藏第三个月，我经历了最惊心动魄的一夜。凌晨两点，值班医生急促的电话声划破寂静：“9 个月大的男孩，血红蛋白只剩 6.8g/dl！”我冲进病房，见孩子全身蜡黄，呼吸急促，血小板计数低至危急值。在高原，这样的贫血无异于死神举起了镰刀。

“立刻查抗人球蛋白试验。”多年的血液病经验让我瞬间锁定方向。我心头一紧——这极可能是 Evans 综合征。这是一种免疫系统同时攻击红细胞与血小板的罕见病，稍有延误就会引发多器官衰竭。

输血、免疫抑制、碱化尿液……我和本地医生轮流守在床边。高原的夜风呼啸着拍打窗户，监护仪的警报声与诵经筒转动的轻响交织在一起。48 小时后，孩子的血红蛋白奇迹般回升到 12.4g/dl，睁开眼时竟对我笑了。这是西藏首次诊断的 Evans 综合征，也迈开了日喀则市人民医院诊断难治复杂血液罕见病的第一步。

跨越5000公里的“空中课堂”

“陈老师，这个孩子的骨髓报告您看看？”一天清晨，年轻汉族医生王文学拿着病历找我。翻阅资料时我突然意识到：单凭一个人的力量根本无法覆盖所有疑难杂症。当天下午，我拨通了上海同事的电话。三天后，一场横跨雪域的远程会诊在日喀则展开：上海市儿童医院的杨晓东副院长、蒋慧教授通过屏幕指导查房，藏语翻译实时传递着专业术语。看着本地医生埋头记笔记的模样，我仿佛看到一粒粒种子在高原生根发芽。

此后，“沪藏医线牵”成了常态。我们建立了常态化线上会诊，开展了5场专题讲座，甚至通过直播演示儿童骨穿操作。最让我感动的是，本地医生在指导下能独立撰写论文，发表在《中国小儿血液与肿瘤杂志》上。

离开前夕：种下一棵“不会离开的树”

援藏进入倒计时时，我和米玛卓嘎站在刚改造完成的儿科重症监护室里。监护仪、呼吸机闪着微光，窗外是连绵的雪山。“以前孩子病危只能转去拉萨，路上要颠簸8小时。”她摸着崭新的设备，声音哽咽，“现在，这里就是生命的防线。”

这一年，我们完成了很多“第一次”：建立日喀则市首个儿科质控中心，申报3项高原儿童血液病课题，发表4篇科普文章……临行前，我们在一处林卡种下了一粒种子，米玛卓嘎问：“陈主任，它会活吗？”我望着远处翱翔的黑颈鹤答道：“高原的风雪或许凛冽，但扎下根的，就一定能长成森林。”

后记：高原上的答案

当回上海的飞机掠过珠穆朗玛峰时，我翻开援藏日记的最后一页。那个曾让我辗转反侧的问题——我能留下什么？——此刻有了答案：不是某台设备或某个手册，而是一群能独当一面的医生、一套可持续的诊疗体系以及更多高原孩子健康长大的希望。

呼吸与共，援藏长情

尹成伟

尹成伟，上海中医药大学附属曙光医院重症医学科主任医师，第四届上海市中西医结合学会重症医学专委会委员，上海第九批“组团式”援藏医疗人才，援藏期间任西藏自治区日喀则市人民医院呼吸科主任。擅长心、肺、脑、肾功能障碍及重症感染等危重症患者的诊治，对急性呼吸窘迫综合征、重症肺炎、慢阻肺并发急性呼衰等有着丰富的临床处置经验。以第一作者或通讯作者发表学术论文多篇，参与省、市级课题项目多项。

位于雪域高原的西藏，平均海拔超过 3800 米，恶劣的气候环境和相对不发达的医疗水平严重影响着西藏人民的健康状况。党中央决定通过组建“组团式”医疗援藏队伍来提升西藏自治区的整体医疗水平。作为上海中医药大学附属曙光医院急诊科副主任医师，我在得知该医疗援藏项目时，积极响应党和国家的号召，报名参加了上海第九批“组团式”援藏医疗队，这对我来说不仅是一次职业生涯的挑战，更是一次心灵的洗礼和灵魂的召唤。

2023 年 7 月，带着满腔的热情和多年的临床工作经验，我踏上了前往西藏的征程。初上高原，首先要克服的是高原反应带来的身体不适。头痛、气喘、失眠……这些都没有让我退缩，反而更加坚定了我为这片土地上的人民贡献自己力量的决心。在日喀则市人民医院呼吸科，我迅速投入援藏医疗工作中。高原气候寒冷干燥，居民生活习惯和医疗知识的缺乏，使这里的慢性支气管炎、慢性阻塞性肺病、哮喘、肺动脉高压、肺心病、肺栓塞，以及因高海拔效应导致的高原肺水肿等疾病尤为常见，危及当地人民的健康。面对这些患者，我不仅运用自己丰富的临床经验给予治疗，同时还认真指导科内的医教研工作，做

尹成伟（中）到萨迦县义诊

好急、危、重、疑难病例的抢救处理与特殊疑难和死亡病例的讨论。为了尽快培养本地的医疗骨干，我制订了严密的“师带徒”教学计划，内容涵盖基础医学知识、专业技能培训、临床病例分析以及团队协作与沟通技巧等多个方面，力求实现系统性和应用性的完美结合，在传、帮、带、教当地医师提高救治重症患者水平同时，也将上海优秀的医疗服务技术和理念传授给他们。我邀请了沪、京、藏三地呼吸与危重症方面的专家参加医学珠峰论坛，一起探讨高原呼吸与危重症的诊治，促进内地与西藏的医疗学术的交流。我还依托日喀则市人民医院区域医疗中心优势，赴萨迦、定日、谢通门等县开展义诊和交流活动，进一步加强了呼吸联盟，为县乡医疗机构提供强有力的医疗支撑。

利用业余时间，我还着手进行一系列的健康宣教和预防工作，利用休息时间多次和当地医生一起赴社区及下辖县乡开展健康宣教，送医送药。用通俗易懂的语言向藏族同胞讲解呼吸系统疾病的预防知识，如何正确使用药物，以及如何改善生活习惯以减少疾病的发生，特别强调了高原环境下保持室内空气流通、适量运动的重要性，并教授呼吸系统慢性病患者简单的改善肺功能的呼吸锻炼方法。

我始终坚持用自己的医疗技术服务于广大的藏族同胞。一次专家门诊时遇到一位70多岁的藏族老大妈，老人孩子在内地工作，她独自一人生活在日喀则，长期的慢性肺病、心功能不全，腿脚不便，就诊时咳嗽、气喘很厉害，在当地诊所反复就诊病情没有得到有效控制。在详细询问老大妈的病情变化及治疗情况后，我对患者进行了仔细的体检并开具了相应的检查，了解到患者的独居和腿脚不便后，还帮患者借来轮椅，让人陪送患者到窗口缴费，到相关科室进行检查。综合患者的情况后，我诊断患者除了呼吸系统的基础疾病外，还存在食道反流因素。为了进一步明确诊断，我帮老大妈安排了消化系统的胃镜检查，最终明确了诊断。我还把自己的电话留给了老大妈，嘱咐老大妈若病情有变化及时联系我就诊。经过治疗，患者的咳嗽气喘症状很快得到了控制，老大妈对此心存感激，一个劲地夸上海援藏医生好，我还以此为例，带教随诊的当地医生，提醒他们诊断时不能陷入定势的诊疗思维，要注重患者的发病细节，全面分析，不断调整诊治方案，明确患者病因，制订合适的治疗方案。

援藏一年中我坚持每周主持查房三次，专家门诊一次，节假日巡视病房。

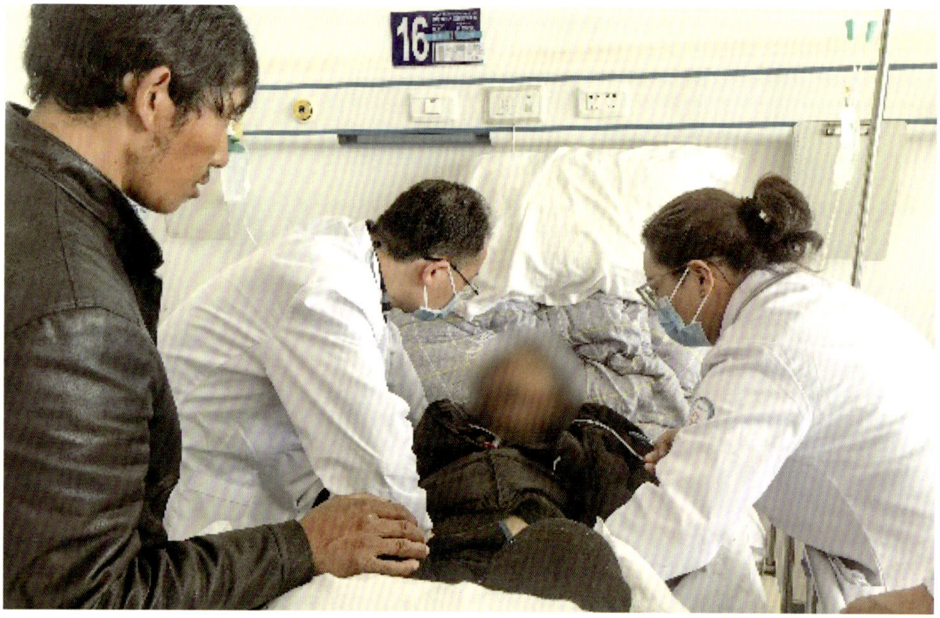

呼吸科查房

诊治危重疑难患者数百人，远程和院内会诊达百次，救治了大量危重患者，用上海优秀的医疗服务技术和理念服务于当地百姓。

转眼间，一年援藏之旅就要结束了。离开的那天，医院的同事和曾经的患者前来为我送行，他们手捧洁白的哈达，眼中流露着不舍。上海“组团式”援藏医疗留下的系统医疗体系和健康理念会像种子一样，在这片土地上生根发芽，惠及更多的当地百姓。一年援藏路，一生援藏情，援藏不仅是一段经历，更是一种责任、一种奉献，是一种对生命无尽的敬畏和爱。

中西医结合提升高原肿瘤诊治水平

张朋

张朋，上海中医药大学附属龙华医院肿瘤六科副主任医师，硕士，援藏任日喀则市人民医院中西医结合科主任。擅长运用中药联合化疗、靶向治疗、免疫治疗等中西医结合手段治疗肺癌、胃癌、肠癌、肝癌、甲状腺癌、子宫内膜癌、宫颈癌等多种恶性肿瘤；擅长运用中药、针灸治疗咳嗽、疼痛、失眠、消化不良、肥胖等多种内科杂病。任上海市抗癌协会传统医学专业委员会青年委员会委员。发表 SCI 及核心期刊论文多篇，参与多项省级及国家级课题，承担院级及西藏自治区组团援藏课题 3 项。工作期间获评上海中医药大学附属龙华医院先进个人。

援藏之前我是上海中医药大学附属龙华医院肿瘤科的一名医生，主要从事中西医结合防治恶性肿瘤的临床及研究工作。平时喜欢中医的经典和针灸，积极运用中医的理论和方法去改善肿瘤患者的症状，发挥中医扶正治癌的优势。平时也非常关注医院援藏工作，对参加援藏的同事及前辈内心充满了敬佩，也期待有一天自己能够踏上神圣的雪域高原，承担援藏这一光荣而艰巨的使命。

2023 年 7 月，援藏的接力棒交到了我手中。初到西藏，一切都是陌生的，对这片土地充满了好奇与敬畏之情。克服了缺氧带来的身体上的不适之后便迅速投入工作中。

日喀则市人民医院在上海多年来的对口支援下硬件条件及医疗和科研水平得到了明显的提升，但与内地相比还是有一定的差距，同时医患关系以及工作环境与内地也有很大差异。在日喀则市人民医院担任中西医结合科主任，需要与本地科室主任一起负责科室医教研的工作，除了临床，行政和管理也需要独当一面，这在上海工作是没有的经历，也是对自身的一种锻炼。

临床方面，日喀则市人民医院中西医结合科肿瘤亚专科起步较晚，发展尚

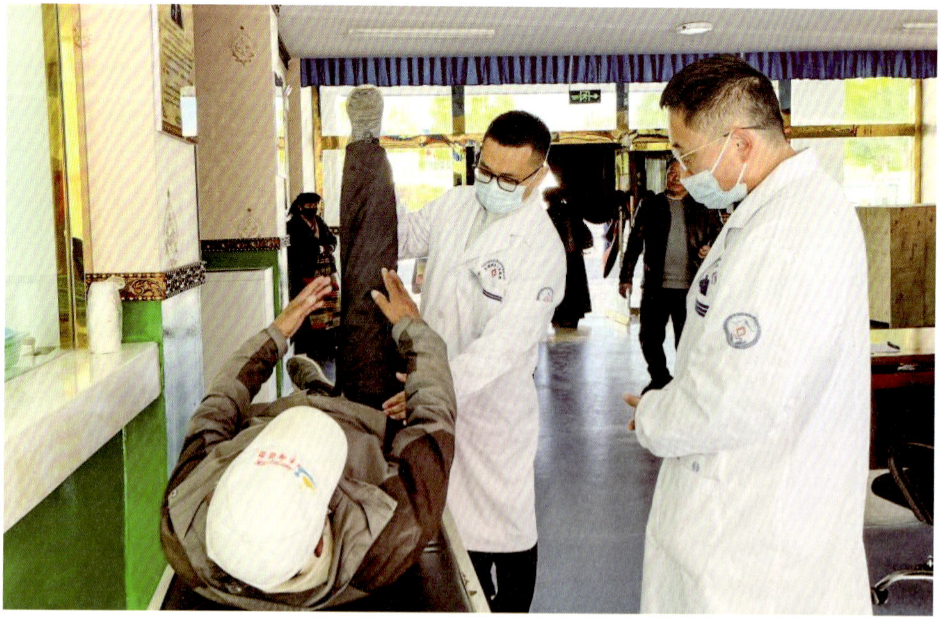

张朋（中）在查体腰腿痛患者

不成熟，诊断及治疗方面的规范化和经验相对欠缺，因此我在临床上更加重视基础知识和治疗规范性的灌输和带教，提升肿瘤专科业务水平。

援藏期间，我申请了中西医结合旗舰科室，开设了癌痛规范化治疗示范病房和肿瘤专病门诊等，旨在提升科室肿瘤亚专科实力的发展。同时，日喀则藏族同胞的习俗和体质与内地有很大差异，治疗方面也需要充分考虑到这些差异，发挥主观能动性，为当地患者的健康保驾护航。

援藏期间感受最深的就是责任感和使命感。援藏是一份艰巨的使命，也是一份沉甸甸的责任。日喀则当地居民的就医需求日益增加。尤其是肿瘤的患者，迫切需要更加专业和规范的诊治。因此，我积极开设专家门诊和专病门诊，还多次去县里开展义诊，尽自己最大的力量为患者和群众进行健康指导和治疗，看到藏族同胞很早就排队等候在义诊现场以及就诊结束后为医务人员献上洁白的哈达，并露出真诚朴实的笑容，缺氧和疲劳就都不算什么了。有一次深入聂拉木县樟木口岸为当地群众和边防民警义诊，很多民警扎根边防 10 余年，深感他们的辛苦与不易，也更加坚定自己援藏的信念与责任。

“师带徒”和“传帮带”是援藏工作中一项非常重要的任务，我带教了三位徒弟，都是科室非常有潜力的骨干，认真好学。带教之初我就为他们制订了个性化的培训方案，突出中医思维，重点针对肿瘤的中西医结合治疗进行带教，提升专业水平。门诊抄方或病房查房、针灸治疗时都认真带教，分析诊断和用药思路，提升中医处方和针灸水平。同时还选派徒弟去上级医院进修、每周线上参加肿瘤多学科讨论学习等，提升徒弟的业务能力。经过一年的带教，徒弟的临床水平和业务能力得到了很大提升，比如中医处方从之前简单的照搬教科书的方剂到现在可以基本熟练地运用理法方药和中医经典理论来辨证处方，临床效果得到了明显提高。

一年援藏行，一生援藏情。援藏的时间虽然只有一年，但和西藏的联系却是长久的。上海援藏医疗队和日喀则市人民医院创建了援藏专家的双聘机制，同时每年还召开珠峰医学论坛、定期选派人员赴沪进修学习等，通过这些渠道使我有机会继续与西藏、与日喀则市人民医院保持交流与合作，从而持续助力西藏卫生事业的发展。

随着国家和上海援藏力度的不断增大和持久发力，以及上海援藏医疗人才

张朋（左）发挥专业优势，为边关民警义诊。

的不断输出与“造血”，相信日喀则市人民医院的发展会更好，也期待本地医务人员能够更加积极主动地利用好援藏资源，提升自身内涵和业务能力，相信只要这样双向奔赴，共同发力，日喀则市人民医院的明天会更加美好。

一年援藏行，一生援藏情

刘腾飞

刘腾飞，硕士研究生，复旦大学附属中山医院神经外科主治医师，援藏期间任日喀则市人民医院神经外科主任。擅长神经内镜微创手术治疗脑出血、脑外伤、中枢神经系统常见肿瘤、脑积水、脑室病变、脊柱脊髓病变等神经系统常见疾病，擅长脑血管造影术。专业方向：神经系统常见疾病的神经内镜微创手术治疗。任长三角神经内镜创新与转化联盟理事会青年理事。以第一/共同第一作者发表学术论文7篇（其中SCI收录论文3篇，国内权威核心期刊4篇）。参与编写《内镜导航微创神经外科手术学》《松果体区肿瘤内镜微创手术学》和《复旦大学附属中山医院外科住院医师临床手册》3本专著。主持西藏自治区自然科学基金课题1项，参与多项省、市级课题项目。工作期间获得复旦大学附属中山医院“优秀教学秘书”荣誉和“最佳援藏干部”荣誉。

西藏，对于我，在以前是远方，是梦想；而现在是故乡，更是人生新启的篇章。人生如梦，不曾想，我有幸能在这片圣洁的大地上贡献自己的微薄力量。

能够成为上海市第十批“组团式”援藏医疗队的成员，我感到非常荣幸。2024 年 7 月 28 日，肩负着组织的重托，我开始了前往日喀则的援藏征程。当踏上这片神秘而辽阔的土地，我心中充满了对未知的期待与对使命的敬畏。作为一名年轻的神经外科医生，援藏将是我职业生涯中一次难忘的经历，它不仅考验了我的专业技能，更深刻地塑造了我的心灵。

在高原地区，氧气稀薄、气压低等特殊的地理环境，不仅对我自身身体是一种挑战，更使得当地的疾病谱和病理过程与平原地区大相径庭。每一次手术，都需要我们团队精心准备，细致规划，保证手术安全、顺利完成。平日除带教常见的脑血管病和颅脑外伤等疾病的治疗外，我发现科室在脊柱肿瘤方面还停留在起步阶段，而脊柱脊髓疾病是我的亚专业方向之一，因此，决定在这方面试着做一些工作。从脊柱疾病理论到临床技术操作，开展相关临床讲课。机遇总是留给有准备的人的。先后在 9 月和 11 月门诊遇到 1 例椎管内脊膜瘤和 1 例巨大的椎管内外沟通性肿瘤，进行多学科联合会诊后，制订了详细的手术计划，顺利完成上述两例肿瘤完全切除。这两例病例分别是日喀则市实施的首例椎管内肿瘤切除术和首例椎管内外沟通性肿瘤切除术，并在医院和上海援藏的公众号上做了相关科普宣传。

2024 年 11 月完成日喀则市首例胸椎椎管内外巨大沟通性肿瘤切除术，术后患者给刘腾飞（中）赠送锦旗。

援藏之旅虽然短暂，但它对我的影响却是深远的。在未来的日子里，我将继续传承“缺氧不缺精神、艰苦不怕吃苦、海拔高境界更高”的援藏精神，为这片土地贡献自己的力量。同时，我也将积极创新工作方法和技术手段，为提高当地的医疗水平做出更大的贡献。一方面，我将继续参与医疗援助活动，为更多的患者提供优质的医疗服务。我将运用自己的专业知识和临床经验，为藏族同胞解决神经外科相关的健康难题，同时也积极宣传健康知识，提高他们的自我保健能力。另一方面，我将积极探索适合西藏的医疗技术和服务模式。针对高原地区的特殊环境和疾病谱特点，与同事一起开展科研攻关和技术创新，借鉴国内外的先进经验和技术手段，为西藏的医疗事业发展注入新的活力。

援藏之旅不仅是一次职业的挑战和技术的锻炼，更是一次心灵的洗礼。在这片离天最近的地方，我重新审视了自己对生命和责任的认识。在高原上，我见证了生命的脆弱与坚韧，许多患者因为疾病而饱受痛苦，他们的眼神中充满了对生命的渴望与无助，但他们依然保持着乐观与坚强，这种精神让我深受感动。同时，我也意识到作为医生的责任与使命，我们不仅要治愈患者的疾病，更要给予他们关爱与希望，每一次成功的手术、每一次患者的康复，都让我深感自豪与满足。

在援藏的过程中，我还学会了珍惜与感恩。珍惜眼前的一切美好时光，感恩生命中遇到的每一个人。无论是患者还是同事、朋友，他们都给予了我无私的帮助与支持。这份感恩之心让我更加珍惜这次援藏的机会，也让我更加坚定了为这片土地贡献自己力量的决心。

回望这段旅程，虽然有艰辛和挑战，但更多的是收获与感动。援藏让我深刻体会到，作为一名神经外科医生，我们的战场不仅仅局限于手术室，更在于心灵的沟通与文化的交融。这段经历将成为我职业生涯中宝贵的财富，激励我在未来的道路上继续前行。

梦想照进现实，汗水书写华章

狄扬

狄扬，医学博士，复旦大学附属华山医院胰腺外科副主任医师，援藏期间任西藏自治区日喀则市人民医院普外科主任。擅长胰腺和肝胆疾病的综合诊治，熟练掌握各种肝胆胰手术，擅长胆道结石和胰腺肿瘤的 ERCP 治疗和超声内镜诊治，擅长肝脏胰腺肿瘤的介入治疗。目前担任中国临床肿瘤学会 CSCO 青年专家委员会委员、中华医学会消化内镜分会 EUS 学组青年委员、中国医师协会胰腺病专业委员会青年委员、中国胰腺病学会会员、中国医疗保健国际交流促进会胰腺疾病分会青年委员等学术任职。以第一作者或通讯作者发表学术论文 20 余篇（其中 SCI 收录论文 8 篇，国内权威核心期刊 10 余篇），主持省市级课题项目 2 项，参与国家自然科学基金项目 12 项。长期从事医学教育工作，多次获得“优秀带教老师”称号。

我与西藏的缘分源于一场说走就走的旅行。

那是2012年的初夏，当时我正在云南省嵩明县参加为期半年的援滇工作。恰逢五一长假，同伴们都回上海休假了，从昆明来回上海的机票有点贵，我觉得性价比不高，还不如好好欣赏一下祖国大西南的壮丽景色。立即查了查机票，发现昆明到拉萨的价格很是诱人，便向我们队长汇报请假，没想到他也很向往神秘的雪域高原，于是两人一拍即合，由我这个兼职导游临时组了个团，说走就走飞到了拉萨。布达拉宫的雄伟、纳木错的纯洁、南迦巴瓦日照金山的震撼、雅鲁藏布大峡谷的壮丽、山南雍布拉康的古老，在我的心灵深处刻下了无法磨灭的印记。时间所限，日喀则和珠峰成了当时的遗憾，便想等下次有时间一定要再上高原。没想到这一等便是12年。

转眼间到了2024年，我已从一个初出茅庐的小主治成长为胸有成竹的带组医生。7月的一个周一早上，主任突然打电话给我，市委组织部下达给医院的援藏任务，需要派一位熟练掌握ERCP的外科副主任医师前往日喀则援藏一年，担任日喀则市人民医院普外科主任。我们医院掌握ERCP技术的就没几个，还要是副主任医师，这项任务就像是为我量身定制一般，于是我便立刻答应了下来，医院组织部黄部长还替我着急："你不要这么快答应，先跟家里商量一下。"

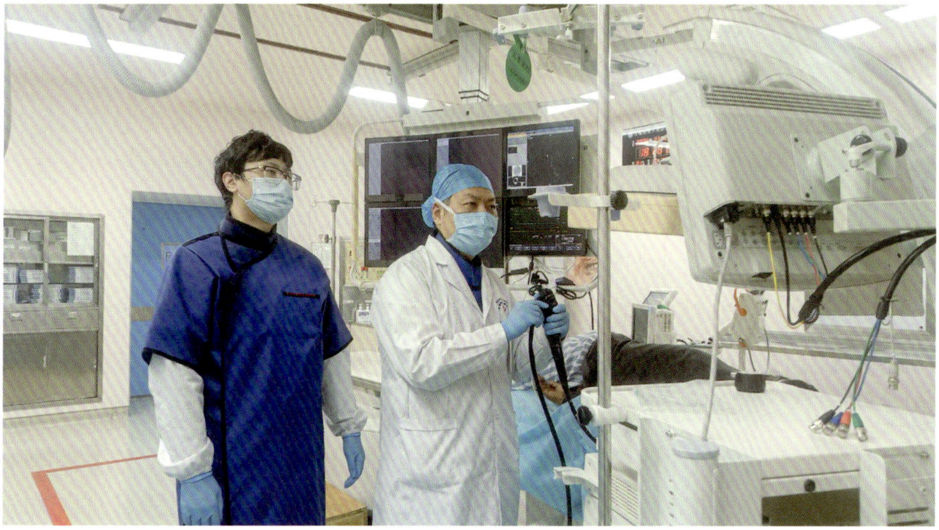

狄扬（右一）指导普外科徒弟丁伟ERCP技术

感谢我的人们都无条件支持我的决定，于是通过体检这关后，7月28日我随上海市第十批医疗人才“组团式”援藏工作队来到了日喀则。

初到日喀则，我的高原反应没有预想的严重，所以当本地普外科巴桑主任问我有个急诊ERCP能不能上时，我斩钉截铁地答应了下来。这是一位胰头癌压迫胆总管引起梗阻性黄疸的藏族老爷爷，前一晚出现高热寒战，考虑出现了急性胆管炎，ERCP放置胆道支架引流是缓解症状的最佳方案。日喀则市人民医院在上海医疗队的援助下，硬件设备非常先进，而我的任务是培养本地医生，通过“师带徒”科室派给我两位年轻医生阿旺索朗和丁伟，他们都有一定的基础。在丁伟医生的配合下，30分钟内就完成了手术。这时病房打来电话，说今天又收治了一个来自亚东县的9岁小姑娘，反复胆道感染，怀疑是胆总管结石，能不能一起把手术做了？我测了一下我的氧饱和度，居然有90%，简直是天选援藏者，那就顺便一起做了吧！和丁伟的配合越发默契，15分钟搞定。

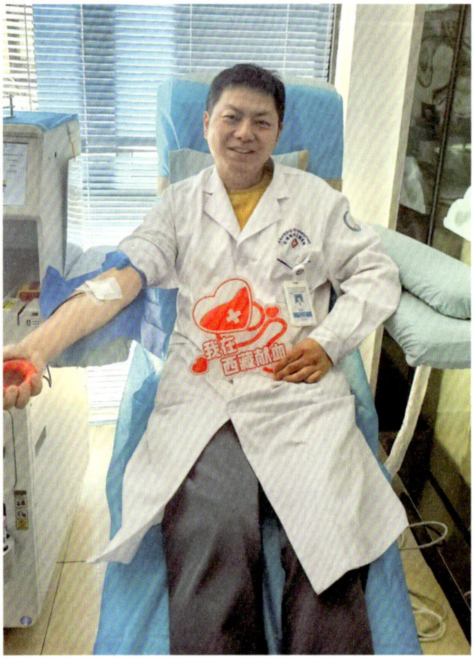

高原献血

来到日喀则市人民医院工作的第一个月，我走访了科内每位同事，制订了年度工作计划和目标。并得到后方华山医院大力支持，以“以院包科”形式建设西藏（西部）普外科疾病诊疗中心。通过调研，我发现当地胆胰疾病高发，联系后方租借设备，在日喀则市首次开展超声内镜新技术，填补了技术上的空白，提高了当地胆胰疾病的诊疗水平。对于科内优势项目肝胆外科和胃肠外科，鼓励专科化建设，积极开展微创手术、四级手术，各项数据均较上一年有较大幅度提高，科室获得医院先进科室称号。同时根据藏族聚居区疾病谱，完善了普外科常见病的诊疗规范，牵头成立日喀则市普外科质控中心。半年来我个人开展胃癌全胃根治术、胆囊癌根治术、结肠癌根治术、胰腺癌旁路手术、肝包虫手术、胆总管囊肿切除胆肠吻合术等高难度四级手术 10 余台，同时指导腹腔大出血、肠系膜血栓小肠坏死等危重急诊手术 10 余次，获得日喀则市人民医院"最佳援藏干部"称号。

日喀则市人民医院是西藏自治区拉萨地区以外唯一的外科住院医师规范化培训基地，但是科室教学工作基础薄弱，教学质量欠佳。我依仗担任 10 余年教学秘书积累下的教学经验，主动承担起教学主任的职责，组织完善了相关教学制度，规范了教学查房、小讲课、手术操作示教等教学活动。带领科室同事参加西藏医学会普外科年会，并代表日喀则市人民医院交流发言。经过数月的努力，科内教学氛围大为改善，教学工作走上正轨，徒弟丁伟医生获得医院"优秀员工"称号。

在藏工作期间，我参与组织了多项医疗队公益活动，如赴山南地区调研、上海对口支援日喀则五县医疗交流、多次送药下乡巡诊义诊、跨喜马拉雅国际公路自行车极限赛等多次保障工作。针对当地血源紧张问题，响应医院号召，我带头赴日喀则市中心血站献血 400 毫升。2025 年 1 月 7 日定日县发生 6.8 级地震后，我主动请缨并随医疗队当晚奔赴日喀则，与本地医生及国家专家组密切协作，成功救治重伤员 10 余人，其中有腹腔出血合并多发伤的危重伤员 3 人，经过及时治疗后均顺利出院。

一次援藏行，一生援藏情。即使任务结束，但我永远都是援藏人，只要西藏需要我，不管身在何方，我必定尽最大努力建言献策，为西藏的发展奉献全部的力量。

今生，我都是一名援藏人。

援藏，于艰苦中蜕变，于奉献中成长

张睿卿

张睿卿，本科，复旦大学附属肿瘤医院财务科科员，援藏期间任日喀则市人民医院财务科主任。擅长财务管理及收费管理。

怀揣着一颗忐忑的心，我迈出了援藏的脚步。那时的我，心中充满了对未来的诸多忧虑：工作任务能否胜任？是否会遭遇严重的高原反应？那里的生活环境是否艰苦……同时，对家人的眷恋也萦绕心头，难以割舍。然而，当我真正置身于这片神圣的土地，成为上海第十批“组团式”援藏医疗队的一员后，我发现那些先前的顾虑正悄然消散。

这里的生活资源远比我想象的充沛，从食宿安排到日常所需，一应俱全，让我无须为基本生计担忧。更让我心生暖意的是，团队中的每一位成员都给予了我无微不至的关怀与支持。每当我身体稍有不适，总有领导和同事第一时间嘘寒问暖，并提供贴心的建议和帮助。仅仅几天时间，我便已开始参与到一些阶段性的工作中。与此同时，我也在努力调整自己，力求尽快融入这个温馨的大家庭，为这片土地上的同胞献上自己的一份绵薄之力。

由于我在原单位对门诊收费业务较为熟悉，因此初抵日喀则市人民医院，我特意参观了医院的收费处及住院部，对医院的运营流程有了更为直观且深入的了解，这也为我的工作规划与展望奠定了基础。

经过深入调研，我发现前来医院就诊的患者中，老年人占了相当大的比例。他们行动不便，排队等待的时间较长，而医院的自助服务机使用率又相对较低。为了改善这一状况，我综合考虑了多种因素，决定将我在原单位实践过且效果显著的蛇形排队模式引入这里，并在医院入口处增设了导医服务台以及醒目的自助机引导牌。这一举措旨在双管齐下，既缩短患者的排队时间，又提高自助机的使用率，让患者能够更加顺畅地完成就医。我的这一提议很快得到了日喀则市人民医院巴桑次仁院长以及分管财务的达罗院长的充分认可和大力支持。在接下来的工作中，我全身

在日喀则市人民医院收费处了解运行模式

心投入优化医院服务流程的各项举措中，力求给患者带来更加便捷、高效的就医体验。

首先，我积极推动医院在窗口服务中实施“潮汐式管理”模式。这一模式的核心是，根据病人流量的实时变化，动态调整窗口的开放数量。在病人就诊的高峰时段，比如每天的上午和下午，及时增设服务窗口，以加快服务速度，减少患者的等待时间。而在病人较少的时候，比如中午和晚上，则会灵活安排窗口工作人员前往自助服务区，协助患者高效地使用自助服务设备，如自助挂号机、自助缴费机等。通过这样的调整，确保了医院资源在不同时间段都能得到充分利用，提高了整体服务效率，也让患者感受到了更加贴心、周到的服务。

在推广自助服务方面我也是不遗余力。我深知，提高自助机的使用率，不仅能够减轻窗口的工作压力，还能为患者提供更加便捷的服务体验。因此，我主动助力门诊收费部门，通过多种渠道广泛宣传自助服务的便捷性。我们制作了精美的宣传册和海报，张贴在医院的各个角落，还通过医院的官方网站、微信公众号等线上平台，积极鼓励患者用自助机办理业务。同时，医院也加强了对患者自助操作技能的指导。我们组织了专门的培训课程，邀请专业的讲师为患者讲解自助机的操作方法和注意事项。在自助服务区，我们还设置了醒目的提示牌和操作指南，方便患者随时查阅。通过这些措施，确保每位患者都能轻松上手，享受自助服务带来的便利。

在宣传电子医保方面，我也是积极参与其中。在了解到日喀则市医疗保障局已制订出详尽的实施方案后，我深知这是提升医院服务质量的一次难得机遇。因此，我主动请缨，通过进机关、进学校、进社区等多种方式，广泛宣讲医保电子凭证的诸多优点及使用流程。我深知，只有让更多的人了解并接受电子医保，才能真正实现医保服务的便捷化和高效化。因此，我在宣讲过程中，注重用通俗易懂的语言和生动的案例来讲解电子医保的优势和使用方法。我还特别强调了电子医保的安全性，消除了患者对个人信息泄露的担忧。此外，我还在医院门诊大厅等显著位置张贴海报、播放宣传视频，大力提升患者对电子医保的认知度和接受度。

为了方便患者注册和激活医保电子凭证，我们还提供了多种便捷的途径。患者可以通过国家医保服务 App、西藏医疗保障公众号、西藏医保小程序、藏

收费处现场指导（张睿卿左一）

易通小程序以及日喀则市医疗保障公众号等多种方式进行注册和激活。这些多样化的注册激活方式极大地提高了患者的参与度和医保电子凭证的激活率。我们还特别设置了专门的注册激活指导区域，为患者提供现场指导和帮助。在这里，患者可以得到专业的指导和协助，确保他们能够顺利完成注册和激活过程。

在医院的日常工作中，我更是积极鼓励患者在就医过程中优先使用医保电子凭证进行医保支付、医保查询等。我深知，只有让患者亲身体验到电子医保的便捷性和安全性，才能真正推动电子医保的使用率稳步提升。因此，我在与患者交流的过程中，总是耐心地向他们介绍电子医保的优势和使用方法。及时为他们解答疑问和提供帮助。通过我的努力，越来越多的患者开始尝试使用电子医保，并逐渐感受到了它带来的便利和优势。

在我后续的工作中，我将继续充分落实日喀则市人民医院所采取的各项措施，持续关注自助机的使用情况，进一步优化服务流程，提高窗口服务效率，加强宣传推广力度，让更多的患者了解并接受自助服务和电子医保。此外，我还将提供更加便捷的注册激活途径，确保患者能够轻松完成医保电子凭证的注册和激活。我相信，通过我们的共同努力和不断改进，一定能够给患者带来更加便捷、高效的医疗服务体验。

援藏，为高原建设献出自己的力量

孟申

孟申，工程师，本科，复旦大学附属妇产科医院医学装备科科科员，援藏期间任西藏日喀则市人民医院医学装备科主任。专业方向：医疗设备采购与管理、医用耗材管理。发表中文核心期刊论文两篇。

2024 年 7 月，我积极报名参加医院援藏人才选拔，终于成为上海市第十批“组团式”援藏医疗队的一员，带着医院领导的重托和期望前往日喀则市人民医院参加援藏工作。

8 月，我怀着激动的心情来到日喀则市人民医院，在适应当地气候环境后，我便迅速参与到当地医院的各项工作中。医学装备科是负责医院医疗物资采购和管理的科室，为临床工作顺利开展提供保障，是医院运行中必不可少的一部分。考虑到有些临床医生设备操作不熟悉，我与当地装备科同事带领厂家工程师进驻到科室，对临床医生进行设备操作讲解。同时，我带领装备科同事利用现有医院管理系统，在医院装备科人员紧缺的情况下，对医院设备进行巡查和统计，确保医院医疗设备正常运转。

随着在日喀则工作的不断推进，我对日喀则市人民医院的运行情况越来越熟悉，我和医院装备科的同事一起为医院采购项目建言献策，对医院采购流程进行优化。医院医用设备采购预算征集是医院每年非常重要的项目，关乎到医院各个学科新一年的发展，也关系到医院整体的运行情况，为了确保医院采购预算的科学分配和顺利执行，我与当地装备科马小明主任一起召集各个临床科室主任开预算征询会，听取各科室的需求和发展情况，从而制定出采购预算，为医院新一年的发展做准备。

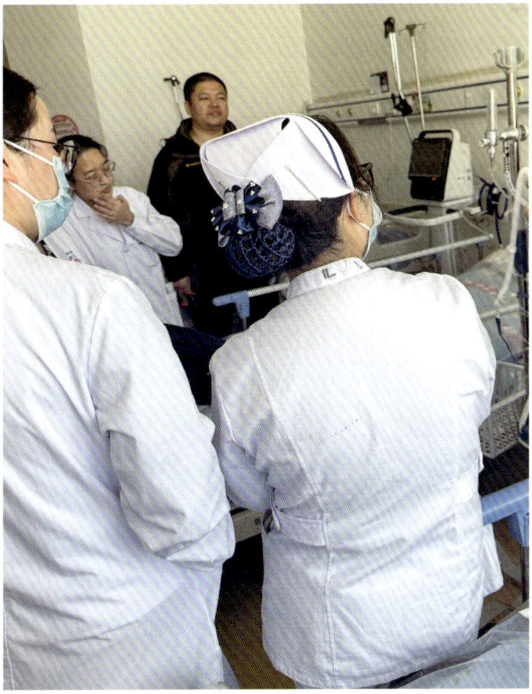
孟申（后排右一）现场指导设备使用

日喀则市人民医院在上海援藏医疗队的帮助下引进了 SPD 医用耗材供应链管理模式。SPD 医用耗材供应链管理模式是在供应链一体化思想指导下产生的一种典型的精益化管理模式，它是以保证院内医用耗材质量安全、满足临床需求为宗旨，以物流信息技术为支撑，以环节为手段，强化医院医用耗材管理部门的全程监管，协调外部与内部需求为主导，对全院医用耗材在院内的供应、加工、配送等物流的集中管理模式。2022 年 6 月，国家卫生健康委医院管理研究所将 SPD 医用耗材供应链管理模式纳入研究体系，SPD 医用耗材供应链管理模式将成为医院提升精细化管理水平和降本降耗的重要抓手，以实现医疗器械领域产品精细化管理。我将原医院 SPD 管理的经验与医院实际情况相结合，与当地马小明主任一起到医院的各个科室进行调研，为 SPD 的顺利运行提供帮助。2025 年 1 月 7 日西藏定日县发生 6.8 级地震，灾情发生后，日喀则市人民医院迅速响应，第一时间启动医疗救助应急预案，全力投入伤员救治工作中，得益于医院 SPD 的实施，在这次灾后救援中，医院物资保障一直顺利运行，为临床救治提供帮助。

在日喀则工作的一年，我感受到了党和国家的力量，在全国各地对西藏持续支持帮扶下，高原的医疗硬件和资源已经取得了明显的改善，人民生活水平也越来越高，日喀则成了我的第二故乡。我在日喀则收获了对生命的全新认知，对自身职业的信仰和对这片土地深沉的爱。

我可以做些什么

孙成君

孙成君，博士研究生，复旦大学附属儿科医院内分泌代谢科副主任医师，援藏期间任日喀则市人民医院儿科主任。主要擅长儿童内科常见疾病和内分泌代谢疾病的诊治。任上海市医学会儿科分会内分泌遗传代谢学组组员（第十二届）；上海市医学会儿科分会青年委员（第十二届）。近五年发表 SCI 论文 25 篇，第一/通讯作者发表 SCI 文章 8 篇。主持国家自然科学基金青年基金，参与国家重大项目子课题研究及市区级课题项目。

2024 年 7 月 28 日，怀揣着医院同事与领导的殷切期望与嘱托，我告别了上海奔赴日喀则。与同样来自上海的第十批“组团式”援藏医疗队的其他队员相聚在高原。在领队的引领下，经过精简务实的工作交接，便迅速投入新一轮的医疗援藏工作中。

通过开展日常医疗工作，业余时间尝试学习一些藏语，我逐渐对西藏、对日喀则市以及日喀则市人民医院有了一定的认识。在敬佩藏族同胞与恶劣自然环境长期斗争并逐渐适应的英勇中，我也看到一些老旧习俗对身体健康的危害。在日常的门诊中，我遇到越来越多的家长带着对儿童细微的症状和对健康更细致的问题来就诊。在工作期间，我跟随援藏医疗队到了日喀则辖区部分县城医院进行参观交流，越来越意识到日喀则市儿童的疾病谱、家长对儿童健康的需求和由此塑造的日喀则市人民医院儿科，与我原来工作的上海儿科的专科医院相比，从患者的数量、接诊疾病的种类、其他学科的协作以及教学科研等方面，都有很大的不同。比如日常以感染性疾病为主导的疾病谱，加上地广人稀、生活水平较低，常导致儿童感染性疾病诊治时机偏晚、重症感染患者比例高，儿

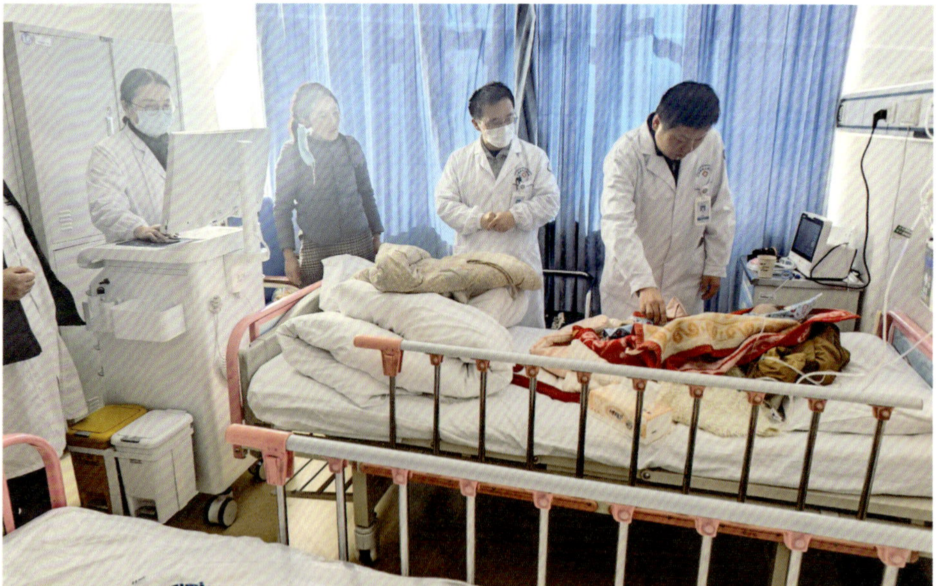

儿科多学科会诊（孙成君右二）

儿科医疗质控中心业务讲座

童亚专科疾病虽然少见但却也络绎不绝。我常常问自己，我这一年的援藏期，以我的个人经验和专业知识，能给日喀则留下什么？能为后来人准备什么？

我经常想到“当地所需，上海所能”的上海援藏原则，我首先放下了我的内分泌代谢专业，投入日喀则市人民医院儿科所需要的儿童危重症、呼吸道感染、抗生素使用、儿科医疗质量控制的工作中。然而，我觉得凭借自己有限的跨亚专科经验，难以很好地提高当地医生水平，更需要平移后方相应专科的知识和力量。在前方领导和后方领导的共同关心支持下，我积极对接寻找可以让双方医护进行对口交流的机会。在后方单位复旦大学附属儿科医院重症医学科的大力支持下，2024 年 10 月下旬邀请后方重症医学科专家陈伟明和蔡小狄主任对日喀则市人民医院儿科就儿童危重症进行了从识别到治疗的整体培训。我还注意到，在日喀则市人民医院，B 超检查有的时候在特定的日常工作场景中较放射影像学检查更容易实施，在同期援藏医疗队同事的帮助下（仁济医院急诊科张晓斌主任、新华医院 B 超室徐新量主任），进行可因地制宜开展的危重症 B 超培训。在进行日常培训的间隙，邀请儿科影像学郭晨主任进行常见疾病儿童肺部影像学的培训。这些培训对当地医院儿科诊疗具有明显的提高作用。

在上海历届儿科援藏前辈的基础上，我继续补充《日喀则市人民医院儿科诊疗常规》，添加儿童内分泌代谢常见疾病适合当地的诊治常规流程。继续利用休假时间，在后方医务科和兄弟科室的帮助下，制定便于实施的《日喀则市人民医院儿科临床流程手册》、修订《日喀则市人民医院儿科急救流程》。

2025 年 1 月 7 日日喀则定日县发生 6.8 级地震，我紧随上海“组团式”援藏医疗队的安排，于地震发生当日与全体成员一起第一时间返回日喀则。抵达后的第一时间即前往日喀则市人民医院，了解院内儿童伤者情况并承担儿科病区受灾患者的医疗救治工作。在执行救助期间，协同“组团式”援藏医疗队队员、日喀则市本地医护、其他援救医疗团队以及相关社会资源，为受灾群众中最小年龄患者，拉孜县的一名 5 个月龄儿童制订细致的诊疗方案，为其顺利健康出院保驾护航。与此同时，积极了解儿童受灾情况并参与儿童重症患者的救治工作，参加重症监护室一名因地震导致严重创伤、病情危重的 5 岁女童的会诊及治疗。在此期间，坚持围绕援藏工作主责主业，以积极的工作态度预防医疗资源挤兑，保持地震灾害期间儿科病区其他患儿的诊疗工作正常进行。

高原上的付出与收获

陈佳华

陈佳华，助理研究员，硕士研究生，复旦大学附属眼耳鼻喉科医院医务部科员，援藏期间任日喀则市人民医院医务科主任。以第一作者或通讯作者发表学术论文 2 篇，主持省级课题项目 1 项。

站在拉萨贡嘎机场的落地窗前，我终于看清了这片被称作“世界屋脊”的土地。高原的阳光如同被滤去了杂质，以最纯净的姿态倾泻而下。正午时分的贡嘎机场如同悬浮在天地之间的驿站，既承载着现代航空器的轰鸣，又浸润着酥油茶与藏香的古老气息。虽然对西藏这片神秘的土地神往已久，但我确实从未想过自己会以上海援藏医疗队成员的身份踏上这片神秘的土地。

在上海，我的日常工作主要围绕优化完善医疗流程与制度、医疗质量控制、协调院内各项医疗工作开展，这些工作内容也都是基于本院的实际情况来进行。一下子换了个工作场景，特别是在工作生活习惯方面和内地差异较大的西藏，不光是巨大的挑战，自己内心对于这次的工作意义也不甚明朗。

在日喀则，我被任命为医院医务科主任，实际工作也远超预期。除了开展日常医疗质控工作外，还需要负责推进医院“五大中心”建设、医院等级评审及公立医院绩效考核的工作。

三甲医院“五大中心”建设是我国医疗体系改革的重要组成部分，通过胸痛中心、卒中中心、创伤中心、危重孕产妇救治中心、危重儿童和新生儿救治

陈佳华（左）与上海市浦东新区医疗援藏干部进行医院等级评审工作交流

中心的协同运作，大幅提升急危重症的救治能力，为患者提供更加便捷和高效的医疗服务。我到日喀则市人民医院的第一个阶段性工作就是准备“创伤中心”建设情况的现场评审。

8月甫一开始，在医院领导的带领指导下，我和医务科的同事就坚持每天下临床，和创伤中心的秘书、干事密切联系，对接各项迎评材料的准备情况，梳理需多部门协调处理的工作，组织沟通会，把相关工作落实到部门、落实到人，做到迎评工作每日盘点、每周总结。8月31日，中国创伤救治联盟专家组对日喀则市人民医院高级创伤中心建设情况进行现场评审。经过专家组现场评估，医院高分通过国家级认证，被授予中国创伤救治联盟“高级创伤中心”称号，成为西藏地市医院首家通过“高级创伤中心”医院，这也标志着日喀则市人民医院创伤救治能力和自治区级区域医疗中心“五大中心”建设提质增效跃上新台阶。

创伤中心的建设不是停留在迎评层面的表面工作，而是切实发挥创伤救治功效的利民工作。2025年1月7日西藏定日县发生6.8级地震，灾情发生后，日喀则市人民医院迅速响应，第一时间启动医疗救助应急预案，全力投入伤员救治工作中，每一位患者对应安排一名医生、一名护士及两名志愿者，全流程保障，切实打通生命救治绿色通道。这也体现出我们在创伤中心建设中优化创伤病人的救治流程，实现院前急救与院内救治互动的现实意义。

在日喀则，很明显的感受就是在中央和各省市的持续支持帮扶下，高原的各项医疗硬件和资源已经取得了明显的改善，但是群众的健康观念仍亟待转变。医院的住院患者绝大部分是急诊收治的病例，很多病人来医院就诊时病情已经发展到了中后期比较复杂的情况，极大地影响了患者病情的治疗及预后。注意到这种情况后，我们在平时的义诊、下乡活动中特意增加了健康科普工作的时间比重，帮助老百姓养成“有病及时就医”的健康习惯。

在返程的飞机上我摸着哈达上细密的纹路，回忆这一年经历的缺氧、失眠、想家的夜晚。原来援藏从来不是单向的付出，而是生命与生命的相互滋养。我们带来了技术和管理经验，同时也收获了对生命的全新认知、对医生职业的信仰和对这片土地深沉的爱。

一名上海医生的高原行

汉辉

汉辉，医学博士，上海交通大学医学院附属瑞金医院心内科主治医师，援藏期间任日喀则市人民医院心内科主任。长期从事心内科临床工作，对冠心病、心力衰竭、心律失常、高血压、高血脂等心血管疾病诊疗具有丰富的临床经验，擅长冠心病和结构性心脏病的介入诊疗，并熟练开展急性心肌梗死等高危冠心病介入治疗；主持国家自然科学基金青年项目课题 1 项、西藏自治区自然科学基金面上项目 1 项、西藏自治区自然科学基金“组团式”援藏医学项目 1 项，以第一作者或共同第一作者发表 SCI 论文 10 余篇。

我是汉辉，上海瑞金医院心内科的一名普通医生。2024 年 7 月，我响应国家号召，踏上援藏之路，有幸成为西藏日喀则市人民医院心内科主任。这段经历，将是我人生中最深刻、最难忘的一个篇章。

初到雪域，直面挑战

日喀则的平均海拔超过 3800 米，初到时，高原反应让我头晕、心慌，连走路都气喘吁吁。这里的医疗条件远不如上海：设备陈旧，医生经验不足，许多患者无法得到及时的救治。我暗下决心，要用上海瑞金医院的先进技术来改善日喀则的就医条件。援藏不足半个月，我就穿上铅衣、走上手术台，完成了入藏以来的第一台急诊冠脉介入手术，拉开了与本地医生并肩作战的序幕，并在医疗活动中积极带教年轻医生，推进日喀则的心血管病诊疗尽早与内地三甲医院接轨。

雪域惊魂：与时间赛跑的藏药过量抢救

2024 年 8 月的一个下午，一位 53 岁的藏族患者因误服过量含有乌头碱的藏药而到日喀则市人民医院急诊科就诊。诊疗过程中，患者突发意识丧失、室速、室颤。我与急诊科张晓彬主任、索朗片多主任及心内科刘盼晶医生组成临时救治小组，在持续抢救 100 分钟、反复除颤 11 次、心肺复苏、药物抗心律失常及心脏保护等治疗后，患者心律从室颤转为多形室性心动过速，进一步转为窦性心律，血压逐渐稳定，而且意识逐渐恢复正常。这次成功的抢救经历，加深了我对于当地特色疾病的认识，也使我意识到，在高原地区从事医疗活动要保持不断学习的态度，这样才能充分发挥自身的专业技能，服务当地患者。

生死时速：挽救 17 岁少年的生命

2024 年 11 月，我遇到了援藏以来最危急的病例——17 岁的藏族少年格桑。他因“咳嗽、发热 15 天”入院，下肢浮肿，呼吸急促。心脏彩超显示，他的主动脉瓣膜上挂着一颗直径 1 厘米左右的赘生物，随着心跳摇摇欲坠，而且还合并有心功能不全和二尖瓣重度反流。心力衰竭加重和赘生物脱落的风险很高，如不及时治疗，死亡率超过 90%。我立刻联系上海瑞金医院心脏中心，请求多

汉辉（右二）收到藏族患者赠予的锦旗

学科会诊。格桑患有感染性心内膜炎、先天性主动脉瓣畸形，还合并系统性红斑狼疮，血色素仅有 56 克 / 升。要将他转运到上海，需跨越 4000 多公里，途中还要在成都转机，面临诸多的挑战。面对家属的疑虑和担心，我坚定地说：“瑞金医院会承担所有费用，我们一定要救他！”

在瑞金医院副院长赵强教授的协调下，我们制订了周密的转运计划，东方航空、西藏航空也为此开通了绿色通道，由我全程护送格桑抵沪。我们通过二代测序，确诊格桑为罕见的巴尔通体感染。经过充分的内科治疗，手术时机成熟后，赵强教授团队为他实施了主动脉瓣和二尖瓣置换术。术后，格桑恢复良好，并向我赠送了锦旗。这次“冒险行动”成功地挽救了小格桑的生命。受限于高原地区医疗条件，许多心血管病危重患者不能得到及时的救治。依托上海瑞金医院心脏中心强大的技术优势，我将继续积极推动沪藏联动，用实际行动践行“广博慈爱，追求卓越”的院训。

技术平移：让高原患者“无感”治疗

2024 年 12 月，瑞金医院心内科主任吴立群教授带队来到日喀则，开展无导线起搏器 Micra AV 的技术推广。一位 62 岁的藏族阿婆央金因“III 度房室传导阻滞”多次晕倒，却由于顾虑传统起搏器影响外观和日常生活而拒绝手术。我向她解释：“无导线起搏器的大小类似一颗胶囊，术后几乎感觉不到它的存在。”最终，吴主任和我一起，仅用时 20 分钟便将无导线起搏器植入了患者心脏内。这不仅是日喀则市首例，更是刷新了全球海拔最高的无导线起搏器手术纪录。每一次成功救治，都让我更坚定一个信念：技术平移不仅是设备的引入，更是理念的传递。让我欣慰的是，瑞金医院与日喀则市人民医院的“技术平移”机制已常态化，未来将有更多专家踏上这片高原。

科研扎根：让高原难题开出学术之花

高原地区有不少具有地方特色的疾病，所以这里的医生不仅要会治病救人，还需要具备一定的科研思维，有助于在临床工作中归纳和创新。为了增进日喀则市人民医院心内科的科研实力，我带头成功申请了 2024 年第二批西藏自治区自然科学基金“组团式”援藏医学项目和 2025 年西藏自治区自然科学基金面上项目。通过高原疾病相关课题的研究，我希望能够为当地留下一支“带不走”的科研团队，从而更好地服务患者。

驰援日喀则：地震中的逆行者

2025 年 1 月 7 日，日喀则定日县发生 6.8 级地震。彼时，我已返回内地休假，得知消息后立即申请返藏，隔日即抵达日喀则市人民医院，与医疗队其他队员及本地医生并肩作战，参与抗震救灾活动。

后记

在日喀则的每一天，我都能看到医院外那条“上海路”。它不仅是两地情谊的象征，更承载着无数医护人员的初心：让每个生命，无论身处何地，都能享有平等的救治机会。这片雪域高原，教会我何为医者的使命——攀登技术的高峰，传递生命的温度。

在离天空最近的地方播撒希望

于德刚

于德刚，医学博士，上海交通大学医学院附属第九人民医院骨科副主任医师，援藏期间任西藏自治区日喀则市人民医院骨科主任。上海交通大学医学院附属第九人民医院优秀青年骨干。擅长骨科各类关节病痛与损伤的诊治，尤其是人工髋/膝关节置换技术、人工关节翻修技术、3D 打印辅助手术技术、关节镜微创技术、微创保髋保膝技术、肢体截骨矫形技术等。学术任职：上海市医师协会骨科分会关节学组委员，上海市生物医学工程学会骨关节工程专委会委员，上海医学会运动医学分会关节伤病微创学组委员，上海市中西医结合学会关节病专委会委员，中国中医药信息学会骨科分会医工结合专委会常委等。主持国家自然科学基金项目 1 项、省部级课题 1 项，主要参与国家自然科学基金、国家重点研发计划课题 12 项；以第一或通讯作者发表 SCI 收录论文 30 余篇。

从未想过，人生一段美好厚重的时光会流淌过日喀则。当我站在日喀则市人民医院骨科病房的窗前，高原的阳光正将雪山的轮廓勾勒成金色的波浪。案头病历上跳跃的光斑，恍惚间与黄浦江的粼粼波光重叠。半载时光如同雅鲁藏布江奔涌的浪花，却在我生命里沉淀出最厚重的年轮。

初上高原：用脚步丈量使命

2024 年 7 月 28 日凌晨，丹茹书记和采凤护士长送行的场景仍历历在目。马延斌书记那句“要留下‘带不走’的医疗队”的嘱托，与妻儿强忍泪水的拥抱，成为我背负的行囊中最沉甸的部分。

初抵时的感受至今清晰。平均海拔超过 3800 米的稀薄空气是高原赠予的见面礼，走快三五步就会喘息，王庆华书记“放慢点”的叮嘱依然在耳旁回荡。鼻腔里的血痂提醒着这里与黄浦江畔截然不同的生存法则。

在有援藏前辈印记的宿舍里，我对着窗外顽强生长的格桑花写下日志：“适应期不是休止符，而是冲锋号。”3 周后，当我完成一台 3 小时的膝关节置换手术时，手术护士卓玛竖起大拇指：“您比格桑花更适得在高原扎根！”

破冰之战：转经筒与手术刀的对话

初到骨科，病房里都是骨折创伤患者，而患有骨关节疾病的老人却蜷缩在山区默默忍受着痛苦。8 月上旬的门诊，64 岁的曲珍撩起藏袍露出严重变形的双膝：“曼巴，疼了十多年，还能跳舞吗？”她浑浊的眼里闪着光；旁边 70 岁的仁增抚摸着自己肿痛了 20 年的膝盖，呢喃“这是菩萨给的磨难”。这些情形刺痛了我，他们早该做手术的！那几夜，我辗转难眠——要治病！要改变观念！

为打破牧民“腿痛靠念经”的观念，我连夜赶制出藏汉双语的《高原膝关节病防治手册》，深入山区牧区义诊，三个月间，这个手册送到谢通门、南木林、萨迦、定日等周边六县。病房走廊的展板前开始有牧民驻足。

当仁增在膝关节置换术后，重新跳起锅庄舞时感叹：“原来转经筒治不好的病，手术刀能治。”当 63 岁的老僧人次仁褪去袈裟露出笔直的双腿，指着膝盖上的手术疤痕：“20 年的经筒转不动了，是您把转经路还给了这

63 岁的次仁在膝关节置换术后两个月复诊，恢复顺利。

双老腿。”

关节外科的火种开始在雪域高原播撒！

技术突围：3D 打印点亮高原医学之光

“于老师，这个模型如此神奇逼真！”徒弟纪丕庭捧着 3D 打印的膝关节模型，眼里闪着光。面对藏族医生薄弱的关节外科技术，我将九院骨科的“数字医学技术”化作破局利刃。每当遇到复杂病例，我将 CT 数据传回上海，团队连夜建模分析，将病变关节与导板 3D 打印后发到在日喀则。不仅有助于手术规划、辅助手术，还能提高教学效果。

45 岁的琼达，膝关节扭曲如盘根老树，我们借助 3D 打印技术辅助手术矫形，当假体完美契合的瞬间，观摩的本地医生集体鼓起掌来。如今，已有 20 多位病友获得了 3D 打印技术赋予的新生。

淬火时刻：地动山摇时的生命防线

2025 年 1 月 7 日上午 9 时，定日县的 6.8 级地震像一记重锤打破了高原的宁静。彼时，正休假的我在上海陪护刚做完膝关节置换的父亲，父亲那句“放心走吧，日喀则更需要你”，让我的脚步无比坚定。

骨科是此次地震伤员救治的主战场，没有时间感伤，立刻投入战斗！8日14时我出现在日喀则市人民医院骨科病房：骨盆骨折的老阿妈、开放性胫骨骨折的少年、挤压综合征的中年牧民、多发骨折的年轻卓玛……迅速筛选病情轻重缓急，与当地骨科医生展开手术和康复管理，带领团队先后处理治疗地震骨折伤员61人，手术48人次。当伤员转危为安、逐步出院时，窗外的经幡正被风吹成浪花。

半程回望：冻土新芽

1月25日晚返沪，儿子热烈的拥抱，母亲望着我黝黑消瘦的脸庞心痛，这些瞬间总让我眼眶发热，但更难忘的是在日喀则的日日夜夜：工作中胸襟宽广的李坛珠医生、手术台上沉着镇定的冯祥医生、能够独立开展关节置换手术的团结奋进的年轻团队。半载援藏，116台关节置换手术、7项新技术、1项科研课题、1篇核心期刊论文、61名地震伤员的康复。这些数字终会模糊，但我深知，关节外科的种子已在高原冻土里萌芽，它们会带着黄浦江畔的温润与雪域的坚韧，长成新的森林。

伫立在平均海拔超过3800米的土地上，我越发理解“援藏不是一个人的远征，而是一代代医者的接力”。那些在关节模型上反复练习的年轻面孔、那些深夜手术时疲惫却明亮的眼神、那些跨越山海而来的3D打印模型、那些康复患者送来的洁白哈达，都在诉说着一个真理：医学的温度可以融化冰雪，技术的火种能够照亮高原。

“报效祖国、服务人民”的交医使命越发深刻。在离天空最近的地方，我触摸到了医者最本真的模样。这里稀薄的氧气让每一口呼吸都如此真实，炽烈的阳光将白衣的轮廓投射得越发清晰。接下来半程，我将继续日夜兼程，种下一片永不凋零的医疗森林。道阻且长，行则将至。这片洒满阳光的土地，终将绽放更多生命的春天。

雪域高原上的生命答卷

颜士岩

颜士岩，主任医师，医学博士，美国 Cleveland Clinic 访问学者，新华医院教学督导专家，上海交通大学医学院附属新华医院（奉贤院区）消化内科行政主任、执行主任，援藏期间任西藏自治区日喀则市人民医院消化内科主任。擅长复杂疑难肝病、重症胰腺炎、消化性溃疡、Hp 感染、脂肪性肝病、消化系统肿瘤等诊治，特别擅长胃萎缩、肠化、异型增生等癌前病变的处理。任中国慢病管理委员会委员 、上海市肝病学会肝脏肿瘤学组委员 、上海市消化学会第十届青年委员会委员、上海市消化学会消化肿瘤学组委员、全国肝胆病梯队咨询专家。主持国家自然科学基金面上项目、西藏自治区自然科学基金“组团式”援藏医学项目、上海市 2024 年度“科技创新行动计划”国内科技合作项目、新华医院临床研究项目等多项研究课题。作为新华医院 PI 完成“在中国真实世界临床实践中使用伏诺拉生的全国多中心的非干预性临床研究”。以第一作者发表 SCI 论著近 20 篇。

清晨6点的阳光穿透诊室玻璃，在办公桌上投下一片金色菱形光斑。我摩挲着白大褂口袋里那枚刻有“沪藏同心”的纪念章，望向窗外连绵的山峰，恍惚间仿佛又回到了2024年7月8日的那个黎明。当援藏通知打破晨晓的寂静时，20年党龄熔铸的使命感在胸腔里轰然作响，我个人体检报告单上密密麻麻的检查项目见证着组织对援藏医生的严苛要求，而当我站在日喀则市人民医院消化内科门前的那一刻，我才真正读懂了“医者无疆”的深刻含义。

初踏上平均海拔超过3800米的土地，高原以它特有的方式给了我下马威。病房巡视时，氧气稀薄引发的眩晕让我不得不扶着墙壁挪动；查房时突发的剧烈头痛常令眼前泛起雪花噪点；最煎熬的是每个辗转反侧的凌晨，手表血氧监测数值在85%上下跳动，如同悬在头顶的达摩克利斯之剑。然而当我推开消化内科病房大门，看到23双藏族医护求知若渴的眼睛，以及病床上那些被黄疸染成古铜色的脸庞，让我触摸到了教科书之外的医学温度。那位被称作“黄小伙子”的28岁国家工作人员，10年间辗转多家医院始终无法褪去的黄疸，在我们昼夜不停的病例讨论中终于揭开面纱——日喀则市首例Gilbert综合征的确诊，不仅让年轻生命重焕光彩，更在检验科显微镜下绽放出医学人文的光辉。当他的家人捧着新鲜的牦牛奶酪出现在医生办公室，乳香混合着青稞酒的气息在晨光中氤氲，我忽然懂得：在雪域高原，治愈从不是冰冷的数值回归正常，而是生命尊严的完整重塑。对消化内科43张病床上80%的肝病患者，我们建立起动态风险评估模型。记得抢救孕产妇急性肝衰竭的那个夜晚，监护仪警报声与窗外救护车刺耳的警鸣声此起彼伏。藏族护士始终保持着最精准的补液速度；当产妇经过全力抢救睁开双眼的刹那，她丈夫从藏袍内袋掏出的哈达还带着体温，那抹雪白比任何锦旗都更令人动容。半年间，多例重症胰腺炎、失血性休克患者的成功救治，不仅刷新着高原医学的纪录，更是在唐卡壁画注视下编织着生命的奇迹。但比抢救更让我夜不能寐的，是如何将“输血”转化为“造血”。在海拔落差3000米的学术阶梯上，我和王豆、殷慧两名徒弟的带教故事，像极了当年导师带我解剖肝胆管树的模样。从基础病理切片辨识到前沿文献解读，从腹腔穿刺术手势矫正到科研标书逐字推敲，16场专题培训的课件在深夜反复打磨。当看到徒弟独立完成首例超声内镜引导下肝脏细针穿刺活检时，那种欣慰堪比目睹稚鹰初次振翅翱翔。最令人振奋的是学术荒漠里萌发的绿芽。

我们带领科室年轻医生深挖高原肝病特色，在低氧与铁死亡的分子迷宫中寻找线索。带领科室医生首次申请国家自然科学基金——这不仅是项目申请的突破，更是高原医学自主创新能力的破茧。

2025 年 1 月 7 日，定日县地震撕裂雪域晴空。接到返藏通知后，我仅用 15 分钟购票启程，跨越 4000 公里高原天路，在颠簸的吸氧中巴上用饼干充饥。抵院后直奔病房，在为震区肝衰竭患者调整治疗方案时，指尖仍残留机舱空调的寒意。面对消化道大出血的牧民，监护仪的警报与窗外救护车的鸣叫声交织成生命倒计时。深夜会诊归来，泡上一碗难以下咽的方便面（高海拔水沸点低面泡不开），但患者逐渐平稳的呼吸胜过所有热汤饭食。余震中摇晃的输液架、沾满血污的白大褂、藏族同事递来的酥油茶，都在诉说医者誓言的分量——灾难面前，生命永远值得昼夜兼程的奔赴。

如今漫步在住院楼走廊，墙面上“先进科室”的铜牌与患者敬献的哈达相映生辉。那些与藏族同事围炉研讨病例的场景，那些手把手教学时掌纹相叠的

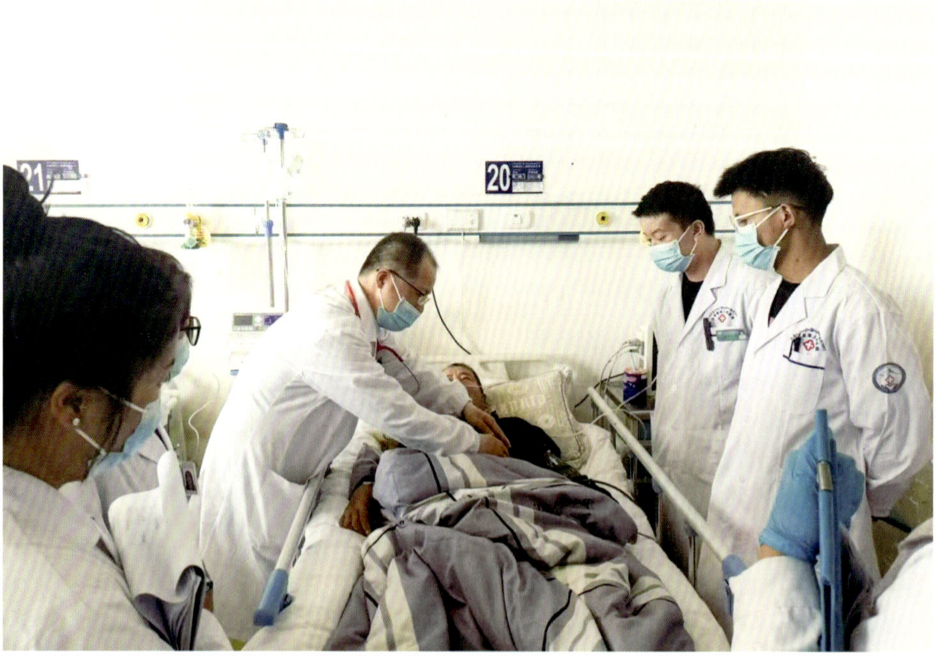

急性重症胰腺炎查房示教

温度，那些抢救成功后相拥而泣的瞬间，早已将沪藏两地的经纬线编织成命运共同体。每当看到出院患者将洁白的哈达系在医院门口的祈福树上，飘扬的丝条带化作千万条医患同心结，在喜马拉雅的山风中吟唱着生命至上的和声。临窗远眺，年楚河的波光正将夕阳揉碎成万千金箔。我轻轻翻开工作日志，最新页记录着今晨查房时 16 床老阿妈偷偷塞给我的奶渣糖。在这片离天最近的土地上，医学终于褪去钢筋森林里的冷硬外壳，露出它最本真的模样——不是居高临下的技术施舍，而是心手相连的生命共舞。当第一批培训学员开始带教新入职医生时，我恍然惊觉：那些在缺氧环境中播撒的知识火种，终将在雪域长成接天连地的青稞，滋养一代代高原医者。取下听诊器时，金属件还带着体温。我知道，真正的医疗援藏，从来不是单方面的付出，而是在相互治愈中让医学回归本源——在生命对生命的照见里，在文明与文明的对话中，完成对医者初心的最深沉叩问。

超越自我，声声不息

徐新量

徐新量，医学硕士，上海交通大学医学院附属新华医院超声科副主任医师，援藏期间任日喀则市人民医院超声科主任。熟练掌握腹部、泌尿、浅表器官、心脏、血管等多部位超声诊断，主要专业方向为超声造影、超声引导下多部位穿刺引流、多部位穿刺活检、肝脏肿瘤射频消融等。上海医学会超声专科分会第十一届腹部学组委员，上海市超声医学工程学会第二届介入超声专业委员会委员。近五年发表 SCI 论文 1 篇，主持省、市级课题项目 1 项。2024 年被评为日喀则市人民医院优秀援藏干部。

2024 年 7 月 28 日，我作为上海市“组团式”援藏医疗人才之一，带着医院和科室领导的重托和期望前往日喀则市人民医院参加为期一年的援藏工作。日喀则海拔高，气候干燥，对初次来到高原的人来说，生活上有着不小的挑战。我努力克服身体上的不适，经过短期的休整之后，迅速投入工作中。

作为一名医生，医疗工作始终是贯穿整个援藏工作的主线任务。通过对日喀则市人民医院超声科的现状进行梳理后发现，在本地主任的和历任援藏专家的大力帮扶下，目前科室业务量在持续增长，亚专业框架已形成，但是人员数量偏少，职称结构断层，整体基础相对薄弱，科室人员忙于应对常规检查任务，作为超声从诊断向临床发展的介入超声虽有开展，但由于场地和器材受限，有大量的临床需求难以得到满足。在和本地主任沟通交流后，确定了以提高常规检查质量为日常工作重心，介入超声的场地建设与规范化操作为近期的发展方向。

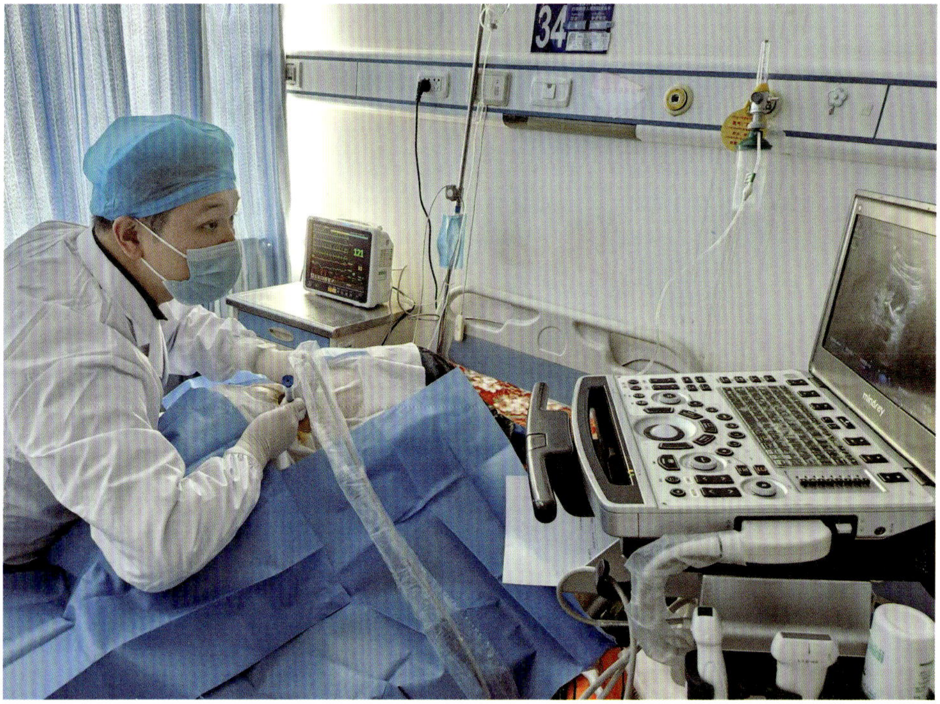

床旁超声引导下肾盂穿刺造瘘

在院领导的大力支持下，通过多方协调，在本来就紧张的医疗用房内安排了门诊三楼的一间诊室的外套间部分作为介入超声诊室，为达到院感要求，我积极协调后勤对诊室进行上下水改造以及办公用品的完善；引进成本低廉的一次性消毒包和探头护套，确保操作过程中严格无菌；会同本地主任一起制定介入操作流程以及所需各类穿刺耗材，并一一落实到位。

介入超声诊室开诊后，我积极与临床沟通，介绍超声介入的适应证和禁忌证，在原有的浅表器官穿刺基础上，首次开展了日喀则市人民医院超声引导下多部位穿刺引流，包括困难部位的胸腹水穿刺引流、肝脓肿穿刺引流、经皮经肝胆道引流（PTCD）、经皮肾造瘘、心包穿刺等，创伤小，而且效果立竿见影，解决了一个个棘手的临床问题。与消化科合作开展肝实质及肝肿瘤穿刺活检，所取标本有效，病理诊断明确，为后续诊治提供坚实的病理学依据。其中印象较深的一例患者是 2024 年 11 月 6 日，科室接到临床医生求助电话，一名中老年女性右输尿管结石伴右肾积脓，已出现感染性休克，需要紧急行床旁肾盂造瘘减压。我接到电话后，迅速推着床旁超声机器前往病房，与临床医生一起商量治疗方案，在临床医生的紧密配合下，不到 10 分钟我就完成了日喀则市人民医院第一例床旁介入超声操作，引流出大量脓液后，患者最终病情好转出院。还有一例患者，青年男性，急性重症胰腺炎，胰周及腹腔广泛渗出，保守治疗病情控制不佳。行床旁超声引导下盆腔积液穿刺引流，引流出大量褐色渗出液，患者第二天就诉腹痛明显缓解，最终痊愈出院。

在日喀则工作的这半年，我深切感受到了在中央领导下的援藏工作的巨大成果，西藏的城市建设、交通出行、教育和医疗水平得到了极大的提高，人民生活也越来越好，与内地的差距在逐步缩小。作为援藏队伍的一员，我们带来了先进技术和管理经验，我们和当地医护人员一起努力，为西藏卫生事业的进步做出了应有的贡献。

一名上海急诊医生的高原生命礼赞

张晓彬

张晓彬，医学硕士，上海交通大学附属仁济医院急诊科主治医师、教学秘书，脑死亡判定院内专家组成员，援藏期间任日喀则市人民医院急诊科主任。擅长各种疑难杂症和急危重症的抢救治疗，在重症超声、各种有创操作（心包穿刺、深静脉穿刺置管、气管插管等）、机械通气等具有丰富的经验。中国人体健康科技促进会人体器官与组织捐献专业委员会委员。以第一作者完成了两篇中文核心期刊论文和两篇 SCI 论文，主持医学院教学课题一项。荣获 2020 年上海市首届教学能力竞赛情景模拟大赛三等奖。2023 年上海市住院医师规范化培训论坛暨第四届住培技能大赛指导医师情境模拟教学比赛二等奖等多项教学奖项。

我的援藏小故事

2024年8月，我怀揣满腔热忱，踏上了为期一年的援藏医疗征程。我来到了日喀则市人民医院急诊科，开启了在这片神秘高原上的医疗援助生涯。初到日喀则，面对高原反应和艰苦环境，我没有退缩，而是迅速调整状态，全身心投入紧张而充实的医疗工作中。

在这片广袤的高原上，我经历了无数次与死神的较量，每一次都让我对生命有了更深的敬畏。其中，一次惊心动魄的乌头碱中毒抢救，更是让我至今难以忘怀。

那天，一名53岁的男性患者因过量服用含乌头碱的藏药被紧急送到医院。接诊时患者尚能应答，但病情迅速恶化，不久后便陷入昏迷、肢体抽搐、呼吸微弱。心电监护显示，患者已经出现了室颤。生命危在旦夕。

面对如此危急的情况，我与急诊科、心内科团队迅速组成临时救治小组，一场与死神的赛跑就此拉开帷幕。我们开通急诊中毒救治绿色通道，争分夺秒地为患者实施洗胃、电除颤、胸外按压、气管插管等一系列急救措施。在持续100分钟的紧张抢救中，我们反复除颤11次，终于将患者从死亡线上拉了回来。当患者的心律转为窦性、血压稳定、意识逐渐恢复时，整个抢救室的医护人员都松了一口气，我们相互对视，眼中充满了喜悦和欣慰。

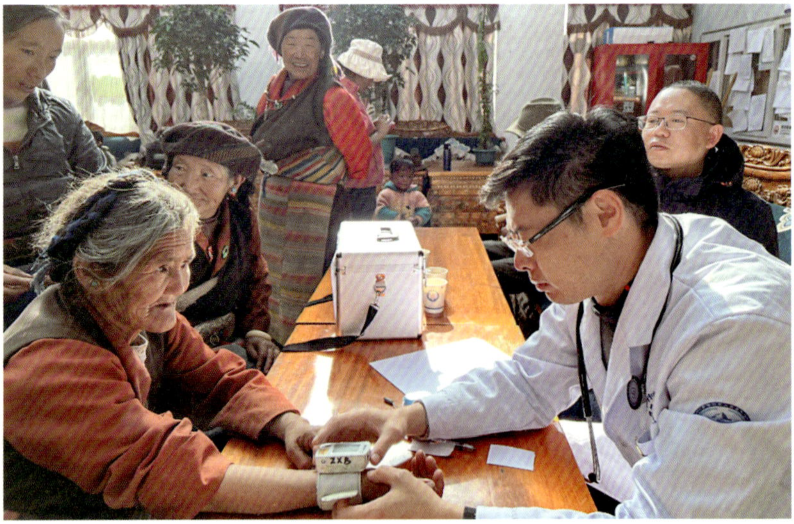

下乡义诊

这次成功救治，不仅彰显了我们整个团队精湛的医术，更凸显了用药安全宣教的重要性。在随后的日子里，我不仅积极参与临床救治工作，还利用自己的专业知识和经验，为当地的医护人员开展了一系列用药安全培训和讲座，努力提升他们的医疗水平和安全意识。

在日喀则市人民医院急诊科的日子里，我还参与了多例复杂病例的会诊和治疗工作。其中，一名31岁女性患者的救治过程让我印象深刻。这名患者因咳嗽、咯血、呼吸困难入院，病情复杂且难以确诊。在与重症医学科、影像科、呼吸科等多学科专家的共同会诊下，我们最终确诊患者为重症ANCA相关性血管炎伴弥漫性肺泡出血。针对这一罕见疾病，我为患者制订了个体化治疗方案，并给予大剂量甲强龙冲击，联合环磷酰胺、免疫球蛋白静脉注射等治疗。在整个团队的精心治疗下，患者的病情逐渐稳定，最终顺利出院。

除了临床救治外，我还积极开展了日喀则市首届急诊重症超声培训班的筹备和主持工作。这次培训班采用了线上线下结合的模式，邀请了众多超声领域的专家授课，内容涵盖了重症超声基本原理、eFAST应用、心包积液与困难深静脉穿刺等多方面内容。在实操培训环节，我与其他导师手把手指导学员掌握超声引导下血管穿刺技术，为他们提供了宝贵的实践机会。这次培训班的成功举办，为日喀则市的医疗工作者提供了重要的学习平台，推动了急重症超声技术在高原地区的普及和发展。

2024年11月，定日县发生了6.8级地震，灾情严重。在得知消息后，我第一时间启动灾情紧急预案，集结急诊人员，准备药品器械，奔赴灾区参与抢救工作。在灾区现场，我迅速组织团队对灾区病人进行分诊、鉴伤，奋战至深夜。回到宿舍短暂休息后，我又继续查房，了解每一位急诊留观灾区患者的情况，紧急启动急诊监护室，收治重伤患者，制订救治方案。在与上海救援队的对接和协调工作中，我发挥了重要作用，为震区患者争取到了最佳的治疗机会。

这一年的援藏经历，对我来说既是挑战也收获满满。我见证了当地医疗条件的不断改善和医护人员的快速成长，收获了患者及家属的感激与信任，我更加深刻体会到了医者仁心的真正含义，也更加坚定了自己为医疗事业奉献终身的信念。

记扎什伦布寺藏医院之行

郭辰

郭辰，医学硕士，上海交通大学医学院附属上海儿童医学中心放射科主治医师，援藏期间任日喀则市人民医院放射科主任。从事影像诊断工作10余年，擅长各类儿童常见疾病的影像学诊断，主要研究领域包括儿童心血管影像、儿童腹部影像、放射介入等。

中国妇幼保健协会放射介入专业委员会儿科介入学组组员；中国医促会放射分会会员；上海市医学会放射学分会心胸学组组员；上海市浦东新区医学会专业委员会组员。

在国内外学术期刊以第一作者发表论著10余篇（其中SCI收录2篇），多次参与编写及翻译儿科影像相关专业书籍并出版。

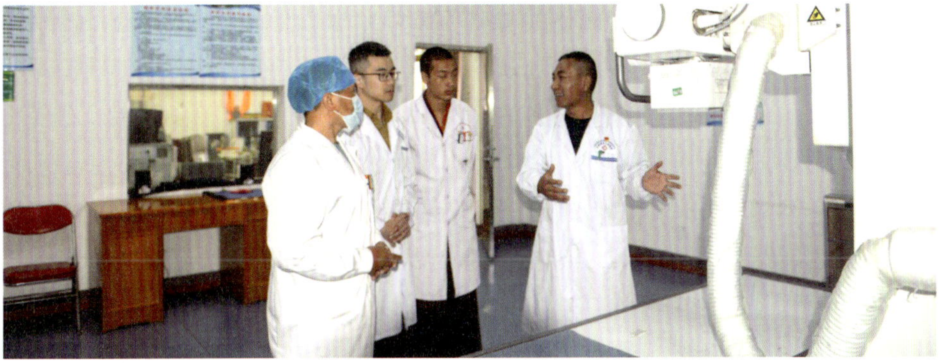

郭辰（左二）在常松德林藏医院放射科进行设备检查与调试

秋天的日喀则充满了独特的魅力。碧空如洗，深邃而纯净，洁白如雪的云朵，像棉花糖般在天空中连成片，与连绵的山脉组成一幅精美的画卷。街道两旁，杨树和柳树的叶子开始渐渐变黄，金黄、橙红交织在一起，微风吹过，叶落飘零。对于刚来这座城市不久的我来说，这里的一切都有着独特的吸引力。

9 月下旬的一个早晨，我跟随日喀则市人民医院放射科次仁国杰主任和穆龙龙主任来到扎什伦布寺。此行的目的并不是为了游览观光，而是为了前往扎什伦布寺藏医院放射科进行工作交流。扎什伦布寺藏医院，全称为扎什伦布寺吉纳常松德林藏医院，位于日喀则市的扎什伦布寺内，其历史可以追溯到九世班禅额尔德尼时期，当时创建了寺院内部的藏医学校。十世班禅在 1954 年扩建并更名为“扎什伦布寺吉纳藏医传习医者之州”藏医学校。原先这所藏医院是为了解决扎什伦布寺内僧人的医疗问题而设立，后逐渐发展成为以“藏医特色为主，藏西医结合”为特色的综合性医院，同时也为当地百姓和游客提供医疗卫生服务。

走进扎什伦布寺，藏医院坐落于大门右侧。医院本身是一座古色古香的寺庙式建筑，占地面积广阔，环境幽静。院内绿草茵茵，恬静宁谧，充满了藏族特色。医院经过多年的发展和扩建，已成为医疗、科研、制药、继续教育相结合的现代综合藏医医院。医院以藏医治疗为主，同时结合中医和西医，设有综合门诊部、药浴部、诊疗室等。医院在主要坚持藏医诊疗基础上，引进了 B 超、X 光机、CT、心电图等先进的现代化医疗设备。

放射科位于医院一楼，由于是周末，门口等待检查的患者并不多。放射科配置了X光机、CT机各一台，两位放射医师耐心、仔细地为患者完成信息登记、病史询问、检查部位确认、体位摆放、摄片检查及检查报告发放等一系列工作，节奏有序，井井有条，不多时，门口排队的患者都已完成检查返回诊室。随后，藏医院放射科主任向我们介绍了放射科最近几个月的工作量情况，并拿出近期一些疑难病例邀我们一起进行讨论。在完成一系列阅片工作后，我们对放射科工作运行的各个环节中遇到的困难进行询问，例如X光机的校准最近出现了一些偏差，需要联系工程师上门进行调试；帮助指导CT检查后的各部位图像后处理技术及要点；近期更新胶片打印设备及调试工作；CT报告模板的更新；影像报告远程诊断的上传及本地信息化处理；等等。在记录了近期亟待解决的问题后，我们共同商讨了解决方案，并约定下次来访的日期。在即将离开科室路过检查室旁的办公室时，我们看到两名年轻的僧人医师正在认真学习放射相关专业知识。就此，一个上午的交流工作接近尾声。

走出医院，面前就是宏伟的扎什伦布寺。金秋时节，碧空如洗，早晨刚下过小雨，阳光初现，透过云层，洒在这座古老的寺庙上，金色的屋顶在阳光下熠熠生辉，仿佛每一片瓦片都在诉说着千年的故事。这次的藏医院之行，给我的是一种别样的感受，我深刻体会到了基层医疗的不同。在城市的医疗机构中，我们或许已经习惯了先进的医疗设备、完善的医疗体系和充足的医疗资源，然而在基层，情况并不相似。比起单纯将专业理论知识带到基层医疗机构，更重要的是，我们需要深刻了解当地科室运行过程中碰到的实际问题，如影像设备的使用、保养和调试，摄片规范，检查新技术的引入与教学，是否需要上级单位进行远程阅片指导，放射检查流程优化及提高效率，人员培训及进修计划，以及硬件方面的需求及升级，放射防护及规章制度的完善，等等。麻雀虽小，但各个细节缺一不可，一个成熟科室的运行，需要方方面面的经验传授，对于基层医疗机构的帮扶，远不止知识的传递那么简单。

十分感激这段援藏的经历，医疗援藏是一次深刻而难忘的人生旅程，它不仅是对专业技能的一次挑战，更是对心灵的一次洗礼。藏医院之行丰富了我的援藏经历，督促我在有限的时间里尽可能付出自己的专业知识，对我的人生是一次丰富的历练。

血液科医生的援藏情

夏新新

夏新新，医学硕士，上海市第一人民医院血液科副主任医师，援藏期间任西藏自治区日喀则市人民医院血液科主任。擅长急性白血病、淋巴瘤、多发性骨髓瘤、再生障碍性贫血、骨髓增生异常综合征等血液病的诊治，对造血干细胞移植及并发症的处理有丰富的临床经验，参加过援鄂抗疫、抗震救援等重大任务；以第一作者或通讯作者发表SCI 及核心期刊文章 10 余篇，主持参与国家、省级自然科学基金项目多项。

2024 年 7 月，我被选派为上海市第十批“组团式”援藏医疗人才，担任日喀则市人民医院血液科主任。到西藏后，我发扬“缺氧不缺精神，艰苦不怕吃苦”的精神，在克服高原反应的同时，除了门诊、医疗查房、会诊解决临床遇到的问题外，周末时间积极开展义诊服务更多藏族同胞；每周在科内进行学术讲座、教学查房、小讲课等业务，撰写教学查房教案，拍摄教学视频，积极实践“变输血为造血”，切实提高日喀则本地医生的诊疗水平。

在援建的半年时间内，我申请了西藏自治区“组团式”援藏科研基金 1 项，确诊西藏首例先天性低纤维蛋白原血症病例，并在院领导的大力支持下推动日喀则市人民医院加入中国罕见病联盟，惠及更多西藏罕见病患者，减少患者的经济负担，提升西藏罕见病的诊治水平。援藏期间，我发现西藏血液病的疾病谱与平原地区差异明显，有显著的高原特色，以高原性红细胞增多症和营养性贫血为主，而这些疾病可以进行预防，采取预防措施可以显著地减少发病率和

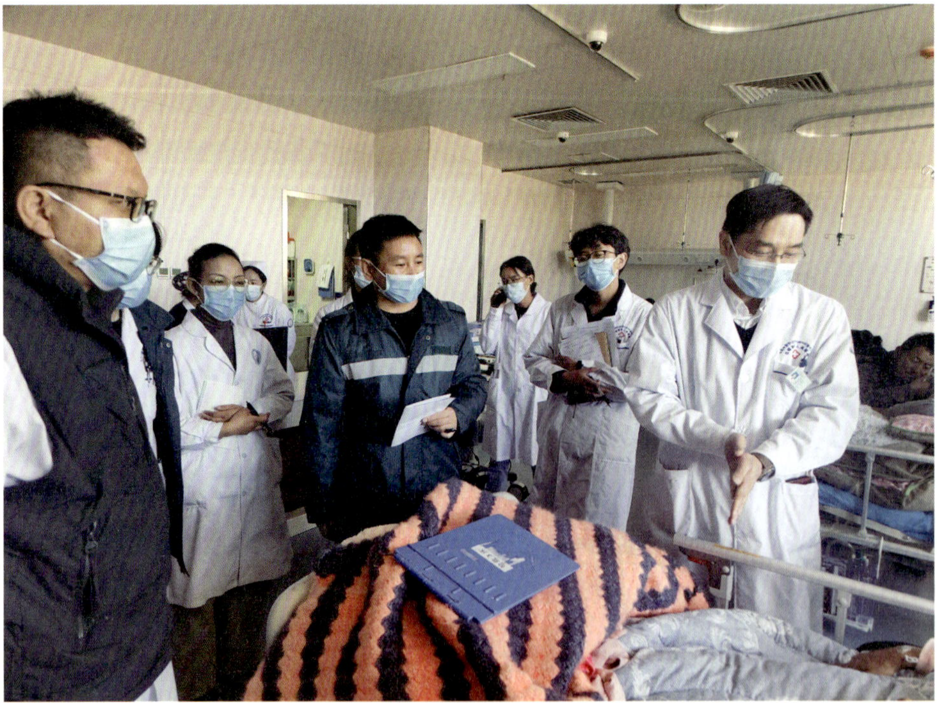

夏新新（右一）在会诊地震伤员

远期并发症的发生，因此我在当地学校、儿童福利院和所辖县中心医院等机构进行了血液病知识的宣传和科普书籍的捐赠，普及血液疾病的知识，提高藏族群众健康水平。

作为一名党员、退役军人，我在西藏日喀则市定日县1月7日地震发生后，就做好听从组织安排随时返回日喀则参加救援的准备，积极主动向医疗队领队请战支援抗震救治，接到返回西藏参与抗震的通知后，我即刻随队返回日喀则。驰援日喀则期间，我积极参与外伤患者合并内科疾病尤其是血液科和全科疾病的救治，通过多学科会诊，针对每一位多发伤合并内科疾病的伤者全面分析病情特点、受伤部位及内科疾病的具体类型，结合专业知识和丰富经验，共同探讨并制订出针对该伤者的个性化治疗方案。这一过程也充分体现了上海援藏专家协同作战的精神，不仅提高了诊疗效率，也确保了救治方案的精准性和科学性。

在临床工作之余，我加入宣发组，慰问急诊的志愿者们，精心撰写宣传稿传递爱心与希望，确保准确传达抗震救灾中的感人故事、弘扬正能量。此外，我作为血液科医生深知血液在救治中的重要作用，尤其初期血制品需求量较大，故抵达日喀则后积极献血300毫升。为高原患者及时解除病患，使得高原老百姓能够感受到更好的医疗服务和人文关怀是上海援藏医生义不容辞的责任。

在余下的半年援藏时间里，我将继续努力奋进，踏实工作，发扬“海拔高境界更高，缺氧不缺精神，艰苦不怕吃苦”的精神，时刻以饱满的热情为藏族群众服务。

要在“土质最好的庄园”里育种出“品质最好的果实”

单宇

单宇，医学硕士，上海交通大学医学院附属第六人民医院麻醉科副主任医师，援藏期间任西藏自治区日喀则市人民医院麻醉科主任、日喀则市麻醉质控中心主任。从事临床麻醉多年，熟练掌握各种特殊和急危重症患者的麻醉处理，尤其是老年患者麻醉、骨科创伤麻醉和危重孕产妇麻醉。擅长超声引导下外周神经阻滞和动静脉穿刺术。发表 SCI、核心期刊论文 10 余篇，参与和主持多项国家级、省部级课题。工作期间曾获“最佳援藏干部”称号。

值此上海援藏30周年之际，很荣幸能参加上海第十批“组团式”援藏医疗队。援藏医疗不仅是为西藏同胞提供优质的医疗服务，而且它是祖国稳定发展、民族团结的重要组成部分，其意义重大，我也深感自己肩负的责任和担当。

2024年7月28日，怀揣着梦想和憧憬，还有一丝的好奇和兴奋，来到了珠峰之乡，面对陌生的人文背景和高寒缺氧的环境，我坚信唯有发挥援藏前辈们“缺氧不缺精神、艰苦不怕吃苦、海拔高境界更高”的作风，才能更快地融入角色，发挥自身特长，将上海六院“仁爱、诚信、敬业、创新”的文化书写在雪域高原，为西藏人民的健康事业贡献自己的微薄之力。

2024年是上海市第六人民医院麻醉科“以院包科”帮扶当地三年计划的开局之年。都说麻醉是外科手术发展的重要基础之一，为此我结合日喀则市人民医院的实际（主要是病种和人群特点），在临床工作中大力开展围术期超声可视化技术，包括超声引导下的神经阻滞、血管穿刺和心肺评估等，大大提高了麻醉的精准性、安全性和舒适性，一些危重症患者也顺利渡过了“麻醉关”。先后和上海援藏专家合作，开展了多例自治区或日喀则市的“第一例”，包括腹腔镜下肾盂输尿管成形术、单侧双通道关节镜下脊柱内镜术、胸腔下5岁患儿单腔导管单肺通气左下肺叶切除术等。多次参与疑难危重抢救手术，如双侧连枷胸失血性休克患者、重度子痫胎盘早剥失血休克产妇、8岁患儿膈疝结肠嵌顿休克，等等。通过大家一年的努力，2024年日喀则市人民医院手术量增长了18%，三、四级手术增长了19%，无一例麻醉相关不良事件。科室管理上，面对日益繁重的手术室内外麻醉的需求，努力挖掘潜力，积极筹备无痛分娩的开展和无痛胃肠镜的扩容。在教学方面，固定每周都有小讲课，并开创性地发动科室所有医生参与，人人都是主讲者，从选题到检索资料，从制作PPT到口述表达，逐项辅导，真正做到“输血，更要造血”。作为“三交”活动之一，组织当地手术室相关科室来上海学习先进的手术管理经验。身为上海六院麻醉科支部的组织委员，牵线搭桥，和当地医院的手麻科支部做了科室联谊共建。在科研方面，帮助当地麻醉科申请并立项了两项自治区（省部）级课题，帮助手术室护理团队第一次申请了一项国家卫健委围术期课题。这些“最佳战绩”是当地科室从来没有的，也帮助了科室时隔7年之后，在2024年再次获得了先进科室的称号。

在和藏族同胞的朝夕相处中，日喀则俨然已成为我的第二故乡。援藏回沪休假期间，日喀则定日县发生地震，也牵动着我的心，我第一时间，一边询问当地科室人员或家人有无伤情、医院目前收治地震患者的情况，一边与医疗队取得联系，服从医疗队的统一部署，当晚即随队返回日喀则。返藏当日下午，就与援藏的胸外科专家通力协作，完成了一台长达3小时的双侧严重胸外伤的急诊手术麻醉，及时挽救了患者的生命。并在之后的抗震救治中，充分发挥了上海六院麻醉科和创伤骨科的特色，开展了超声引导单纯神经阻滞下进行下肢骨折手术，这在日喀则市也是首例；和六院的抗震救治团队配合默契，两周时间做了60余台重症多发伤的三、四级手术麻醉，无一例并发症，取得了很好的反响，《解放日报》、上观新闻、上海援藏等主流媒体均做了报道。

成绩固然重要，但更重要的是援藏的感悟，我觉得首先应该是感谢：感谢家人们和亲友们在背后默默的付出；感谢上海援藏联络组和上海援藏医疗队，一直以来对我和队员兄长般的关心和关爱；感谢后方医院多年的培养和大力的支持，这是一段宝贵的人生经历和职业成长。同时通过这些成绩，我们不仅看到了当地的医护人员长期以来不畏艰辛、医者仁心的精神，更深深体会到了他

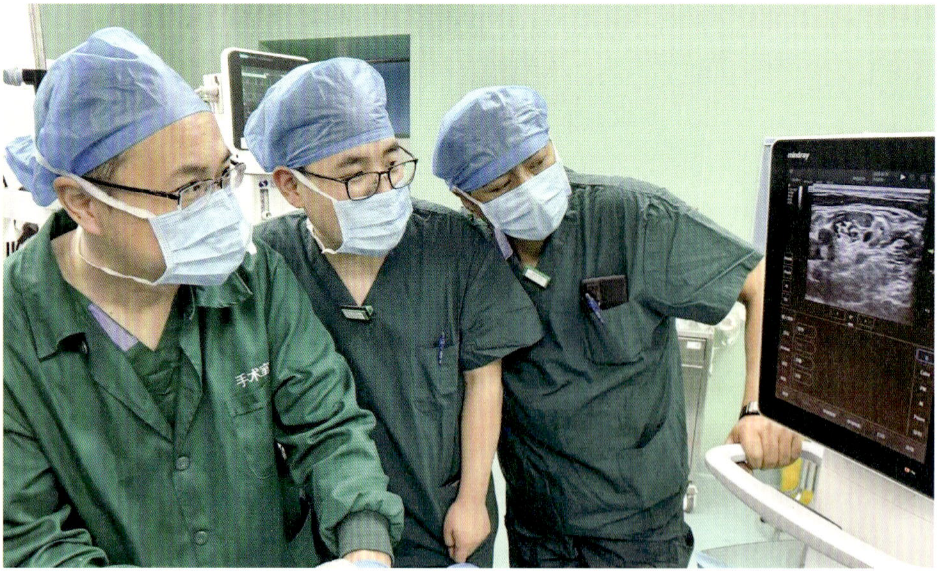

单宇（左一）开展超声可视化技术

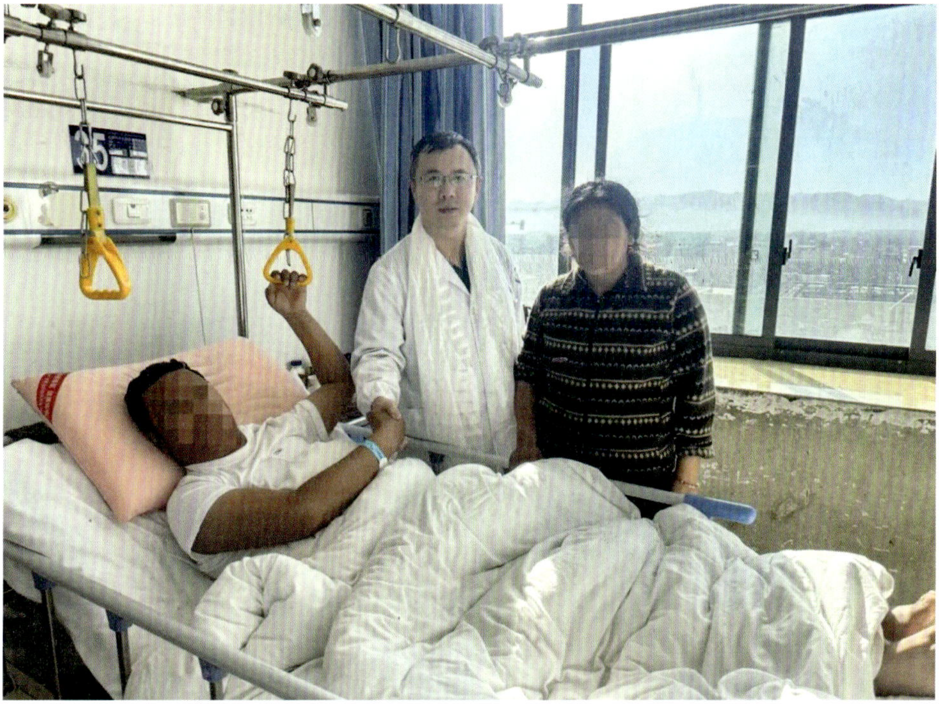

日喀则市首例超声引导单纯神经阻滞下行下肢骨折手术

们渴望向发达地区学习的热情，当地欠缺的是先进的技术支持、管理理念、人才培养，所以关键还是要结合当地实际，打造一支“带不走”的有当地特色的队伍，这也是下一步我们需要继续努力的方向。

医疗援藏，既是一份光荣，也是一份责任；既是技术的支援，也是理念的传递。我也坚信在这一年的援藏过程中，所看到的景、遇到的人、做成的事、学到的经验、收获的感悟、引发的反思，都值得我用一生去慢慢回味。

用医术与仁心点亮高原生命之光

陈元元

陈元元，医学博士，上海市第六人民医院国家骨科中心副主任医师，援藏期间任西藏日喀则市人民医院创伤中心主任。擅长诊治脊柱退变/创伤性疾病，熟练掌握脊柱内镜手术（UBE、Key-hole、PECD 等），擅长颈椎病、腰突症、颈/腰椎管狭窄症、腰椎滑脱症的诊断和治疗。现任上海市康复医学会脊柱脊髓专业委员会青年委员，上海市中西医结合学会脊柱医学专业委员会青年委员，上海市科学技术普及志愿者协会委员。近年来，以第一或通讯作者发表中英文核心期刊论文 10 余篇，参与国家自然科学基金项目 2 项，主持和参与省、市级课题项目 4 项，担任 *IJS*、*Eur Spine*、*Global Spine Surgery*、*World Neurosurgery* 等杂志审稿专家。工作期间获得上海市医学会骨科分会优秀论文三等奖，民盟上海市委“公益爱心讲师”，上海市第六人民医院优秀志愿者，骨科“优秀专业组”成员、“骨科之星”等。

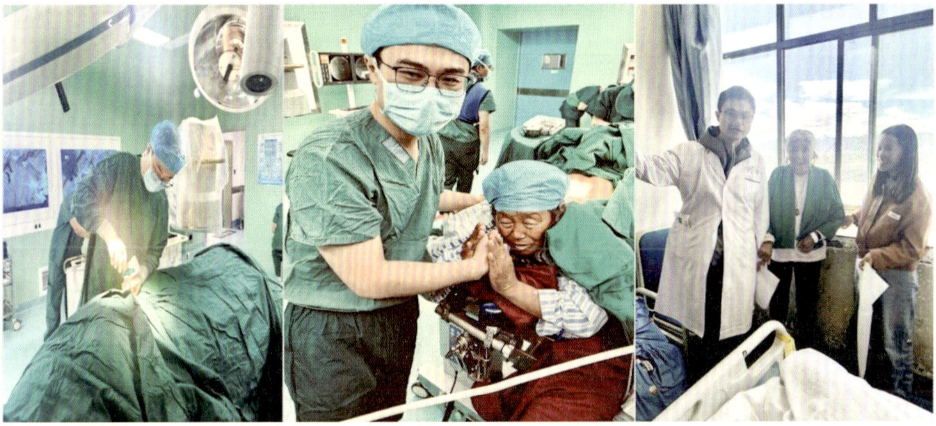

为高龄老人实施微创手术

2024 年夏，我作为上海第十批“组团式”援藏医疗队的一员，踏上了日喀则这片平均海拔超过 3800 米的高原土地，临行前领导和同事的嘱托犹在耳边：要把技术留在当地，把真心交给同胞。这句话成了我在高原工作的信念。

“阿妈，我们有微创技术”：为 87 岁老人打破手术禁区

8 月初，一位 87 岁的藏族阿妈被送至日喀则市人民医院骨科诊室。4 天前，她因摔伤导致胸椎骨折，疼痛让她几乎无法站立。家属告诉我，此前辗转多家医院，均因老人高龄、基础疾病多且无法耐受全麻手术而被告知“只能保守治疗”。疼痛让老人无法翻身，甚至无法进食，家属几近绝望。

“全麻风险太大，但我们可以做局麻下的微创手术。”在仔细评估后我提出了方案——胸椎骨折球囊扩张成形术（PKP），该手术创伤小、恢复快，但挑战同样巨大：患者脊柱畸形严重，稍有不慎可能导致神经损伤。手术台上，我一边安抚紧张的老人，一边细致地进行操作。20 分钟手术结束后，老人竟自己翻身并欲坐起，开心地说：“背不疼了！”那一刻，家属湿润的眼眶和老人颤抖的双手，让我更坚定了推广微创技术的决心。

地区首例 UBE 手术：22 岁青年的新生

3 个月前，22 岁的藏族小伙被腰椎间盘脱出折磨得直不起腰。这个本该驰

骋山河的汉子，连走路都成了奢望。看着他病历上密密麻麻的保守治疗记录，我决定挑战高原首例脊柱内镜联合手术。

手术室里，内镜显示屏显示神经根被突出的髓核压住无法动弹。高原环境下手术操作精度要求更高，我一边深吸着氧气一边进行着操作，在 2 厘米的切口内完成了椎管减压、髓核摘除。当患者术后第 3 天戴着腰托下地时，他摸着手术切口喃喃道："这么小的伤口就能治好？"如今他已重返工作，每次复诊都用藏语反复说着"突及其，上海曼巴"。

即刻启程：地震中的生命防线

2024 年 1 月 7 日，定日县 6.8 级地震打破了高原的宁静。没有片刻犹豫，正在休假的我们连夜赶回日喀则。急诊大厅里，担架车与时间赛跑的声音此起彼伏，浓烈的药水味混着尘土气息扑面而来。担架上的伤员裹着沾满泥灰的藏袍，家属的啜泣声在走廊回荡。

"医生，这名患者双下肢不能动。"ICU 护士的声音穿透嘈杂。CT 显示胸椎骨折不算严重，但患者足趾无法动弹，紧急协调 MRI 检查，结果证实了

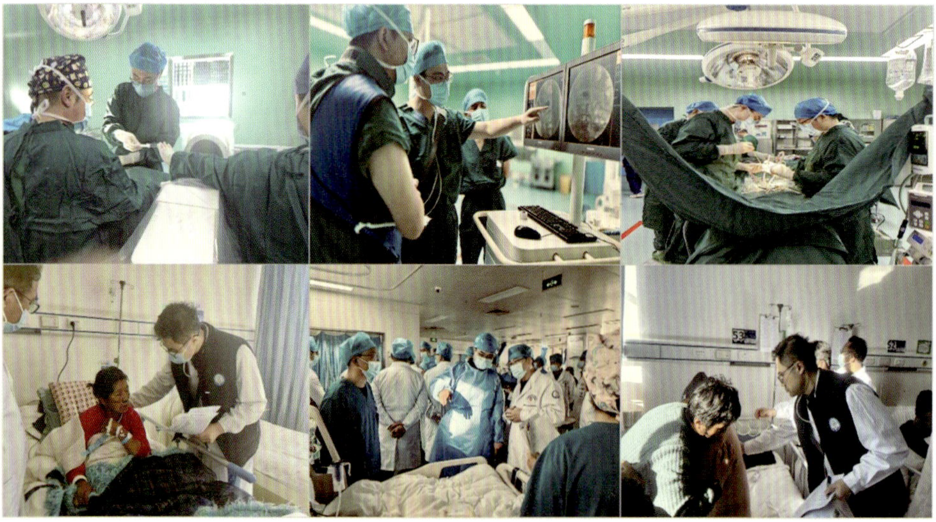

抢救地震伤员并进行心理疏导

脊髓严重损伤的判断。在急诊无影灯下为患者实施减压内固定术时，我能清晰听到自己缺氧导致的剧烈心跳。手术很及时，患者双下肢的感觉和运动逐渐获得了恢复。

那 17 天，我们在高原开展脊柱骨折 TLICS 评分分诊，将微创技术用于地震伤员，让脊柱骨折的老人术后当天站立；组建多学科联合救治组，5 名重症患者转危为安……23 名脊柱骨折患者零死亡、零延误的成绩单背后，是沪藏医护不分昼夜连轴转的坚守。深夜查房时，一位患者拉着我的手说："你们从那么远的地方来救我们，菩萨会保佑你们的。"我微笑着指着身旁的藏族护士："真正的菩萨，是这些日夜守护你们的医护。"

扎根雪域：留下"带不走"的医疗队

"老师，这个穿刺角度对吗？"徒弟的提问将我的思绪拉回现实。通过"师带徒"模式，我开展了 11 项新手术技术；通过每周的理论课、每台手术的分解带教，看着本地医生从生疏到独立完成手术。如今，医院的创伤中心建设也已高分通过国家级评审，正筹划建立高原骨关节疾病数据库，为今后的长期健康管理提供科学依据。

"不忘初心，牢记使命"，这是我在高原笔记本扉页写下的话。未来，我将继续推动医院创伤临研中心的建设，把更多微创技术扎根雪域。我明白，援藏不是单向的奔赴，而是生命与生命的相互照亮。那些在高原区县义诊的奔波、缺氧环境中的手术以及与藏族同胞双手紧握的瞬间，早已让浦江清波与雅江激流血脉相连。正如徒弟在送别会上说的："上海老师不是候鸟，是种在我们心里的格桑花。"雪山脚下的无影灯，终将成为守护生命的日月星辰。

把初心镌刻在雪域高原

冯键

冯键，医学博士，上海市胸科医院胸外科副主任医师，援藏期间任日喀则市人民医院胸外科主任。擅长胸外科疾病的外科治疗，尤其擅长胸腔镜肺叶肺段切除、联合亚段切除、纵隔肿瘤切除、食管癌根治术，对于复杂中央型肺癌、气管肿瘤、肺上沟瘤和复杂纵隔肿瘤等胸外科疑难杂症的手术治疗以及围手术期急重症患者的救治具有丰富的经验。学术任职：中国抗癌协会中西医整合肿瘤专业委员会委员。近五年发表 SCI 论文 7 篇，主持省、市级课题项目 1 项。2024 年被评为日喀则市人民医院“优秀援藏干部”。

2024 年 7 月 28 日，我作为上海市“组团式”援藏医疗人才，带着医院领导的重托和期望前往日喀则市人民医院参加援藏工作。转眼已经半年时间，回想这半年在高原的工作和生活，我心中除了充满对上海市援藏联络组、援藏医疗队以及后方医院的领导感激之情，也有一件事情让我久久难以忘怀。

2024 年中秋节前夕，随着救护车的警笛声，日喀则市人民医院急诊接诊了一名从那曲市转诊来的 8 岁半患儿。患儿突发胸痛伴剧烈呕吐，胸部 CT 提示右侧液气胸、结肠疝入胸部。值班医生一边接诊患儿，一边立刻和我联系。时间就是生命，正在医疗队食堂吃早餐的我接到电话后立刻放下碗筷赶到医院，此时患儿已出现心率增快、血压低等表现，考虑可能已并发感染性休克。我仔细阅读了患儿胸腹部 CT，结合患儿症状，高度怀疑是绞窄性胸骨旁疝。因患儿病情危重，我决定立刻行急诊胸腔镜下胸骨旁疝修补术，考虑患儿结肠坏死可能大，备结肠吻合或造瘘术。

我带领藏族胸外科达娃琼达主任，在腹腔镜辅助下探查发现，术中情况与术前判断完全一致，患儿回结肠、阑尾经胸骨后完全疝入纵隔。因患儿年龄小、组织脆嫩，我小心翼翼地采取锐性游离的方法，将疝入的组织完全从纵隔内取出，并修补了胸骨旁疝。同时发现患儿横结肠坏疽约 5 厘米长，我和达娃琼达主任决定台上请普外科会诊。经各方会诊后决定切除坏死结肠，一期端端吻合。在取得家属理解同意后，两个团队默契配合，顺利完成了所有手术，并带管送 ICU 继续治疗。

但手术仅仅是治疗的第一步，患儿胸腔因为肠管的长期压迫，手术以后呼吸状况一直不佳，氧合差，脱机困难。术后第一天胸部 CT 检查就发现患儿右肺几乎完全不张、左肺下叶不张、两侧胸腔积液，达娃琼达主任当即给予右侧胸腔闭式引流，但患儿呼吸状况仍不见好转。我放弃休息时间，中秋节放假期间每天守护着患儿，多次请麻醉科单宇主任会诊，先后予以了纤维支气管镜下吸痰、拍背辅助、调整呼吸机参数、调整用药等多种方法，但患儿症状仍无明显改善。为此，我多次与后方上海市胸科医院重症监护室、麻醉科请教沟通，并与日喀则市人民医院重症监护室吉律主任、李一民医生、辛勇医生反复讨论协商，并查阅 UpToDate 的相关资料后，决定给患儿行呼吸机辅助肺复张治疗。经过多学科的密切合作以及悉心治疗，患儿终于在术后第五天的时候两肺呼吸

患儿痊愈出院（冯键左二）

音逐步转强，氧合明显改善，复查胸部 CT 提示双肺复张。之后，在医护人员和家属的鼓励下，在 ICU 医护团队的精心治疗下，患儿坚强地闯过了脱机关、拔管关、感染关，病情逐渐稳定好转，并于 2024 年 10 月 11 日顺利完全康复出院。

这是日喀则市人民医院首次成功救治绞窄性胸骨旁疝的患儿，也是紧密结合临床问题以循证医学为基础首次使用 UpToDate 解决临床的疑难问题。此前曾有报道，类似小儿急症围手术期死亡率极高，此次成功救治得益于胸外科团队的快速确诊、援藏专家带领下的多学科密切协作和全心全意为患者服务的医者初心。

“缺氧不缺精神”，虽然这段时间正在上海休假，但是睡梦中还是会经常想起日喀则这个遥远地方，耳边会响起《我的家乡在日喀则》这首歌的旋律，在即将返回日喀则市人民医院工作之际，我也暗自下定决心，在接下来的援藏工作中，继续努力为藏族人民的健康事业贡献自己的一份力量。

跨越山川，“医”心援藏

罗明

罗明，医学博士，上海市第十人民医院泌尿外科主任医师，同济大学硕士研究生导师，援藏期间任日喀则市人民医院泌尿外科主任。擅长泌尿系统疾病的微创治疗和全程管理，熟练掌握良性前列腺增生电切及激光切除术、腹腔镜肾癌根治术和保留肾单位手术、膀胱肿瘤和前列腺肿瘤的微创治疗以及泌尿系结石的激光微创治疗。

2013 年新加坡中央医院泌尿外科中心住院医师培训班结业；2019 年台湾大学医学院附设医院（台大医院）和台湾奇美医院访问学者；2019 年美国霍普金斯医学院访问学者。

发表科研论文 20 余篇，其中 SCI 文章 10 余篇。获得国家博士后基金面上项目资助、教育部面上项目基金资助、上海市自然科学基金面上项目资助、科技部重点专项课题基金资助。

获奖：华夏医学科技奖（三等奖），上海市医学科技奖（三等奖）。

以前从来没有到过西藏，想象中的雪域高原，有巍峨挺拔的雪山，湛蓝的湖泊，一望无际的草原，神秘的寺庙和宗教，还有能歌善舞的藏族同胞吃着糌粑喝着青稞酒唱歌跳舞。据说到了西藏能让人心灵得到净化，思想得到升华，但是如何净化和升华完全不懂。2024 年 7 月底，怀着梦想和情怀，同时也积极响应党和国家的援藏号召，作为第十批上海市“组团式”援藏医疗队的一员，终于来到了西藏高原，我们援建的地点是日喀则市人民医院。

来之前，领队们已经反复交代如何避免高原反应，如何克服身体不适，虽然有了一定的思想准备，但真正到达西藏后才真切体会到高原环境对人体的影响。日喀则市平均海拔超过 3800 米，氧气稀薄，气候干燥，昼夜温差大，冬季寒冷，夏季紫外线强烈。初到日喀则时头痛、呼吸困难、失眠、食欲减退接连而至，对身体和意志都是极大的考验。好在经过前面九批的援建，生活设施比较完善，队领导也非常关心每个队员的健康，努力调整自己以尽快适应高原环境，开展业务工作。

日喀则市人民医院担负着本地区 80 万人的医疗保障任务，大部分人口位于下面的县、农村和牧区，医疗资源相对匮乏，尤其是医疗设备和药品供应不足，来日喀则就要花大半天的时间，往往要提前一天到，第二天才能挂号门诊，如果日喀则市人民医院不能救治，患者还要去拉萨或者内地就诊，更是增加了看病的劳累和负担。因此，既要为高原人民带去上海的先进医疗技术，又要切实提高当地医生的诊治能力，是我们义不容辞的责任。

在日喀则，很多患者因交通不便或者健康知识匮乏，即使出现症状也要拖到身体不能忍耐才来就诊，因此往往住院时病情严重、复杂、并发症多，处理起来相当困难。由于高原环境和饮食影响，当地泌尿系结石发病率高，因结石导致的肾积水、肾脏失功较常见，再叠加结核感染、肾脏积脓，引起肾周严重粘连，使手术操作异常困难和危险。针对当地的病情特点，我在上班第一天就召开科室员工交流会，和每位医生深入沟通，了解科室状况，全面统筹门诊、急诊及病房的各项工作，确保每一位患者的生命安全，加强技术力量，尽量让每个患者均能获得就近治疗。坚持每日病房查房，详细了解每位患者的病情，从细节着手，为每个患者量身定制最佳治疗方案。我记得一位家住在吉隆县的年轻藏族女性，因右肾结石在外院做了体外震波碎石治疗后出现尿源性脓毒血

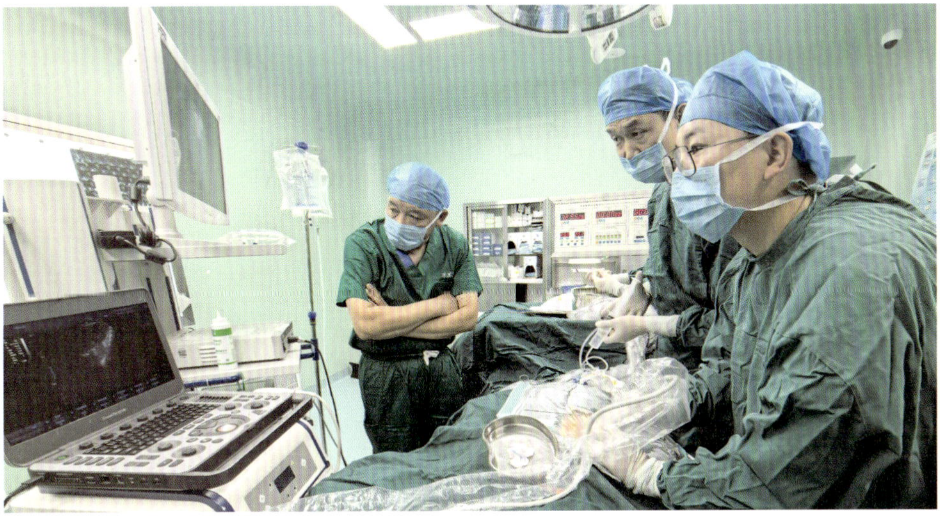

腹腔镜下肾切除术（罗明右二）

症，来日喀则市人民医院急诊就诊时已出现高热、意识模糊、血压下降等感染性休克症状，以前对此类患者处理经验不足，往往都建议转至拉萨治疗，在接到急诊医生汇报后，考虑此患者病情紧急，若贸然转院可能路上就有生命危险。我立即指示收入院，在加强抗感染抗休克的同时在局麻下行右侧输尿管支架置入术，减轻肾盂压力引流脓性尿液，术后密切观察生命征，根据病情阶梯式更换抗生素使用强度，三天后患者终于转危为安，一周后康复出院。一个月后患者再次来住院，行 CT 检查发现右肾重度积水并多发结石，其中一枚直径约 2.5 厘米的结石梗阻在肾盂输尿管连接部。经过与拉巴平措主任、次仁顿珠医生详细讨论，决定实施经皮肾镜激光碎石术。术中完全解除输尿管梗阻，用激光击碎大部分结石并取出碎石，基本达到一期清石的目的，患者也在术后一周顺利出院。还有一位藏族中年男性患者，因阴囊巨大肿物就诊，入院查体发现右侧阴囊内实性占位，沿精索向盆腔生长，肿瘤上下极直径约 12 厘米，且侵犯阴囊皮肤。科室从未实施如此巨大肿瘤切除术，手术有一定风险。但患者经济条件有限，去其他医院或者内地就诊花费更多，更重要的是患者相信上海医生，对援藏医生充分信任。经过仔细研究 CT 和磁共振影像，发现肿瘤上极与盆腔脏器之间还有一条极其细微的间隙，可从此间隙切除肿瘤，手术责任和风险完全由我承担。经过充分术前准备，术中完全切除肿瘤以及肿瘤侵犯的部分阴囊和腹股沟组织，也将肿大淋巴结一并切除，术后两周患者顺利出院。

经过科室医护人员的共同努力，日喀则市人民医院泌尿外科获得了当地百姓的高度信任和感激，每个月的手术量维持在30例左右，重大手术尤其四级微创手术量成倍增长，患者不用再辗转其他地方求医，极大方便了偏远地区的农牧民们。日喀则市老百姓对上海医生的认可，也让我们感受到的不仅是沉甸甸的责任，更有对雪域高原深深的眷恋。怀着对援藏工作的执着、责任以及对西藏的眷顾，在2025年1月7日上午日喀则定日县发生6.8级地震时，当时在上海休假的援藏医疗队第一时间响应，当天晚上就出发赶赴日喀则市参与抗震救灾工作。到达的当天不顾旅途疲劳和缺氧不适，我立即参加地震伤员的手术救治，成功抢救了一位老年女性伤员。经过17天的连续作战，从ICU里将最后一位重症患者送回普通病房后，圆满完成抗震救灾工作。虽然过程辛苦，但收获更多的是所有伤员安全康复的喜悦。

除了日常临床业务，还要“授人以鱼，不如授人以渔”，援藏的最终目的是为当地打造一支“带不走”的人才队伍。加强学习，规范诊疗，手术带教都要亲历亲为，不断提升本地医生看病问诊、科研攻关和医疗管理能力，培养当地技术骨干，使他们快速成长为能够独当一面的专家，做到人有专长，科有特色，医院有发展。

纯朴、温和、善良的西藏人民和他们对上海医生充分的信任，让我们更加认识到自己肩负的责任与使命，全身心投入援藏工作中。援藏医生不仅是医疗工作者，也是民族团结的使者，促进了内地与西藏的交流与合作，为共同进步贡献力量。在艰苦的环境中，队员之间互相支持、互相鼓励，共同面对困难，为当地医疗进步出谋出力，用实际行动诠释了医者仁心的精神。

在西藏的环境下疾病往往更加复杂和凶险，但当地居民的生命力异常顽强并且生活越来越好，除了高原人民的自身努力，也离不开国家推进的援藏战略。作为一名援藏医生，我在日喀则的经历不仅仅是职业上的挑战，更是一次心灵的洗礼和成长，这段经历将成为我一生中难以忘怀的记忆。我想，来到西藏真正让自己心灵得到净化、思想得到升华的就是用心感受高原人民的喜怒哀乐，踏踏实实真真正正地为高原人民的生活幸福做一点实事，贡献一点力量。

援藏产科医生的使命与担当

周晨晨

周晨晨，硕士研究生，上海市第一妇婴保健院副主任医师，援藏期间任日喀则市人民医院妇产科主任。擅长各类产科相关合并症、病理妊娠（妊娠期高血压、妊娠期糖尿病、早产、流产等）、分娩并发症及难产的处理。以第一作者或通讯作者发表论文 8 篇（其中 SCI 收录论文 6 篇，国内权威核心期刊 2 篇），参与多项国家自然科学基金项目，工作期间获医院“服务明星”称号。

在雪域高原的广袤大地上，有一群默默奉献的援藏医生，他们用专业与爱心守护着这片土地上孕产妇的生命健康。我有幸成为其中一员，在 2024 年 7 月踏上援藏征程，奔赴西藏日喀则市人民医院妇产科，担任妇产科主任，开启了一段意义非凡的援藏之旅。

一、高原上的挑战与使命

日喀则，这片神圣而广袤的土地，孕育着无数生命，也承载着无尽的希望。然而，高原的特殊环境给孕产妇带来了诸多挑战。由于地理环境的特殊性，孕产妇分布相对分散，转运不便，这给孕产期的医疗保健带来了困难。妊娠期高血压等孕期常见并发症在这里更为常见，严重威胁着孕妇和胎儿的健康。面对这些挑战，我深知自己肩负的使命：完善各类诊疗流程，提升医疗安全水平，为高原孕产妇筑牢生命防线。

二、生死时速：多学科协作的胜利

2024 年 9 月 5 日晚上 12 点，一场惊心动魄的生命救援在日喀则市人民医院拉开帷幕。一位孕 27 周余的藏族高龄经产妇，被救护车紧急从县医院转移至我院危重孕产妇救治中心。经诊断，她患有重度胎盘早剥、死胎，合并凝血功能异常、失血性休克，生命危在旦夕。

时间就是生命！医院立即启动危重孕产妇救治绿色通道，多学科团队迅速集结。妇产科、急诊科、麻醉科、重症监护室、输血科等多个科室的医护人员各司其职，紧密协作，展开了一场紧张而有序的生命保卫战。

在急诊抢救室，医护人员一边为患者进行必要的术前抽血化验检查和手术签字等准备工作，一边迅速建立多条大静脉通道进行补液。此时，患者的各项指标均显示危急状态：血红蛋白浓度仅为 25 克 / 升，血小板计数为 22×10^9/ 升，凝血酶原时间超过 100 秒。然而，得益于术前有效的快速多通路补液，患者的生命体征暂时稳定，为后续抢救赢得了宝贵时间。

手术室内，麻醉科单宇主任（上海市第十批“组团式”医疗队队员，上海市第六人民医院麻醉科副主任医师）带领“徒弟”索朗拉西医生和手术室护士严阵以待。麻醉团队迅速完成了全麻诱导、气管插管、超声引导下有创动脉压

教学查房

监测等一系列操作，术中严密监测患者生命体征，维持血容量和酸碱电解质平衡。

在我的现场指导下，妇产科普赤主任和助手们按原定计划进行剖腹探查+剖宫产术。术中发现胎盘完全剥离，宫腔积血约2600毫升，随后出现子宫卒中，子宫收缩乏力，止血困难。面对这一危急情况，团队迅速调整方案，果断改为子宫切除术，术中出血量达4000毫升。

患者因大量失血，急需大量血液制品。我院危重孕产妇抢救中心立即向日喀则市卫健委汇报患者情况，市中心血站接到紧急用血通知后，迅速启动供血应急预案，及时调拨了相关血液制品，为患者提供了冷沉淀、红细胞和血浆等，确保了血液制品的及时供应。

术后，患者被转入重症监护室。在医护人员和家属的鼓励下，在ICU医护团队的精心治疗下，患者坚强地闯过了出血关、感染关，病情逐渐稳定好转，并于9月27日顺利出院。这场生死较量中，医护人员的迅速反应和多学科团队的协同作战，是患者转危为安的关键。

为了避免上述事件再次发生，我带领科室积极开展健康宣教，提高当地孕产妇的健康意识和自我保健能力。指导孕妇定期监测血压，及时发现异常变化；保持均衡饮食，减少高盐、高脂肪和高糖食品的摄入，增加蔬菜、水果、全谷类和低脂乳制品；适度参与运动，如散步、游泳或瑜伽，促进心血管健康；维持积极乐观的心态，避免过度精神压力；按时进行产前检查，确保母婴健康。通过这些措施，大多数妊娠期高血压病例都能得到有效控制，保障母婴健康。

三、健康守护：高原医疗的新篇章

在援藏期间，我不仅在临床工作中竭尽全力，还积极开展健康宣教和业务培训。通过远程医疗、多学科协作等方式，我们将优质的医疗资源和服务延伸到高原的每一个角落，确保每一位孕产妇都能得到及时、有效的医疗服务。

援藏期间，我深刻体会到了高原医疗的艰辛与挑战，也见证了医护人员的坚守与奉献。在这里，我用专业知识和爱心守护着高原孕产妇的生命健康，用实际行动践行着援藏使命。这段经历将成为我一生中最宝贵的记忆，激励我继续前行，在医学道路上不断探索，给更多患者带来希望与健康。

西藏日喀则定日县6.8级地震发生后，我第一时间结束休假，迅速整理行李，奔赴日喀则市人民医院抗震救灾一线。到达日喀则市人民医院后，迅速行动，第一时间奔赴科室，立即着手梳理科室地震伤病人情况。同时，迅速召回休假中的科室工作人员，强调当前形势的严峻性和科室工作的紧迫性。组织成立救治小组，针对不同伤情的孕产妇制订个性化治疗方案，在整个救治过程中，科室没有一例病患因地震伤而发生早产及不良妊娠结局，科室工作井然有序。通过多学科合作，成功抢救了一例来自震区的危重孕产妇。该孕产妇产后大出血，生命垂危。我迅速组织妇产科、外科、超声科、影像科、呼吸科、神经外科、中医科、重症医学科等多学科专家进行紧急会诊，制订综合救治方案，最终成功将该孕产妇从死亡线上拉了回来。

在高原这片神圣的土地上，生命的力量如此顽强，而我作为生命守护者，也将继续坚守岗位，用爱与专业为高原孕产妇撑起一片健康的蓝天。

白玉兰和格桑花的生命合奏

卫平

卫平，医学博士，上海市肺科医院呼吸与危重症医学科主任医师，援藏期间任西藏自治区日喀则市人民医院呼吸科主任。擅长呼吸内科常见病，慢性气道疾病、肺部感染性疾病、弥漫性肺部疾病等诊治。为上海市医学会呼吸病学专科分会烟草病学组成员，上海市医学会呼吸病学专科分会基层呼吸病防治联盟成员。以第一作者发表学术论文10余篇（其中 SCI 收录论文 5 篇）。发明专利一项，并获第三十五届上海市优秀发明选拔赛优秀发明铜奖，实用新型专利 3 项。

墙上的时钟有规律地嘀嗒嘀嗒着，床头的氧气湿化瓶噗噜噗噜地冒着泡。我正犹豫着要继续数羊还是调整呼吸，抑或是边数羊边调整呼吸时，枕边的手机铃声忽然响了起来，我立即侧过身抓起手机一看，是科室的次珍主任来电，手机右上角赫然提示着时间是凌晨 3 点 17 分。原来就在刚刚，日喀则市人民医院急诊科接诊了一位剧烈胸痛伴呼吸困难的患者，值班医生完善相关检查，考虑为肺动脉主干及多发肺动脉栓塞，病情极为凶险复杂，需要快速进行专科救治。

我套上外套就往外赶，由于刚上高原还未完全适应，经常失眠的我此时更是睡意全无了。来到监护室，我迅速完善了抗凝治疗方案，但患者仍感觉胸闷、呼吸困难，同时血压开始下降，心肌损伤标志物直线上升。由不得我再有任何犹豫了，权衡利弊综合评估后，果断给予患者溶栓治疗。患者未发生出血相关的并发症，生命体征终于逐渐平稳了。走出监护室，东方既白，我如释重负又

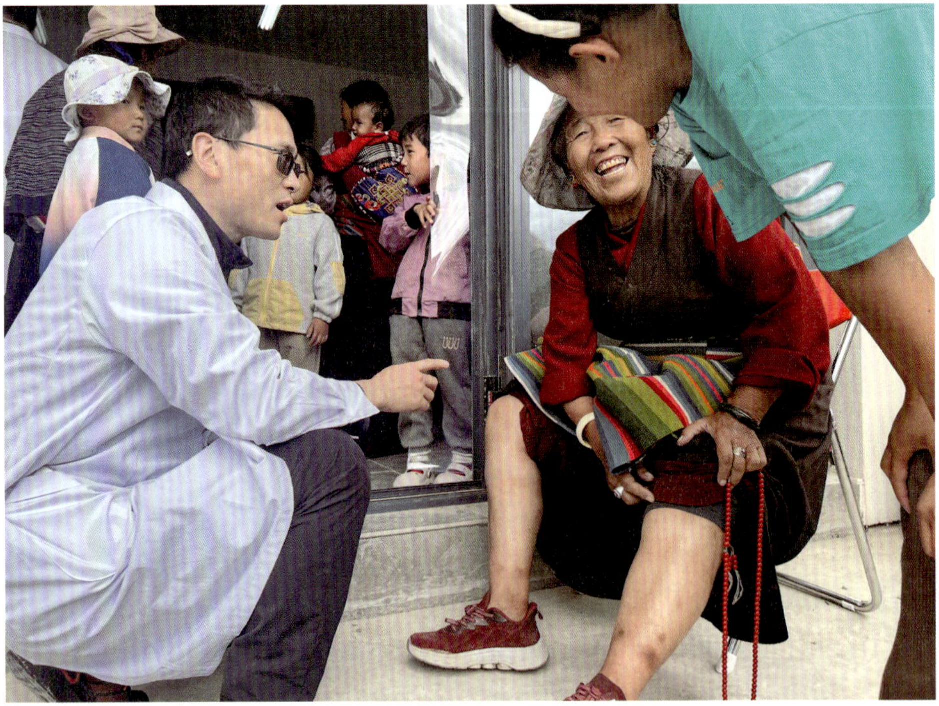

下乡义诊

呼吸科查房

有些许小确幸，充实的一晚比无聊的失眠要有意义得多了。

事后才知道，这竟然是日喀则市人民医院成功完成的第一例肺动脉栓塞溶栓治疗。利用这个契机，在之后教学查房、科室小讲课中，我有意识地将包括肺栓塞在内的呼吸相关危重疾病的抢救和治疗最新指南要点穿插进来，并制作完成科普教学视频《有创呼吸机的临床使用》等，利用“师带徒”、实践操作等模式，使医院的应急预案、诊治流程、诊疗规范日趋完善且落在实处。工作之余，我注重积累和总结，善于发现问题，成功申报了自治区自然科学基金“组团式”援藏医学项目一项，帮助科室成为中国支扩联盟的联盟单位。带土移植上海的先进经验和技术，按要求使医疗援藏从单纯的“输血”式支援到帮助当地医生实现“造血”式自我发展的转变。

作为第十批援藏医疗队的文体委员，业余时间我还组织过多次文体比赛，如九球比赛、掼蛋比赛等。在艰苦的自然环境和高强度的工作压力下，通过各种活动鼓舞队伍士气，凝聚人心，使沪藏一家亲内容更丰富，关系更密切，感受更真实。

时间过得很快，转眼间，黑颈鹤也陆续由藏北南迁开始越冬了，我们也迎来了年假回到了上海的家。援藏前答应即将中考的儿子会陪伴他一模考的承诺眼瞅着即将兑现，但天有不测风云，就在一模考的第一天（1 月 7 日），定日县突发 6.8 级地震，在收到“应回尽回”的抗震救灾的通知时，我没有丝毫犹豫，立即连夜返回日喀则，甚至都没有时间当面和家人告别便赶往了机场。

抵达拉萨后队伍直接奔赴日喀则市人民医院，我立即召集了呼吸科的骨干力量，对于呼吸科在地震外伤救治中能起什么作用的质疑中，首先统一思想，要求务必全力以赴投入救治伤员的战斗中。其次预判地震创伤后的病情特征，强调了在呼吸系统方面的预防和治疗的关键事项。创伤病患无论接受保守治疗抑或是手术治疗，大多需经历长期的卧床过程，病程后期患者出现坠积性肺炎及静脉血栓栓塞症的可能非常大。整体情况的发展也正如我们预估的一样，好在提前进行了多项预防性措施，比如静脉血栓栓塞症的评估和管理机制的完善，极大地减少了患者并发症的发生率，明显地缩短了整体的住院时间。所谓“消未起之患，治未病之疾”的曲突徙薪工作在整个救治过程中发挥了巨大的作用，极具社会及经济效益。

其间我还承担了全院所有地质灾害相关病人多学科会诊（MDT）的病情评估工作。克服了冬季高原更为恶劣的缺氧干燥带来的身体不适，对 70 余名病患逐个进行分析评估，分层分级，为兄弟科室进一步制订有针对性的治疗方案提供建议，为患者顺利的双向转诊提供依据。

由于在原单位从事过医务及后勤管理工作，我还充分发挥自身优势参与日喀则市人民医院日常及抗震救灾的后勤保障工作，受邀参加后勤周例会，建言献策，将上海先进的管理经验灵活运用到西藏实际中，也为整个救灾战斗中有条不紊的后勤保障贡献了自己的一份力。

有藏友说我的精力真充沛，医疗救治、医院管理、团结队伍一项都没有落下。我笑而不语，因为我知道我不是一个人在战斗，我的背后有整个上海，这便是我的底气由来。依稀记得援藏出发前各级领导要求我们锚定“稳定、发展、生态、强边”四件大事，按照“中央要求、日喀则所需、上海所能”的原则，当好改革的促进派、实干家，为西藏现代化建设不断注入援藏力量。我想作为一名援藏干部本就该具备“召之即来，来之能战，战之能胜”作风和能力。相信在一茬接着一茬的援藏同志前赴后继的努力下，格桑花和白玉兰一定会恣意绽放，交相辉映。

雪域高原的中医故事

单孟俊

单孟俊，上海中医药大学附属龙华医院肿瘤六科副主任医师，研究生学历，援藏期间任日喀则市人民医院中西医结合科主任。经方践行者，“龙砂”学派传承人，“董氏奇穴”针灸传承及推广者。勤求古训，博采众长，师承仲景之方，兼容各家之长，并蓄针灸之技艺，擅长运用中药、针灸治疗良恶性肿瘤、内科、妇科、儿科、伤骨科等各科杂病，体现纯正中医之诊疗特色。

2024 年 7 月 28 日，我怀着激动、好奇、忐忑的心情，踏上了西藏这片神圣的土地，开启在日喀则市人民医院中西医结合科为期一年的援藏工作。

面对当地医疗资源不足以及中西医结合科涉及内科、妇科、儿科、皮肤科、伤骨科、外科等大范围疾病谱的情况下，我尽可能发挥中医特色及优势，运用中草药汤剂、针灸等中医综合疗法，开展病房及门诊医疗工作，使当地医生、患者和援藏医疗队的同事见证了中医中药迅捷、显著的疗效，并逐渐参与到医院各科，包括急诊、ICU、普外科、神经外科、妇产科等多科疑难、危重症的会诊治疗，尤其是会诊治疗数例 ICU 昏迷病人，使其在较短时间内脱离呼吸机苏醒；让化脓性阑尾炎患者在一周内通过服用中药汤剂消炎止痛排脓而康复出院，从而免受手术之苦；让腹痛、黄疸、肝功能损伤的急性胆囊炎病人通过中药治疗而痛止黄退、肝功能恢复，以及让患者和当地医生体验数月乃至数年不解的伤痛下针立解的效果，极大激发了中西医结合科所有同事积极学习针灸和中医的热情。其中，给我印象最深刻的还是下面两件事。

一、小囡水米不进，中医微处识证

2024 年 10 月的一个周末，我突然接到一个电话，电话中一个焦急的妈妈跟我说她女儿一周不吃不喝，做了各种检查都查不出原因，经人介绍找到我，希望我能看看。我应允后不久，一对夫妻带着一个两三岁的小囡来到我们援藏医生公寓。

小女孩看上去精神状态还可以，我暗中寻思情况应该不至于很糟糕。小女孩的妈妈向我介绍：小囡七八天前突然不吃东西了，一开始还能喝点牛奶，但一两天后连水都不喝了，并且很抗拒食物，大便也好几天没有了。去医院检查，验血、B 超、CT 都未发现异常，因为查不出原因，这几天只是输液补充营养。

小朋友比较容易出现的饮食问题是食积。我问妈妈，吃不了东西之前有没有喂得过饱？妈妈说前段时间是老人带孩子，确实喂得比较多，孩子只要不拒绝就一直喂食。

我摸了一下小女孩的肚子，是软的，没有压痛；看了看舌头，舌淡红，苔薄白，不算腻，口腔也没有异味；看了下指纹，淡红略紫暗。可能一开始有食积，但现在不明显。妈妈说前面看的医生也说不像食积，诊断不了，不知道怎么办了。

我问，小女孩还有什么和平常不一样的表现？父母想了一下，说最近小女孩老是喜欢吐口水，吐出来的口水像泡沫。

顿时《伤寒论》第378条文出现在脑海中："干呕，吐涎沫……吴茱萸汤主之。"我恍然大悟，这是脾胃虚寒引起的啊！我问妈妈，小女孩不吃东西后是不是喝的冷牛奶？妈妈说应该是，一般都是盒装牛奶拿来直接喝了。

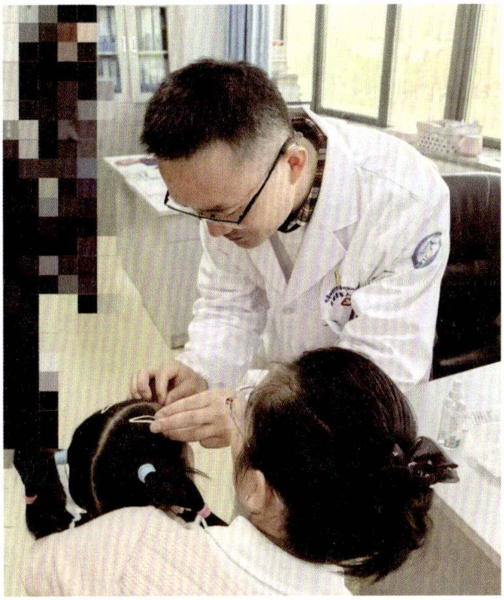

为患儿针灸治疗

于是，我告诉小女孩的爸妈，整个过程应该是这样的：一开始老人喂食过多，引起了小女孩食积，不想吃东西了，然后又给她喝了冷牛奶，本来脾胃已经由于负荷过大罢工了，结果雪上加霜，脾胃的阳气被消耗过度，再也运化不了了，液体消化不了形成了水饮。后面由于没法饮食，只能输液，而输的液也是冷的，更加损伤阳气，所以不但不渴，还吐泡沫样唾沫。

既然明白了发病过程和机理，那治疗方案就出来了，那就是温阳助运。正好我这里备着温灸贴，赶紧在小囡的中上腹贴上，然后用针灸温阳散寒帮助脾胃运化。一会儿，小女孩爸妈说小女孩比之前活泼点了，并且想玩和要零食了，虽然还不想吃，但已经不抗拒食物了。这时我和小女孩的爸妈都松了一口气。之后，我开了中药处方给小女孩父母，等周一医院上班了配药，之前先煮生姜汤喝试试看。

当天晚上，小女孩父母很欣喜地跟我说，小女孩能喝些姜汤了。之后的发展就比较顺利了，由于小女孩觉得中药难喝，只喝了一天就不肯再喝，后面几天通过针灸调养，小女孩慢慢恢复了正常的饮食。

我不禁感叹，两千年前张仲景师留给我们的《伤寒论》不愧是中医瑰宝，我辈岂可因今废古！你给中医更多的机会，中医将为你展现更多的魅力！

二、ICU 的中医“考试”

2025 年 1 月 7 日上午，西藏自治区日喀则市定日县发生 6.8 级地震，傍晚接到返藏通知时，我正准备煮腊八粥，于是，赶紧放下手头的事，订好机票叫好车，拉上行李箱，便赶往上海虹桥机场，和援藏医疗队其他队员一起踏上返回日喀则的征途。

1 月 8 日下午，我们赶到日喀则市人民医院，立即投入对灾区伤员的救治。晚上 8 点，全国各地医疗队集结并分配任务，我随国家队北京中医医院刘清泉院长一同踏入 ICU 病房，开始参与对危重病人的中医救治。

刘院长是中医大咖，在中医危重症救治方面有着丰富的经验。我跟随刘院长观察每一位伤员的病症表现，深入分析病机变化，制订中医治疗方案，给每位患者开上中药汤剂，并委托中药房同事连夜返回医院煎煮中药给 ICU 的伤员鼻饲用药，以大补元气，通腑泄热恢复消化道功能，清肺化痰预防坠积性肺炎。当晚忙到 12 点多才从 ICU 出来。

次日一早，我又随刘院长到 ICU 查房，观察每一位病人，调整中药处方。当时已有部分患者已经通了大便。所谓“保得一分胃气，便有一分生机”，要恢复胃气需要肠蠕动，要能排便。另外，可以通过泻下，把体内的瘀血、热毒排出去，通便对于重伤、危重病人尤为重要。

前三天我随刘院长整日泡在 ICU，除了鼻饲中药，我们还给病人做中药外敷以消肿消炎、促进肠道蠕动，给病人做针灸治疗，以期最大限度让患者症情好转。到第 4 日（1 月 11 日），随着 ICU 病人病情逐渐减轻，我随刘院长走出 ICU，给分散在全院各病区的所有灾区伤员开中药汤剂，为他们提供中医保障。

这半个多月的救治工作虽然艰辛，却极有意义，也学到了很多宝贵的经验，是非常难忘的经历，也让大家看到了中医亦可在急危重症救治中发挥独特的作用。

如今，中医的工作大多已不再那么惊心动魄，但依然可以续写传奇。在这块圣洁的土地上，我希望用我的双手、我的医术，给广大藏族百姓带来福音，让中医这门古老的传统医学在雪域高原闪耀光芒。

让上海白玉兰绽放在珠峰脚下

张臻

张臻，复旦大学附属华山医院皮肤科、过敏和免疫科主治医师，医学硕士。临床经验丰富，擅长的领域涵盖了特应性皮炎、湿疹、荨麻疹、结节性痒疹等皮肤疾病的诊疗，以及黄褐斑、雀斑等色斑的激光治疗、面部年轻化的医美治疗、注射美容治疗等。担任上海市医学会变态反应分会第七届青委会委员、秘书，中国老年保健医学研究会皮肤科分会委员。以第一和共一作者发表多篇 SCI 论文及核心期刊论文。主持并完成上海市科普基金会项目 2 项，参与数项国家自然科学基金项目。

女医生也可以上雪域高原工作，白玉兰会在珠峰脚下绽放

复旦大学附属华山医院皮肤科自 1929 年建科以来，至今已有 95 年历史，在国内外享有盛誉，年门诊量达 180 万人次以上，中国医院最佳专科声誉排行连续 15 年排名第一，是我国主要的皮肤病学医教研和专科人才培养基地。听说科室要派医生到西藏日喀则参加三级医院对口帮扶援藏工作，我第一时间报了名。由于要在海拔四五千米的珠峰脚下工作，上海市医疗援藏工作 30 年来一直是由男医生承担，我找到医院领导说，我平时有锻炼身体的习惯，也有攀登五六千米雪山的经历，高海拔适应性应该比其他人更好些，上海的市花是白玉兰，我一定代表科室圆满完成援藏任务，让白玉兰在珠峰脚下绽放。最终经过选拔和体检评估，我作为上海医疗援藏 30 年派出的首批长期在日喀则工作的女医生，来到雪域高原的西藏日喀则仲巴县，也成为第一个来到这里的皮肤科医生。

深入基层，服务高原

从上海出发奔赴 5000 公里外的西藏日喀则，再从日喀则市区驱车近 10 小时到达仲巴县。仲巴县地处祖国西南边陲，与尼泊尔接壤，是日喀则市边境线最长的牧业县，平均海拔 5000 米以上，空气含氧量只有平原地区的 60%，自然条件在西藏也属于较恶劣地区，生活条件和卫生条件也相对较差。“全县没有树，只有短暂的雨季才能看到草原呈现绿色，到现在县中心医院诊室里还没有通自来水，全院用水需要拿桶到广场上唯一的水龙头去接。贫血患者本来应该补充营养的，但他们每餐却只有简单的糌粑和少量风干的生肉，作为医生真的心痛啊。虽然行前做了充分的思想准备，但是我还是被眼前的景象惊呆了。

为了尽快摸清高原与内地皮肤疾病谱的差异，更好地开展工作，除了日常门诊病房临床工作外，我和医疗队小伙伴们刚到仲巴就利用周末休息时间跑遍了仲巴县近 5 万平方公里县域内的一镇十二乡的每个卫生院，发现有皮肤病治疗需求的患者非常多，而受过皮肤专科培训的医生却没有。由于艰苦的自然条件和医疗条件的匮乏，当地牧民们往往把小病拖成大病，而县乡医院的药品种类和治疗手段都比较少。针对这一情况，我迅速在仲巴开设了第一个皮肤专科门诊，并且积极与华山医院科室和门办联系捐赠了一批享有盛名的华山自制药

皮肤科查房

品，从此，仲巴的牧民患了皮肤病有专科医生看，有专业药膏用。当然援藏工作不仅仅是“输血”，更要“造血”。我在工作期间，引入复旦大学更符合当地实际的 CBL 教学理念开展临床教学，注重结合具体患者病情给当地医生讲解我的临床诊疗思路，怎样在目前有限的医疗条件下开展有针对性的治疗；建立仲巴县中心医院首个临床医学教研室，建成首个医学图书馆，供教学使用；与西藏大学医学院合作，共同参与申报国家重点研发计划。防病的作用远远大于治病，为充分发挥科普的力量，我在全院大会开展皮肤病科普知识宣传《高原护肤宝典》，并且与县融媒体积极联络，录制系列科普视频，并翻译成藏文。在治未病的方面多做一些，就可以减少一些疾病的发生。

由于医疗资源少，在仲巴县医院工作期间，除了看皮肤病人，我也是全科医生，还要接诊很多其他患者。我到仲巴看的第一个患者就是一位大出血的产妇，我是远行的小舟，华山医院就是我的母港，遇到其他科的问题自己解决不了的就请教华山的同事，能多治疗一位就多一位。

申请延期，参与组建高原皮肤研究中心，开展高原特色科学研究

在仲巴县工作期间，我吃惊地了解到整个日喀则还没有建立独立的皮肤专科，大量皮肤病患者得不到专业的治疗，而在高原独特的自然条件下，低氧低温强紫外线的特殊环境中，皮肤作为人体屏障的第一道防线和最大的免疫器官，到底发生了怎样的变化……越来越多的问题出现在我脑海中，而查阅既有文献发现相关研究并不够全面和深入。从专业皮肤科医生的视角出发，我意识到高原皮肤及皮肤病是亟须研究的方向，为了更好地开展工作，在仲巴县的半年援藏工作结束后，我主动向组织部门提出申请延期，留在高原、留在日喀则市人民医院继续皮肤与皮肤病的研究和诊治工作。日喀则市人民医院党委书记、医疗援藏总领队王庆华书记、华山医院皮肤科主任吴文育教授都对我的工作给予了大力的支持和肯定，复旦大学的王久存教授和马彦云教授给我提供了科研指导和背书，这些都让我有更大的动力和底气留在高原攻克更多皮肤的问题。在市人民医院工作期间，我指导当地医生建立起日喀则市第一家三甲医院里的皮肤医疗美容室，开展毁容性皮肤病的治疗及皮肤医疗美容治疗；协助建立皮肤科门诊、病房、医美治疗室的操作规范；规范完善了常见皮肤病慢病管理；规范皮肤病的诊疗规范；手把手带教指导科室每名成员均可熟练独立操作常见皮肤操作及医疗美容机器操作；开展临床小讲课，提高科室理论水平；开展高原皮肤疾病谱调查，为后续科研工作的开展奠定基础；收集高原皮肤表型数据，开展高原皮肤表型研究；收集皮肤创面修复数据，开展高原皮肤病研究。

高原虽苦，却很辽阔

高原工作是辛苦的，要克服身体的不适，特别是想起家里读高三的女儿，有时候我也充满愧疚，常常湿了眼眶，但高原工作也是快乐的，当地患者们对上海医生特别尊敬，当看到他们用特有的最尊敬的手势称呼我们“安吉拉”（藏语：医生）的时候，我觉得我吃多少苦心里也是甜的。我也会告诉我的每一位患者，我来自上海，来自华山医院，这种自豪感比以往任何时刻都要强烈。